DAAD
Deutscher Akademischer Austauschdienst
German Academic Exchange Service

Wissenschaft weltoffen

Daten und Fakten zur Internationalität von Studium und Forschung in Deutschland und weltweit

2021

DZHW — Deutsches Zentrum für Hochschul- und Wissenschaftsforschung

Herausgeber
DAAD
Deutscher Akademischer Austauschdienst
German Academic Exchange Service
Kennedyallee 50, D-53175 Bonn
Referat Forschung und Studien

DZHW
Deutsches Zentrum für Hochschul- und
Wissenschaftsforschung GmbH
Lange Laube 12, D-30159 Hannover
Abteilung Bildungsverläufe und Beschäftigung

Verlag
wbv Media GmbH & Co. KG
wbv.de

Autorinnen und Autoren
Dr. Ulrich Heublein (DZHW)
Christopher Hutzsch (DZHW)
Dr. Jan Kercher (DAAD)
Naomi Knüttgen (DAAD)
Alexander Kupfer (DAAD)
Michael Schmitz (DAAD)

Datenaufbereitung
Aufbau und Auswertung des Web-Informationssystems
Wissenschaft weltoffen: Inessa Fuge, Dr. Ulrich Heublein,
Christopher Hutzsch (DZHW)

Redaktion, Herausgeber und Verlag haben sich bemüht, die in dieser Veröffentlichung enthaltenen Angaben mit größter Sorgfalt zusammenzustellen. Sie können jedoch nicht ausschließen, dass die eine oder andere Information auf irrtümlichen Angaben beruht oder bei Drucklegung bereits Änderungen eingetreten sind. Aus diesem Grund kann keine Gewähr und Haftung für die Richtigkeit und Vollständigkeit der Angaben übernommen werden.

Gesamtherstellung
wbv Publikation
ein Geschäftsbereich von wbv Media GmbH & Co. KG,
Bielefeld 2021

Gestaltung
zaydesign, Christiane Zay, Passau

Diese Publikation ist frei verfügbar zum Download
unter **wbv-open-access.de**

Diese Publikation ist unter folgender Creative-Commons-Lizenz veröffentlicht:
http://creativecommons.org/licenses/by-sa/4.0/

Für alle in diesem Werk verwendeten Warennamen sowie Firmen- und Markenbezeichnungen können Schutzrechte bestehen, auch wenn diese nicht als solche gekennzeichnet sind. Deren Verwendung in diesem Werk berechtigt nicht zu der Annahme, dass diese frei verfügbar seien.

Printed in Germany

Auflage: 1.300

ISBN: 978-3-7639-6755-1
DOI: 10.3278/7004002tw
Bestell-Nr. 7004002t

Bibliografische Information der Deutschen Nationalbibliothek
Die Deutsche Nationalbibliothek verzeichnet diese Publikation in der Deutschen Nationalbibliografie; detaillierte bibliografische Daten sind im Internet über http://dnb.d-nb.de abrufbar.

GEFÖRDERT DURCH

Das dieser Publikation zugrunde liegende Projekt sowie die Veröffentlichung wurden aus Zuwendungen des Bundesministeriums für Bildung und Forschung und des Auswärtigen Amtes gefördert.

Diese Publikation wurde klimaneutral und mit Biofarben auf 100% Recyclingpapier (zertifiziert mit dem deutschen Ökosiegel „Blauer Engel") gedruckt.

VORWORT

Internationalisierung ist eine der wesentlichen Voraussetzungen für eine erfolgreiche Entwicklung von Lehre und Forschung an Hochschulen. Deshalb wird der Stand der Internationalität des deutschen Hochschulsystems einer regelmäßigen empirischen Bestandsaufnahme unterzogen, um Politik und Gesellschaft umfassende Informationen zur Verfügung zu stellen. In diesem Zusammenhang hat sich *Wissenschaft weltoffen* als **zentrale Informationsquelle zur Mobilität von Studierenden und Forschenden** etabliert.

Die starke Dynamik der Internationalisierungsprozesse macht es erforderlich, Konzept und Datenangebot von *Wissenschaft weltoffen* stetig weiterzuentwickeln und inhaltlich flexibel auf aktuelle Ereignisse zu reagieren. Deshalb geht die aktuelle Ausgabe erneut in besonderer Weise auf die **Folgen der weltweiten Covid-19-Pandemie für die Internationalisierung der Hochschulen** ein. Mittlerweile liegen auch erste Daten und Befunde vor, die eine bessere Abschätzung des „Corona-Effekts" auf bestimmte Bereiche der internationalen akademischen Mobilität ermöglichen, gerade auch in Bezug auf Deutschland.

Schon für die 20. Ausgabe haben DAAD und DZHW das **Publikationsformat grundlegend überarbeitet**. So wurde das bisherige Fokuskapitel durch eine Ausweitung der schon vorher eingeführten Schlaglichter ersetzt, in denen aktuell besonders relevante Aspekte vertiefend, aber zugleich möglichst kurz und übersichtlich dargestellt werden. In der vorliegenden Ausgabe widmen sich deshalb drei Schlaglichter den Auswirkungen der Covid-19-Pandemie auf die internationale Mobilität von Studierenden und Lehrenden. Statt einer zweisprachigen Hauptausgabe gibt es nun separate deutsch- und englischsprachige Hauptausgaben, wie dies auch schon bisher bei der Kompaktausgabe der Fall gewesen ist. Dies schafft mehr Raum für Datenerläuterungen und -interpretationen und erleichtert Interessierten in Deutschland und im Ausland den Zugang zu den Informationsangeboten von *Wissenschaft weltoffen*.

Auch mit der vorliegenden 21. Ausgabe sind wieder einige Neuerungen verbunden. So bietet das Kapitel A **erstmals eigene bibliometrische Daten zur internationalen Mobilität von Wissenschaftlerinnen und Wissenschaftlern**, erhoben von den Bibliometrie-Expertinnen und -Experten des DZHW. Diese Neuerung ermöglicht es uns, in Zukunft jährliche Aktualisierungen dieser Daten vorzunehmen und sie stärker auf die Bedürfnisse unserer Zielgruppen auszurichten, als das mit den bislang verwendeten Daten der OECD möglich war. Um den Leserinnen und Lesern zu vermitteln, wie bei der Erhebung der bibliometrischen Daten vorgegangen wird und was bei ihrer Interpretation beachtet werden sollte (dass z. B. kurzfristige Auslandsaufenthalte von der bibliometrischen Mobilitätsmessung in den meisten Fällen nicht erfasst werden), haben wir das Kapitel in diesem Jahr um ein Schlaglicht zur Methodik bibliometrischer Mobilitätsmessungen ergänzt.

Eine wichtige Neuerung stellt auch die **neue Website** von *Wissenschaft weltoffen* dar, wie gewohnt erreichbar unter www.wissenschaft-weltoffen.de. Diese bietet den Nutzerinnen und Nutzern nun beispielsweise die Möglichkeit, sich jede einzelne Abbildung aus den verschiedenen Ausgaben (Haupt- und Kompaktausgabe, Deutsch und Englisch) als Grafikdatei oder Datentabelle herunterzuladen. Erstmals ist das Online-Angebot von *Wissenschaft weltoffen* barrierefrei, sodass auch Interessierte mit Beeinträchtigungen leichter Zugang zu den vielfältigen Informationen auf der Website erhalten. Die Funktionen und Angebote der neuen Website sollen in den kommenden Jahren sukzessive ausgebaut werden. Ein Feedback hierzu ist daher jederzeit herzlich willkommen.

Der **Dank des DAAD und des DZHW** gilt Frau Christiane Zay sowie dem Verlag wbv Media für die grafische Gestaltung und Umsetzung. Danken möchten wir auch besonders dem Statistischen Bundesamt, den Wissenschaftsorganisationen, den Forschungsinstituten und weiteren Einrichtungen, die Informationen und Daten für *Wissenschaft weltoffen 2021* bereitgestellt haben, sowie dem Auswärtigen Amt und dem Bundesministerium für Bildung und Forschung, aus deren Zuwendungen die Publikation finanziert werden konnte.

Mit besonderer Dankbarkeit möchten wir an dieser Stelle an **Marion Schnepf** erinnern, die langjährige Grafikerin von *Wissenschaft weltoffen*, die leider kurz nach Drucklegung der vorherigen Ausgabe verstorben ist. Frau Schnepf hat mit ihrer Arbeit das Erscheinungsbild von *Wissenschaft weltoffen* seit der ersten Ausgabe fast 20 Jahre lang entscheidend geprägt und mit ihrer äußerst kompetenten, engagierten und immer freundlichen Mitarbeit wesentlich zum Erfolg des Projektes beigetragen.

Dr. Kai Sicks
Generalsekretär
des DAAD

Prof. Dr. Monika Jungbauer-Gans
Wissenschaftliche Geschäftsführerin
des DZHW

INHALT

Zusammenfassung 6
Entwicklung der Internationalität von Studium und Forschung in Deutschland und weltweit

A INTERNATIONALE AKADEMISCHE MOBILITÄT UND TRANSNATIONALE BILDUNG

1 Internationale Studierendenmobilität
- 1.1 Mobilitätsentwicklung und Mobilitätsströme — 12
- 1.2 Wichtige Gastländer — 14
- 1.3 Wichtige Herkunftsländer — 16
- 1.4 Studierendenmobilität in Europa — 18

SCHLAGLICHT
Gastbeitrag: Zur bibliometrischen Messung der internationalen Wissenschaftlermobilität — 20

2 Internationale Wissenschaftlermobilität und -kooperation
- 2.1 Mobilitätsentwicklung und Mobilitätsströme — 24
- 2.2 Wichtige Zielländer und ihre Herkunftsländerprofile — 26
- 2.3 Wichtige Herkunftsländer und ihre Zielländerprofile — 28
- 2.4 Internationale Wissenschaftler/innen an öffentlichen Hochschul- und Forschungseinrichtungen — 30
- 2.5 Internationale Ko-Publikationen — 32
- 2.6 Europäische Wissenschaftlermobilität EU-Forschungsrahmenprogramm Horizont 2020 — 34

3 Transnationale Bildungsprojekte deutscher Hochschulen
- 3.1 Standorte und Formen — 36
- 3.2 Merkmale der deutschen TNB-Angebote — 38

B INTERNATIONALE STUDIERENDE IN DEUTSCHLAND

1 Internationale Studierende
- 1.1 Mobilitätsentwicklung, Studienanfänger/innen und Bundesländer — 40
- 1.2 Herkunftsregionen und Herkunftsländer — 42
- 1.3 Abschlussarten und Fächergruppen — 44

2 Abschlussbezogene Mobilität
- 2.1 Mobilitätsentwicklung, Abschlussart, Fächergruppe und Absolvent/innen — 46
- 2.2 Herkunftsregionen und Herkunftsländer — 48
- 2.3 Studienbewerber/innen — 50
- 2.4 Geflüchtete Studierende an deutschen Hochschulen und Studienkollegs — 52

3 Temporäre studienbezogene Auslandsaufenthalte
- 3.1 Mobilitätsentwicklung und Fächergruppe — 54
- 3.2 Herkunftsregionen und Herkunftsländer — 56
- 3.3 Erasmus-Aufenthalte — 58

SCHLAGLICHT
Die Entwicklung der Zahl internationaler Studierender in Deutschland im Jahr 2020 — 60

C DEUTSCHE STUDIERENDE IM AUSLAND

1 Abschlussbezogene Mobilität
- 1.1 Mobilitätsentwicklung und wichtige Gastländer — 64
- 1.2 Fächergruppen und Abschlussarten — 66

2 Temporäre studienbezogene Auslandsaufenthalte
- 2.1 Mobilitätsentwicklung — 68
- 2.2 Stand der Zielerreichung — 70
- 2.3 Gastregionen und Gastländer — 72
- 2.4 Mobilitätsmotive und Mobilisierungsfaktoren — 74
- 2.5 Mobilitätshürden und Umsetzungsprobleme — 76
- 2.6 Erasmus-Aufenthalte — 78

SCHLAGLICHT
Auslandsmobilität deutscher Studierender in Zeiten von Corona — 80

Zusätzlich zu dieser Publikation haben wir für Sie weitere Informationen im Internet aufbereitet, die Sie unter folgender Adresse abrufen können: **www.wissenschaft-weltoffen.de**.

Dort finden Sie ergänzende Tabellen, Informationen zu weiteren Auswertungsmöglichkeiten sowie ein ausführliches Glossar. Sie finden dort auch ein verlinktes PDF dieser Publikation. Mit einem Klick auf das Symbol 😊 können Sie die zu den jeweiligen Abbildungen passenden Datenblätter herunterladen.

Das DZHW hat zusätzlich eine Servicestelle eingerichtet, um Auswertungen aus diesem Datenpool nach individuellen Vorstellungen beratend zu unterstützen und erforderlichenfalls durchzuführen. Dieser Service steht den Hochschulen und Wissenschaftler/innen kostenfrei zur Verfügung.

Anfragen an: **wissenschaft-weltoffen@dzhw.eu**

WISSENSCHAFT WELTOFFEN 2021

D INTERNATIONALE WISSENSCHAFTLER/INNEN IN DEUTSCHLAND

1 Internationale Wissenschaftler/innen an deutschen Hochschulen

- 1.1 Mobilitätsentwicklung, Herkunftsregionen und Herkunftsländer — 84
- 1.2 Bundesländer und Fächergruppen — 86

2 Internationale Wissenschaftler/innen an außeruniversitären Forschungseinrichtungen

- 2.1 Mobilitätsentwicklung, Herkunftsregionen und Herkunftsländer — 88
- 2.2 Fächergruppen und Qualifikation — 90

3 Internationale Gastwissenschaftler/innen in Deutschland

- 3.1 Mobilitätsentwicklung, Förderorganisationen und Gefördertengruppen — 92
- 3.2 Herkunftsregionen, Herkunftsländer und Fächergruppen — 94
- 3.3 Internationale Gastwissenschaftler/innen an außeruniversitären Forschungseinrichtungen — 96
- 3.4 Erasmus-Gastdozent/innen — 98

E DEUTSCHE WISSENSCHAFTLER/INNEN IM AUSLAND

1 Deutsche Wissenschaftler/innen an ausländischen Hochschulen

- 1.1 Angestelltes Wissenschaftspersonal — 100
- 1.2 Promovierende — 102
- 1.3 Promovierende mit temporären promotionsbezogenen Auslandsaufenthalten — 104

2 Deutsche Gastwissenschaftler/innen im Ausland

- 2.1 Mobilitätsentwicklung, Förderorganisationen und Fördergruppen — 106
- 2.2 Gastregionen, Gastländer und Fächergruppen — 108
- 2.3 Erasmus-Gastdozent/innen — 110

SCHLAGLICHT

Die Förderung der internationalen Mobilität von Wissenschaftler/innen im Jahr 2020 — 112

ANHANG

Methodik — 116
Mapping Mobility – Datengrundlagen und Analysekonzepte zur internationalen Mobilität von Studierenden und Wissenschaftler/innen

Glossar — 122

Quellenangaben — 123

Gliederung der Weltregionen — 124

ZUSAMMENFASSUNG: ENTWICKLUNG DER INTERNATIONALITÄT VON STUDIUM UND FORSCHUNG IN DEUTSCHLAND UND WELTWEIT

Die Covid-19-Pandemie und ihre Folgen für die internationale Studierendenmobilität in Deutschland

Die mit Beginn des Jahres 2020 einsetzende Covid-19-Pandemie hat zu einem tiefen Einschnitt bei der Entwicklung der internationalen Mobilität von Studierenden und Wissenschaftler/innen geführt. Auch wenn die Gesamtauswirkungen der Einschränkungen nach wie vor noch nicht genau abgeschätzt werden können, lässt sich über ein Jahr nach Beginn der Pandemie zumindest in Bezug auf die internationale Studierendenmobilität in Deutschland schon ein etwas präziseres Bild der Pandemiefolgen zeichnen (vgl. hierzu die Schlaglichter zu Kapitel B und C).

> „Die Gesamtzahl der internationalen Studierenden in Deutschland ist weder im Sommersemester 2020 noch im Wintersemester 2020/21 zurückgegangen, sondern in beiden Semestern sogar leicht angestiegen.

So steht mittlerweile fest, dass die Gesamtzahl der internationalen Studierenden in Deutschland weder im Sommersemester 2020 noch im Wintersemester 2020/21 zurückgegangen, sondern – im Gegenteil – in beiden Semestern sogar leicht angestiegen ist. Deutliche Einbrüche von 41% im Sommersemester und 19% im Wintersemester waren aber bei den internationalen Studienanfänger/innen zu verzeichnen. Diese Rückgänge betrafen jedoch in erster Linie die Gast- und Austauschstudierenden und nur in deutlich geringerem Ausmaß die internationalen Studienanfänger/innen, die in Deutschland einen Hochschulabschluss erwerben wollen. Zudem waren die verschiedenen Herkunftsländer und -regionen in sehr unterschiedlichem Maße von den Rückgängen betroffen.

Die Datenlage zur Auslandsmobilität der Studierenden in Deutschland lässt belastbare Aussagen zu den Corona-Effekten bislang nur für die temporäre studienbezogene Mobilität zu. So kam es bei den Erasmus-Aufenthalten im Jahr 2020 zu einem Rückgang von rund 50% im Vergleich zum Vor-Corona-Jahr 2019. Dieser Rückgang verteilte sich jedoch nicht gleichmäßig über das gesamte Jahr, sondern betraf deutlich stärker die zweite Jahreshälfte (57% im Vergleich zu 34% in der ersten Jahreshälfte). Studiums- und Praktikumsaufenthalte waren insgesamt gleichermaßen von Rückgängen betroffen. Allerdings mussten deutlich mehr bereits beantragte Studiums- als Praktikumsaufenthalte kurzfristig storniert oder verschoben werden, vermutlich aufgrund entsprechender Absagen durch die jeweilige Gasthochschule.

Internationale akademische Mobilität und Kooperation (Kapitel A)

Im Jahr 2018 waren laut UNESCO rund 5,6 Millionen Studierende außerhalb ihres Heimatlandes eingeschrieben. Dies entspricht einem Anstieg von rund 240.000 Auslandsstudierenden bzw. 4% im Vergleich zum Vorjahr. Seit 2008 hat die Zahl der international mobilen Studierenden um rund 2,2 Millionen bzw. 68% zugenommen. Dabei sind die USA das mit Abstand wichtigste Gastland für internationale Studierende. Rund 987.000 Studierende aus dem Ausland waren 2018 in den USA eingeschrieben, dies entspricht rund 18% aller auslandsmobilen Studierenden weltweit. Die größten Ströme der internationalen Studierendenmobilität führen deshalb von dem mit Abstand wichtigsten Herkunftsland China in die USA, aber auch in die weiteren

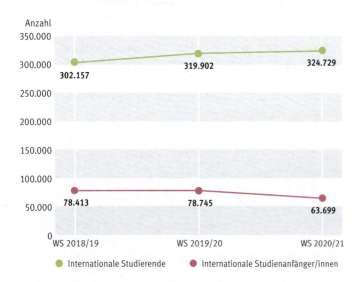

1 Internationale Studierende und Studienanfänger/innen in Deutschland seit WS 2018/19

Quelle: Statistisches Bundesamt, Studierendenstatistik

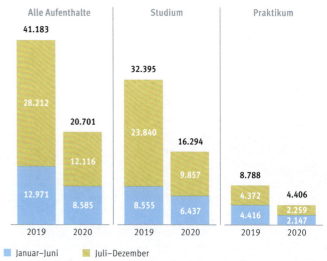

2 Anzahl der regulär durchgeführten Erasmus-Aufenthalte von Studierenden aus Deutschland nach Aufenthaltsart und Halbjahr 2019 und 2020[1]

Quelle: DAAD, Erasmus-Statistik; DAAD-Berechnung

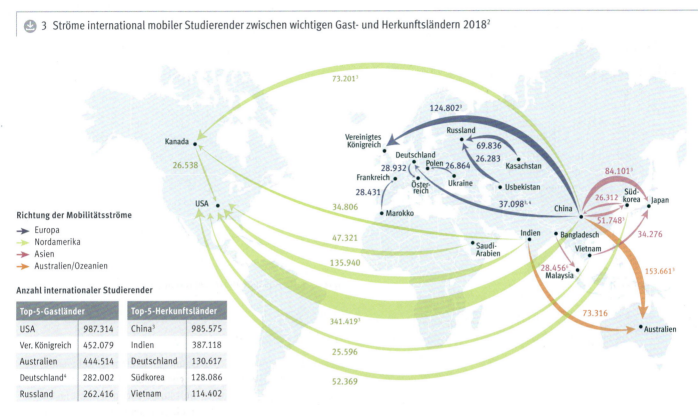

3 Ströme international mobiler Studierender zwischen wichtigen Gast- und Herkunftsländern 2018[2]

Angaben in absoluten Studierendenzahlen
Quellen: UNESCO/Statistisches Bundesamt, Studierendenstatistik; länderspezifische Berichtszeiträume; DAAD-Berechnungen

Gastländer Vereinigtes Königreich, Australien und Japan. Insgesamt waren 2018 rund 1 Million Studierende aus China an Hochschulen im Ausland eingeschrieben. Dies sind allein rund 19% aller auslandsmobilen Studierenden weltweit.

> Im Jahr 2018 waren laut UNESCO rund 5,6 Millionen Studierende außerhalb ihres Heimatlandes eingeschrieben, dies entspricht einem Anstieg von rund 4% im Vergleich zum Vorjahr.

Die Datenlage zu international mobilen Wissenschaftlerinnen und Wissenschaftlern an den jeweiligen Gasthochschulen im Ausland fällt deutlich schlechter aus als diejenige zu international mobilen Studierenden. Bislang existiert hierzu keine international vergleichbare Statistik der UNESCO oder der OECD wie zur weltweiten Studierendenmobilität. Betrachtet man die 15 Gastländer, zu denen im Rahmen von Wissenschaft weltoffen Daten ermittelt werden konnten, so erweisen sich die USA mit rund 135.000 internationalen Wissenschaftler/innen an US-amerikanischen Universitäten als das mit Abstand wichtigste Gastland. Es folgen das Vereinigte Königreich (rund 65.000), Deutschland (rund 48.000), die Schweiz (rund 29.000) und Frankreich, an dessen Hochschulen und außeruniversitären Forschungseinrichtungen lediglich rund 15.000 ausländische Forscher/innen angestellt sind.

Transnationale Bildung benennt einen Teilbereich der Internationalisierung, in dem Hochschulen aus einem Land die akademische Verantwortung für Studienangebote in einem anderen Land tragen, die auf die dortigen Studieninteressierten zielen. Deutsche Hochschulen sind mit transnationalen Bildungsangeboten weltweit an 55 Standorten in 32 Ländern mit 328 Studiengängen präsent. Die Anzahl der eingeschriebenen Studierenden in deutschen TNB-Angeboten ist zwischen 2015 und 2020 von rund 26.000 auf rund 35.000 gestiegen, nur 2020 kam es erstmals zu einem leichten Rückgang der Studierendenzahl um rund 1%. Regionale Schwerpunkte des deutschen TNB-Angebots befinden sich vor allem in Nordafrika und Nahost (Ägypten, Jordanien, Oman, Türkei) sowie in Asien (China, Vietnam, Singapur, Kasachstan, Kirgisistan).

Internationale Studierende in Deutschland (Kapitel B)

Die Zahl internationaler Studierender an deutschen Hochschulen ist im Studienjahr 2019 weiter gestiegen, rund 319.900 internationale Studierende waren zu diesem Zeitpunkt in Deutschland eingeschrieben. Das sind 6% mehr als im Vorjahr. Sie stellten 11,1% aller Studierenden, das ist der höchste Anteilswert, den internationale Stu-

ZUSAMMENFASSUNG: ENTWICKLUNG DER INTERNATIONALITÄT VON STUDIUM UND FORSCHUNG IN DEUTSCHLAND UND WELTWEIT

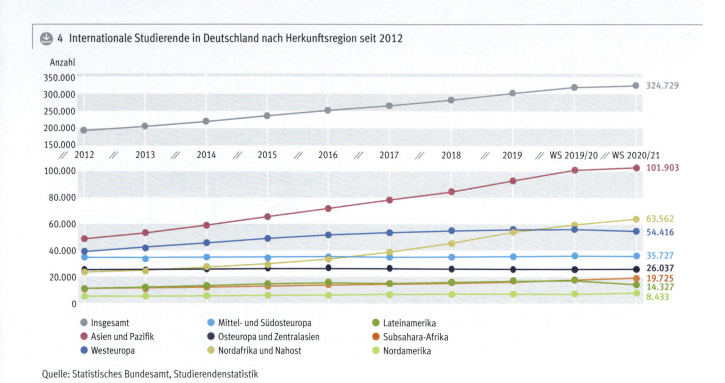

4 Internationale Studierende in Deutschland nach Herkunftsregion seit 2012

Quelle: Statistisches Bundesamt, Studierendenstatistik

dierende an deutschen Hochschulen bislang verzeichneten. An den Universitäten beträgt dieser Wert 12,7%, an den Fachhochschulen 8,4%. Auch die Zahl der internationalen Studienanfänger/innen ist 2019 weiter um 1% auf rund 111.000 gewachsen.

Asien und Pazifik stellt im Wintersemester 2019/20 mit einem Anteil von 31% die wichtigste Herkunftsregion für internationale Studierende dar, gefolgt von den Studierenden aus Nordafrika und Nahost mit 19% sowie Westeuropa mit 18%. Dabei ist die Zahl der Studierenden aus Nordafrika und Nahost in den letzten drei Jahren um 77% gewachsen und damit deutlich schneller als die anderer Regionen. Keinen Anstieg verzeichnen Mittel- und Südosteuropa sowie Osteuropa und Zentralasien. Das wichtigste Herkunftsland ist China, aus dem sich rund 41.400 Studierende bzw. 13% aller internationalen Studierenden in Deutschland eingeschrieben haben. An zweiter und dritter Stelle stehen Indien mit rund 24.900 (8%) und Syrien mit rund 15.900 Studierenden (5%). Die Zahl der syrischen Studierenden ist dabei in den letzten drei Jahren um 213% gestiegen.

Bei 8% der internationalen Studierenden in Deutschland handelt es sich um Austausch- oder andere Gaststudierende ohne Abschlussabsicht in Deutschland. Die überwiegende Mehrzahl von 92% der internationalen Studierenden strebt jedoch einen Abschluss an den Hochschulen in Deutschland an. 38% wollen einen Bachelor- und 39% einen Masterabschluss erwerben. Dabei liegt der Anteil der internationalen Studierenden an allen Masterstudierenden bei rund 21%, während im Bachelorstudium 7% aus dem Ausland kommen. Unter den Promovierenden beträgt der Anteil internationaler Nachwuchswissenschaftler/innen 25%.

Mit rund 41% hat sich die größte Gruppe der internationalen Studierenden in ingenieurwissenschaftlichen Studiengängen eingeschrieben. Rund 26% studieren in einem Fach der Rechts-, Wirtschafts- und Sozialwissenschaften. Dementsprechend stellen diese beiden Fächergruppen auch die meisten der rund 48.200 internationalen Absolvent/innen (38% bzw. 28%), die 2019 einen Abschluss erwarben. Insgesamt rund 9% aller Hochschulabsolvent/innen kommen aus dem Ausland. Unter den Absolvent/innen mit erfolgreicher Promotion beträgt ihr Anteil 19% und unter den Absolvent/innen mit Masterabschluss 17%. Im Bachelorstudium stellen die internationalen Absolvent/innen einen Anteil von 5%.

> „ Der Anteil internationaler Studierender an allen Studierenden deutscher Hochschulen erreichte im Studienjahr 2019 mit 11,1% einen neuen Höchstwert.

Deutsche Studierende im Ausland (Kapitel C)

Im Jahr 2018 studierten rund 135.000 Deutsche im Ausland, seit 2016 (rund 142.000) ist ihre Zahl somit um etwa 5% zurückgegangen. Der größte Teil dieser Studierenden (ca. 90%) strebte auch einen Abschluss im Ausland an. Die beliebtesten Gastländer sind Österreich (rund 29.000 Studierende bzw. 22% aller Studierenden im Ausland), die Niederlande (21.000 bzw. 16%), das Vereinigte Königreich (15.000 bzw. 11%) und die Schweiz (11.000 bzw. 9%). Beim Blick auf die Entwicklung der Gesamtzahlen wird deutlich, dass im Zeitraum zwischen 2002 und 2010, also während der Einführung des neuen,

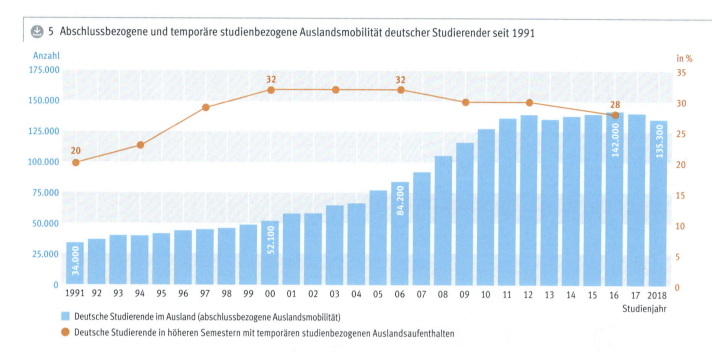

5 Abschlussbezogene und temporäre studienbezogene Auslandsmobilität deutscher Studierender seit 1991

Deutsche Studierende im Ausland (abschlussbezogene Auslandsmobilität)

Deutsche Studierende in höheren Semestern mit temporären studienbezogenen Auslandsaufenthalten

Quellen: Statistisches Bundesamt, Deutsche Studierende im Ausland, länderspezifische Berichtszeiträume; DSW-Sozialerhebungen 1991–2016

gestuften Studiensystems, überdurchschnittliche Zuwachsraten von 10% und mehr in einem Jahr erreicht wurden. In diesem Zeitraum stieg der Anteil der Auslandsstudierenden an allen deutschen Studierenden von 3,4% auf 6,0%. Dies spricht dafür, dass die durch das neue Studiensystem eröffnete Option, im Anschluss an ein Bachelorstudium im Inland mit einem Masterstudium im Ausland fortzufahren, von einer Vielzahl der Studierenden genutzt wurde und wird. Seitdem die Einführung der neuen Abschlussarten aber abgeschlossen ist, stieg die absolute Zahl der deutschen Auslandsstudierenden nicht weiter an. Ihr Anteil an allen deutschen Studierenden ist – auch aufgrund der bis 2015 weiter steigenden Studierendenzahl im Inland – sogar leicht gesunken, auf aktuell 5,0%.

> Im Jahr 2018 studierten rund 135.000 Deutsche im Ausland, seit 2016 ist ihre Zahl somit um etwa 7.000 bzw. 5% zurückgegangen.

Eine ähnliche Entwicklung zeigt sich auch bei den temporären studienbezogenen Auslandsaufenthalten deutscher Studierender. Zwischen 1991 und 2000 stieg der Anteil der Studierenden mit temporären Auslandsaufenthalten stark an (von 20% auf 32%) und stabilisierte sich bis 2006 auf diesem Niveau. 2009 und 2012 fiel der Wert dann mit jeweils 30% etwas niedriger aus und sank im Jahr 2016 noch einmal weiter auf 28%. Anders als bei der abschlussbezogenen Mobilität war die Einführung des zweigliedrigen Studiensystems mit Bachelor- und Masterstudiengängen hier also nicht mit einem Anstieg der temporären studienbezogenen Mobilität verbunden. Stattdessen kam es in diesem Zeitraum sogar zu einem gewissen Rückgang der temporären Studierendenmobilität. Auch bei den Gastland-Präferenzen zeigen sich deutliche Unterschiede zur abschlussbezogenen Mobilität, nach dem Vereinigten Königreich auf Platz 1 (10%) folgen die USA (9%), Frankreich und Spanien (je 8%).

Internationale Wissenschaftler/innen in Deutschland (Kapitel D)

2019 waren rund 51.800 wissenschaftliche und künstlerische Mitarbeiter/innen mit ausländischer Staatsbürgerschaft an deutschen Hochschulen angestellt, darunter rund 3.500 internationale Professor/innen. Die internationalen Mitarbeiter/innen stellten damit 12,7% des gesamten Wissenschaftspersonals, bei der Professorenschaft lag dieser Anteil bei lediglich 7,2%. Seit 2007 hat sich die Zahl aller internationalen wissenschaftlichen Mitarbeiter/innen an deutschen Hochschulen kontinuierlich erhöht, in den letzten drei Jahren allein um 13%. Bei den internationalen Professor/innen betrug der Anstieg im selben Zeitraum 9%. Die wichtigste Herkunftsregion des internationalen Wissenschaftspersonals ist dabei Westeuropa. 35% des gesamten internationalen Wissenschaftspersonals und sogar 66% der internationalen Professor/innen kommen aus westeuropäischen Ländern. Dabei sind Italien, China, Indien und Österreich die wichtigsten Herkunftsländer. Von den internationalen Professor/innen kommen die meisten aus den beiden deutschsprachigen Ländern Schweiz (9%) und Österreich (20%).

An den vier größten außeruniversitären Forschungseinrichtungen (AUFE) arbeiteten 2019 rund 14.100 angestellte Wissenschaftler/innen mit ausländischer Staatsangehörigkeit. Seit 2010 hat sich deren Zahl mehr als verdoppelt (+107%), sodass 2019 rund 28% aller Wissenschaftler/innen aus dem Ausland stammten. EU-Länder stel-

ZUSAMMENFASSUNG: ENTWICKLUNG DER INTERNATIONALITÄT VON STUDIUM UND FORSCHUNG IN DEUTSCHLAND UND WELTWEIT

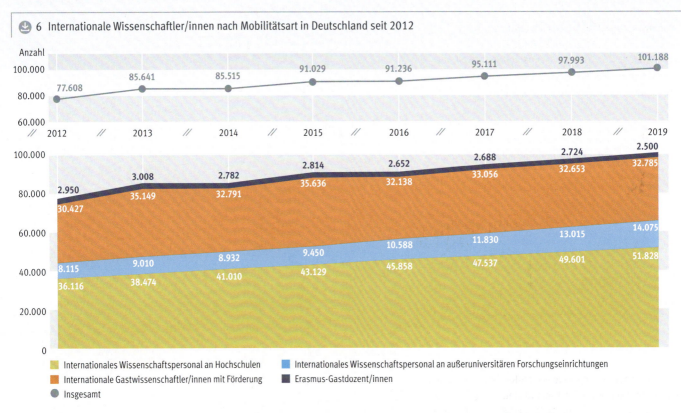

6 Internationale Wissenschaftler/innen nach Mobilitätsart in Deutschland seit 2012

Quellen: Statistisches Bundesamt, Personalstatistik Hochschulen und AUFE; Angaben der Förderorganisationen; DAAD, Erasmus-Statistik

len dabei 42%, die übrigen europäischen Länder 13% der ausländischen Wissenschaftler/innen. Die wichtigsten Herkunftsländer sind neben China (9%) auch Italien und Indien (je 8%). Das internationale Wissenschaftspersonal an den AUFE ist dabei hoch qualifiziert, so liegt der Anteil der Promovierten bei rund 49%, und jede/r fünfte Forschungsgruppen- oder Institutsleiter/in kommt aus dem Ausland.

Neben dem angestellten internationalen Wissenschaftspersonal forschen und lehren auch internationale Gastwissenschaftler/innen in Deutschland, deren Aufenthalt von in- und ausländischen Organisationen gefördert wird. Im Jahr 2019 waren dies rund 32.800 Aufenthalte. Diese Zahl hat sich seit 2016 nur geringfügig verändert. Von den Gastaufenthalten wurden allein 47% von der DFG und 38% vom DAAD gefördert. Westeuropa sowie Asien und Pazifik sind dabei mit Anteilen von 22% bzw. 20% die wichtigsten Herkunftsregionen internationaler Gastwissenschaftler/innen und China mit 7% sowie Indien und Italien (mit je 6%) die drei wichtigsten Herkunftsländer. Auch die AUFE fördern Aufenthalte internationaler Gastwissenschaftler/innen. Max-Planck-Gesellschaft sowie Helmholtz- und Leibniz-Gemeinschaft haben zusammen die Aufenthalte von rund 11.300 internationalen Gastwissenschaftler/innen unterstützt. Für die Fraunhofer-Gesellschaft sind solche Daten derzeit noch nicht verfügbar.

> 2019 waren rund 51.800 ausländische Wissenschaftler/innen an deutschen Hochschulen angestellt, darunter rund 3.500 internationale Professor/innen.

Deutsche Wissenschaftler/innen im Ausland (Kapitel E)

Nur wenige Länder erfassen derzeit Zahl, Herkunft und Status der an ihren Hochschulen angestellten internationalen Wissenschaftler/innen. Aktuell liegen solche Daten für das Vereinigte Königreich, die Niederlande, Österreich und die Schweiz vor. Die meisten deutschen Wissenschaftler/innen sind in der Schweiz (rund 8.600), im Vereinigten Königreich (rund 5.700) und in Österreich (rund 5.400) angestellt. Damit korrespondiert die Zahl der deutschen Professor/innen, auch hier steht die Schweiz mit rund 1.300 an der Spitze, gefolgt von Österreich mit rund 830 und dem Vereinigten Königreich mit rund 820 deutschen Professor/innen. In diesen Ländern fällt der Anteil der deutschen Professor/innen an den internationalen Professor/innen jeweils höher aus als der Anteil aller deutschen Wissenschaftler/innen an allen internationalen Wissenschaftler/innen. Den höchsten Anteil an allen internationalen Professor/innen erreichen die deutschen Professor/innen dabei in Österreich mit 71%. In der Schweiz stellen sie einen Anteil von 46%.

Rund 13.700 deutsche Nachwuchswissenschaftler/innen waren 2018 zur Promotion an ausländischen Hochschulen eingeschrieben. Mit einem Anteil von 76% promovierte dabei die überwiegende Mehrzahl in Westeuropa. Die meisten deutschen Promovierenden forschen in der Schweiz (25%), in Österreich (16%), im Vereinigten Königreich (15%) und in den USA (4%). Für nicht wenige deutsche Nachwuchswissenschaftler/innen, die im Inland promovieren, sind darüber hinaus temporäre Auslandsaufenthalte ein wichtiger Abschnitt in ihrer Promotionszeit. Im Jahr 2019 hatten 28% aller Promovierenden an einer deutschen Hochschule mindestens einen promotionsbezogenen temporären Aufenthalt im Ausland absolviert. 55% der Aufenthalte fanden dabei in Westeuropa statt. Das wichtigste Gastland sind allerdings die USA (13%), gefolgt vom Vereinigten Königreich (9%) und Frankreich (8%)

> Die meisten an Hochschulen angestellten deutschen Wissenschaftler/innen im Ausland verzeichnen die Schweiz (rund 8.600), das Vereinigte Königreich (rund 5.700) und Österreich (rund 5.400).

Diese und andere temporäre Gastaufenthalte deutscher Wissenschaftler/innen im Ausland sind von in- und ausländischen Organisationen gefördert worden. Das betraf 2018 insgesamt rund 13.400 Aufenthalte. Im Vergleich zum Vorjahr reduzierte sich die Zahl der Förderungen um 8%. Rund drei Viertel der Aufenthalte wurden vom DAAD unterstützt. Westeuropa ist dabei die wichtigste Gastregion für deutsche Gastwissenschaftler/innen (26%). Weitere bedeutsame Gastregionen sind Nordamerika (18%) sowie Asien und Pazifik (jeweils 17%). Das mit Abstand wichtigste Gastland für deutsche Gastwissenschaftler/innen im Ausland sind die USA (15%), gefolgt vom Vereinigten Königreich (6%) und Frankreich (je 4%).

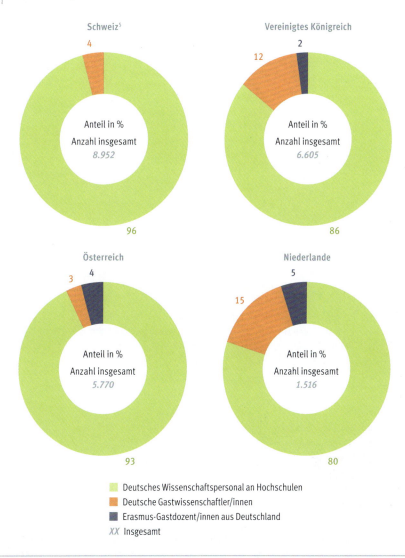

7 Deutsche Wissenschaftler/innen nach Mobilitätsart in ausgewählten Ländern 2019 und insgesamt seit 2012

Quellen: Nationale Daten der jeweiligen statistischen Ämter; Angaben der Förderorganisationen; DAAD, Erasmus-Statistik; DZHW-Berechnungen

Fußnoten

1. Als regulär durchgeführte Aufenthalte gelten hier – anders als in der offiziellen Erasmus-Statistik – nur diejenigen Aufenthalte, die vollständig in Präsenzform durchgeführt wurden. In der offiziellen Erasmus-Statistik werden auch Aufenthalte im Hybrid-Format als reguläre Aufenthalte gezählt.
2. Aus Gründen der Übersichtlichkeit sind nur Mobilitätsströme mit mindestens 25.000 auslandsmobilen Studierenden abgebildet.
3. Inkl. Studierender aus Hongkong und Macau.
4. Daten vom Statistischen Bundesamt, da die UNESCO-Daten für Deutschland zu den Herkunftsländern internationaler Studierender – im Unterschied zu anderen Gastländern – keine internationalen Promovierenden enthalten.
5. Seit 2014 ist die Schweiz kein Programmland im Rahmen des Erasmus+-Programms.
6. Daten von 2017, da noch keine Daten für 2018 verfügbar.

A INTERNATIONALE AKADEMISCHE MOBILITÄT UND TRANSNATIONALE BILDUNG

1 Internationale Studierendenmobilität

1.1 Mobilitätsentwicklung und Mobilitätsströme

Im Jahr 2018 waren laut UNESCO rund 5,6 Millionen Studierende außerhalb ihres Heimatlandes eingeschrieben. Dies entspricht einem Anstieg von rund 240.000 Auslandsstudierenden bzw. 4% im Vergleich zum Vorjahr. Seit 2008 hat die Zahl der international mobilen Studierenden um rund 2,2 Millionen bzw. 68% zugenommen, was nur etwa zur Hälfte durch die parallele Zunahme der Zahl aller Studierenden weltweit im selben Zeitraum erklärt werden kann (+36%). Die Gründe für diesen deutlichen Anstieg lassen sich grob in Push- und Pull-Faktoren unterteilen. Als Push-Faktoren werden Probleme in den jeweiligen Herkunftsländern verstanden, die als Mobilitätsmotiv wirken. Hierzu zählen insbesondere politische und wirtschaftliche Instabilität, häufig verbunden mit unzureichenden Kapazitäten des Hochschulsystems, geringer Qualität des Lehrangebots, fehlender Reputation der Hochschulbildung und -forschung und geringen Beschäftigungschancen. Unzureichende Kapazitäten der heimischen Hochschulen gehen dabei häufig einher mit einer wachsenden Bevölkerung. Als Pull-Faktoren wirken hingegen bestimmte Merkmale der jeweiligen Gastländer. Die meisten dieser Faktoren sind dabei geradezu spiegelbildlich zu den Push-Faktoren ausgebildet: politische und wirtschaftliche Stabilität, verbunden mit gut entwickelten Kapazitäten des Hochschulsystems, hoher Qualität des Lehrangebots, weltweiter Reputation der Hochschulbildung und -forschung sowie guten Beschäftigungschancen.

Die Bedeutung der meisten Gast- und Herkunftsregionen der internationalen Studierenden hat sich zwischen 2008 und 2018 nur geringfügig verändert. Bei den Gastregionen dominiert nach wie vor Westeuropa (29%), gefolgt von Asien und Pazifik (22%) sowie Nordamerika (21%). Allerdings ist der Anteil der Region Westeuropa seit 2008 um sieben Prozentpunkte gesunken. Bei den Herkunftsregionen stellt die

> **Methodik**
>
> Grundlage für die Erhebung und Aufbereitung der Daten ist die *International Standard Classification of Education* (ISCED) von 2011, die die internationale Vergleichbarkeit der nationalen Daten sicherstellt. Dadurch kommt es teilweise zu Abweichungen von nationalen Angaben, beispielsweise auch in Bezug auf Deutschland.
>
> Bei der Interpretation der hier dargestellten Daten ist zudem zu beachten, dass es sich bei der von der UNESCO erfassten Studierendenmobilität in der überwiegenden Mehrheit aller Fälle um abschlussbezogene Mobilität (Degree Mobility) handelt und nur zu einem sehr geringen Teil um temporäre studienbezogene Mobilität (Credit Mobility). Die Daten sind demnach nicht zu vergleichen mit nationalen Daten zur temporären studienbezogenen Studierendenmobilität wie beispielsweise den in Kapitel C2 dargestellten Daten zu deutschen Studierenden. Zudem liegt der UNESCO-Statistik keine Vollerhebung aller mobilen Studierenden weltweit zugrunde, sondern lediglich deren bestmögliche Berechnung auf Basis der jeweils verfügbaren Daten. Fehlende Daten werden dabei geschätzt. Die Verfügbarkeit und Aussagekraft der Daten hängt dabei stark von der Entwicklung der Bildungsstatistik in den jeweiligen Ländern ab. Einige Länder, insbesondere in Süd- und Mittelamerika sowie in Afrika, können bislang keinerlei Daten zu den internationalen Studierenden an ihren Hochschulen zur Verfügung stellen. Auch das mittlerweile wichtige Gastland China stellt der UNESCO bislang keine Daten zur Herkunft der internationalen Studierenden in China zur Verfügung. Dies führt zwangsläufig zu einer Unterschätzung der Bedeutung bestimmter Gast- und Herkunftsländer bzw. -regionen.

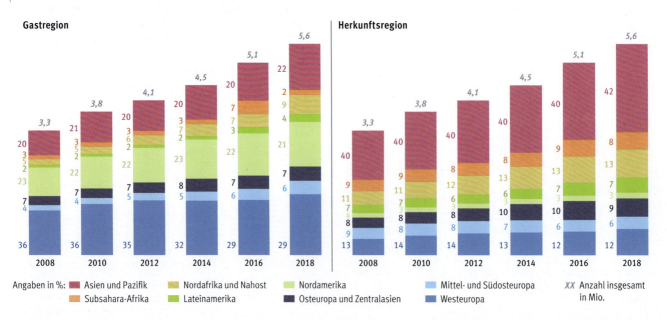

A1.1 Internationale Studierende weltweit nach Gast- und Herkunftsregion seit 2008[1,2]

Angaben in %: Asien und Pazifik · Nordafrika und Nahost · Nordamerika · Mittel- und Südosteuropa · XX Anzahl insgesamt in Mio. · Subsahara-Afrika · Lateinamerika · Osteuropa und Zentralasien · Westeuropa

Quelle: UNESCO, Studierendenstatistik; länderspezifische Berichtszeiträume; DAAD-Berechnungen

WISSENSCHAFT WELTOFFEN 2021

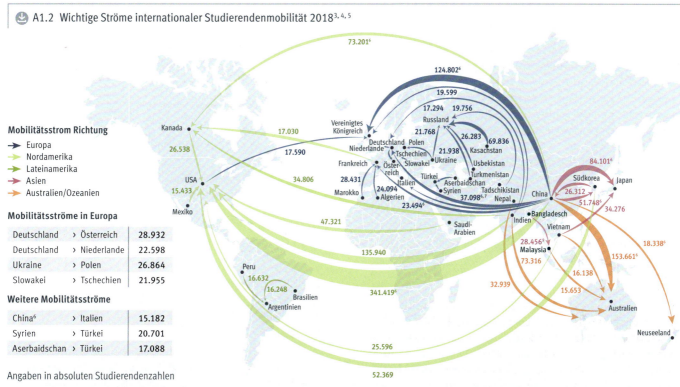

A1.2 Wichtige Ströme internationaler Studierendenmobilität 2018[3, 4, 5]

Angaben in absoluten Studierendenzahlen

Quellen: UNESCO, Studierendenstatistik; Statistisches Bundesamt, Studierendenstatistik; MoE, statistical report on international students in China; länderspezifische Berichtszeiträume; DAAD-Berechnungen

Fußnoten

1. Abweichungen im Vergleich zu vorherigen Ausgaben von *Wissenschaft weltoffen* und *Wissenschaft weltoffen kompakt* ergeben sich durch zwischenzeitliche Aktualisierungen der UNESCO-Datenbank.
2. Daten zu den Herkunftsregionen ohne internationale Studierende in China, da deren Herkunftsländer bislang nicht in der UNESCO-Statistik enthalten sind und keine andere Datenquelle hierzu entsprechende Zeitreihen liefert.
3. Aus Gründen der Übersichtlichkeit sind nur Mobilitätsströme mit mindestens 15.000 auslandsmobilen Studierenden abgebildet.
4. Um ein möglichst vollständiges Bild der internationalen Studierendenmobilität zu erfassen, wurde die UNESCO-Statistik durch Daten des Ministry of Education (MoE) China zu den Herkunftsländern der internationalen Studierenden in China ergänzt. Daten liegen zu den Top-15-Herkunftsländern internationaler Studierender in China vor: Bangladesch, Frankreich, Indien, Indonesien, Japan, Kasachstan, Laos, Malaysia, Mongolei, Pakistan, Russland, Südkorea, Thailand, USA und Vietnam. Diese sind bislang nicht in der UNESCO-Statistik enthalten. Um mit den UNESCO-Daten anderer Länder möglichst vergleichbare Zahlen der internationalen Studierendenmobilität nach China abzubilden, wurden Anteile der nicht-abschlussbezogenen Aufenthalte internationaler Studierender herausgerechnet. Die rückläufige Anzahl der internationalen Studierenden nach China im Vergleich zum Vorjahr ist daher statistisch bedingt.
5. Ohne Singapur als Gastland, da in der UNESCO-Statistik keine Daten zu den Herkunftsländern der internationalen Studierenden enthalten sind.
6. Inkl. Studierender aus Hongkong und Macau.
7. Daten vom Statistischen Bundesamt, da die UNESCO-Daten zu den Herkunftsländern der internationalen Studierenden für Deutschland – im Unterschied zu anderen Gastländern – keine internationalen Promovierenden enthalten.
8. Inkl. Studierender aus Hongkong und Macau. Mobilität zwischen China, Hongkong und Macau wurde herausgerechnet.
9. Daten aus 2017, da noch keine Daten zum Jahr 2018 vorlagen.

Region Asien und Pazifik seit Jahren den mit Abstand größten Anteil der international mobilen Studierenden (42%), gefolgt von Nordafrika und Nahost (13%) sowie Westeuropa (12%).

Die größten Ströme der internationalen Studierendenmobilität führen von dem mit Abstand wichtigsten Herkunftsland China zu den Gastländern USA, Australien, Vereinigtes Königreich und Japan. Insgesamt waren 2018 rund 986.000 Studierende aus China an Hochschulen im Ausland eingeschrieben.[8] Dies sind allein 18% aller auslandsmobilen Studierenden weltweit. Ihre Zahl hat sich im Vergleich zum Vorjahr um rund 7% und in den letzten zehn Jahren um 87% erhöht. Rund 341.000 chinesische Studierende waren im Studienjahr 2018 allein an Hochschulen in den USA eingeschrieben. Diese Zahl entspricht einem Anteil von 6% der weltweiten Studierendenmobilität. Im Vergleich zum Vorjahr ist sie um 4% gestiegen. Rund 154.000 chinesische Studierende verzeichnet die UNESCO im Jahr 2018 in Australien (+11%), rund 125.000 im Vereinigten Königreich (+10%) und rund 84.000 in Japan (+5%). Weitere bedeutende Mobilitätsströme von Studierenden führen von Indien in die USA (136.000, –5% im Vergleich zum Vorjahr), von Indien nach Australien (73.000, +41%), von China nach Kanada (73.000, +7%) und von Kasachstan nach Russland (70.000, +7%).

Innerhalb Europas führen die wichtigsten Studierendenströme von Deutschland nach Österreich (29.000, +2%) und in die Niederlande (23.000, 0%), von der Ukraine nach Polen (27.000, –23%) sowie von der Slowakei nach Tschechien (22.000, –2%).

A INTERNATIONALE AKADEMISCHE MOBILITÄT UND TRANSNATIONALE BILDUNG

1 Internationale Studierendenmobilität

1.2 Wichtige Gastländer

Beim Blick auf die Gastländer internationaler Studierender muss zwischen Ländern mit der größten absoluten Zahl und Ländern mit dem größten Anteil an internationalen Studierenden unterschieden werden. Beispielsweise betrug die Zahl der internationalen Studierenden 2018 in den USA – dem mit Abstand wichtigsten Gastland – rund 987.000. Betrachtet man jedoch deren Anteil an allen Studierenden,

> Die Diversität der Herkunftsländer fällt in Deutschland und Frankreich deutlich höher aus als in Australien und den USA.

so beträgt er lediglich rund 5%. Demgegenüber studierten im selben Jahr nur rund 12.000 internationale Studierende in Katar, der Anteil an allen Studierenden beträgt hier jedoch 34%. Andere Länder mit hohen Anteilen internationaler Studierender sind Australien (27%), Singapur (26%) und Zypern (24%). In Japan, das auf Platz 9 der wichtigsten Gastländer steht, beträgt er dagegen nur 5%, in Norwegen, das ähnlich viele internationale Studierende beherbergt wie Katar, nur 4%.

International Education Hubs: die „Education City" von Katar

Der hohe Anteil internationaler Studierender in Katar ist auch dadurch zu erklären, dass ein großer Anteil der Bevölkerung aus Eingewanderten (ohne katarische Staatsbürgerschaft) besteht. Ein weiterer Grund dürften die Investitionen des Staates in den Hochschulsektor seit Ende der 1990er-Jahre und das damit verbundene Ziel sein, Katar als „Education Hub" innerhalb der Region zu etablieren. Hatte Katar bis 2001 nur eine Hochschule, sind inzwischen sechs Zweigstellen von Hochschulen aus den USA sowie jeweils eine aus Frankreich und dem Vereinigten Königreich auf einem Campus, der sogenannten Education City, vereint. Bei der Auswahl dieser „branch campuses" wurde – dem Bedarf Katars und der Region entsprechend – der Schwerpunkt auf die Fächer Medizin, Ingenieurwesen, Wirtschaft und Informatik gelegt. So stellt Katar nicht nur für die inländischen Studierenden, sondern auch für Studierende umliegender Länder ein attraktives Studienziel dar.[8]

Je nach Gastland fallen die Anteile der wichtigsten Herkunftsländer an der jeweiligen Gesamtzahl der internationalen Studierenden unterschiedlich hoch aus: China und Indien sind für die vier bedeutsamsten Gastländer USA, Vereinigtes Königreich, Australien und Deutschland jeweils die beiden wichtigsten Herkunftsländer mit der höchsten Zahl internationaler Studierender. Während diese beiden Länder in den USA (48%) und in Australien (51%) allein rund die Hälfte aller internationalen Studierenden stellen, fällt ihr Anteil in Deutschland (19%) und Frankreich (12%) deutlich niedriger aus. Das bedeutet, dass in Deutschland und Frankreich die Diversität der Herkunftsländer deutlich höher ausfällt als in Australien und den USA. Eine vergleichsweise niedrige Diversität lässt sich auch für das Vereinigte Königreich fest-

A1.3 Gastländer mit der höchsten Anzahl und dem höchsten Anteil internationaler Studierender 2018[1]

Gastland	Anzahl internationaler Studierender
USA	987.314
Vereinigtes Königreich	452.079
Australien	444.514
Deutschland[2]	282.002
Russland	262.416
Frankreich	229.623
Kanada	224.548
China[3]	184.767
Japan	182.748
Türkei	125.138

Gastland[4]	Anteil internationaler Studierender in %
Katar	34,2
Australien	26,5
Singapur	26,1
Zypern	23,9
Neuseeland	19,7
Vereinigtes Königreich	18,3
Schweiz	17,7
Österreich	17,5
Jordanien	14,0
Kanada	13,8

Quellen: UNESCO/OECD/Statistisches Bundesamt, Studierendenstatistik; länderspezifische Berichtszeiträume; DAAD-Berechnungen

Fußnoten

1 Anzahl aller einheimischen Studierenden aus OECD-Zahlen, falls in UNESCO-Daten nicht enthalten.

2 Daten vom Statistischen Bundesamt, da diese alle eingeschriebenen internationalen Promovierenden enthalten, insgesamt 26.265 Personen, während bei den UNESCO-Daten mit 23.900 internationalen Promovierenden in Deutschland zu niedrige Schätzwerte aus Befragungen des Statistischen Bundesamtes verwendet werden.

3 Inkl. Hongkong und Macau. Mobilität zwischen Hongkong und Macau wurde herausgerechnet. Da für China keine länderspezifischen Daten der einreisenden Studierenden zur Verfügung stehen, sind jedoch noch Studierende enthalten, die von Hongkong und Macau nach China gehen.

4 Nur Länder mit mindestens 10.000 internationalen Studierenden.

5 Inkl. Hongkong und Macau.

6 Daten vom Statistischen Bundesamt, da die UNESCO-Daten zu den Herkunftsländern der internationalen Studierenden für Deutschland – im Unterschied zu anderen Gastländern – keine internationalen Promovierenden enthalten.

7 Vgl. Preiss (2012).

8 Vgl. Ibnouf u. a. (2014).

stellen: Hier stellen die chinesischen und indischen Studierenden einen Anteil von 32%. Für die USA, Australien und auch das Vereinigte Königreich ergibt sich daraus für die Einschreibezahlen der internationalen Studierenden eine beträchtliche Abhängigkeit von lediglich einem oder zwei Herkunftsländern. Gerade in diesen drei Ländern wird diese Abhängigkeit noch zusätzlich dadurch verschärft, dass die internationalen Studierenden jeweils deutlich höhere Studiengebühren zahlen als die einheimischen Studierenden und deshalb einen großen Teil der Hochschulfinanzierung mittragen. Plötzliche Einbrüche der Einreisemobilität aus diesen beiden Herkunftsländern können in diesen Ländern schnell zu massiven Problemen für die gesamte Hochschulfinanzierung führen. Ein Beispiel hierfür ist der deutliche Rückgang der Zahl indischer Studierender in Australien zwischen 2007 und 2011 von über 30.000 Studierenden auf unter 10.000 Studierende.[7]

Zu den wichtigsten Herkunftsländern der internationalen Studierenden in Frankreich zählen neben China vor allem französischsprachige afrikanische Länder, wie Marokko, Algerien und Tunesien, die mit Frankreich durch deren koloniale Vergangenheit bis heute eng verbunden sind. Im Falle Deutschlands lässt sich die relativ hohe Zahl Studierender aus Russland sicherlich ebenfalls zum Teil auf enge wirtschaftliche und kulturelle Beziehungen zurückführen. Deutschland ist mit 19% aller auslandsmobilen Studierenden aus Russland auch deren wichtigstes Gastland.

In Russland zeigt sich darüber hinaus ein stark regional geprägtes Herkunftsprofil der internationalen Studierenden. Die fünf wichtigsten Herkunftsländer Kasachstan, Usbekistan, Turkmenistan, die Ukraine und Tadschikistan stellen bereits über zwei Drittel aller internationalen Studierenden. China und Indien spielen im Gegensatz zu allen anderen wichtigen Gastländern hier mit einem Anteil von zusammen 9% nur eine stark untergeordnete Rolle. Ein ähnlich stark regional geprägtes Herkunftsprofil der internationalen Studierenden zeigt sich in Australien, auch hier liegen die fünf wichtigsten Herkunftsländer alle in der eigenen Region (Asien und Pazifik).

A1.4 Wichtigste Herkunftsländer internationaler Studierender in den wichtigsten Gastländern 2018

Gastland: USA

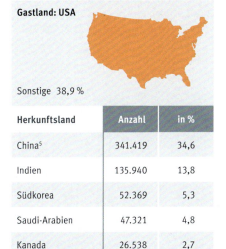

Sonstige 38,9%

Herkunftsland	Anzahl	in %
China[5]	341.419	34,6
Indien	135.940	13,8
Südkorea	52.369	5,3
Saudi-Arabien	47.321	4,8
Kanada	26.538	2,7

Gastland: Deutschland[6]

Sonstige 69,8%

Herkunftsland	Anzahl	in %
China[5]	37.098	13,2
Indien	17.294	6,1
Österreich	11.130	3,9
Russland	10.795	3,8
Italien	8.908	3,2

Gastland: Ver. Königreich

Sonstige 57,8%

Herkunftsland	Anzahl	in %
China[5]	124.802	27,6
Indien	19.599	4,3
USA	17.590	3,9
Malaysia	14.950	3,3
Italien	13.904	3,1

Gastland: Russland

Sonstige 39,2%

Herkunftsland	Anzahl	in %
Kasachstan	69.836	26,6
Usbekistan	26.283	10,0
Turkmenistan	21.938	8,4
Ukraine	21.768	8,3
Tadschikistan	19.756	7,5

Gastland: Australien

Sonstige 34,4%

Herkunftsland	Anzahl	in %
China[5]	153.661	34,6
Indien	73.316	16,5
Nepal	32.939	7,4
Vietnam	16.138	3,6
Malaysia	15.653	3,5

Gastland: Frankreich

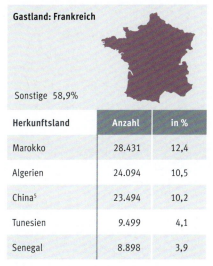

Sonstige 58,9%

Herkunftsland	Anzahl	in %
Marokko	28.431	12,4
Algerien	24.094	10,5
China[5]	23.494	10,2
Tunesien	9.499	4,1
Senegal	8.898	3,9

Quellen: UNESCO/Statistisches Bundesamt, Studierendenstatistik; länderspezifische Berichtszeiträume; DAAD-Berechnungen

A INTERNATIONALE AKADEMISCHE MOBILITÄT UND TRANSNATIONALE BILDUNG

1 Internationale Studierendenmobilität

1.3 Wichtige Herkunftsländer

Die beiden wichtigsten Herkunftsländer auslandsmobiler Studierender sind China mit rund 986.000 und Indien mit rund 387.000 Auslandsstudierenden. Dahinter folgen – mit deutlichem Abstand – Deutschland (131.000), Südkorea (128.000) und Vietnam (114.000), wobei Letzteres erstmals zu den fünf wichtigsten Herkunftsländern zählt. Hierbei ist auch zu beachten, dass bei dieser Statistik neben den UNESCO-Daten erstmals auch öffentlich zugängliche Daten des chinesischen Bildungsministeriums (Ministry of Education, MoE) zu den Top-15-Herkunftsländern internationaler Studierender in China einbezogen wurden. Solche Daten fehlen bislang in der UNESCO-Statistik. Um mit den UNESCO-Daten anderer Länder möglichst vergleichbare Zahlen der internationalen Studierendenmobilität nach China abzubilden, wurden Anteile der nicht-abschlussbezogenen Aufenthalte internationaler Studierender herausgerechnet. Hierdurch ergeben sich bei einigen Herkunftsländern, bspw. Südkorea, deutliche Rückgänge im Vergleich zur vorigen Ausgabe von *Wissenschaft weltoffen* sowie Verschiebungen in der Rangfolge der Länder, die jedoch zu einem großen Teil statistisch bedingt sind. Auch beim Blick auf die Herkunftsländer ist zwischen Ländern mit der größten absoluten Zahl und Ländern mit dem größten Anteil von international mobilen Studierenden zu unterscheiden. So stellt China 2018 mit rund 986.000 international mobilen Studierenden zwar das mit Abstand wichtigste Herkunftsland dar, ihr Anteil an allen chinesischen Studierenden beträgt jedoch lediglich

> 47% der auslandsmobilen Studierenden aus Indien sind in Nordamerika eingeschrieben, nur 28% verbleiben in der Region Asien und Pazifik.

A1.5 Herkunftsländer mit der höchsten Anzahl und dem höchsten Anteil international mobiler Studierender 2018[2]

Herkunftsland	Anzahl Auslandsstudierender
China[3]	985.575
Indien	387.118
Deutschland[4]	130.617
Südkorea	128.086
Vietnam	114.402
Frankreich	105.049
USA	95.267
Kasachstan	89.631
Nepal[5]	81.917
Saudi-Arabien[5]	77.406

Herkunftsland[6]	Anteil Auslandsstudierender in %
Luxemburg[5]	62,2
Zypern[5]	36,0
Moldawien[5]	18,2
Aserbaidschan[5]	17,9
Slowakei[5]	17,9
Kuwait[5]	17,5
Nepal[5]	16,8
Bosnien und Herzegowina[5]	13,9
Kasachstan	12,4
Albanien[5]	12,1

Quellen: UNESCO, Studierendenstatistik; MoE, statistical report on international students in China; Statistisches Bundesamt, Deutsche Studierende im Ausland; länderspezifische Berichtszeiträume; DAAD-Berechnungen

✱ Fußnoten

1. Diese Quote ist als der Anteil der deutschen Studierenden, die abschlussbezogen im Ausland studieren, an allen deutschen Studierenden zu verstehen. Die Quote fällt deshalb deutlich geringer aus als die Quote der Studierenden mit temporären studienbezogenen Auslandsaufenthalten (vgl. Kapitel C2).

2. Um ein möglichst vollständiges Bild der internationalen Studierendenmobilität zu erfassen, wurde die UNESCO-Statistik durch Daten des Ministry of Education (MoE) China zu den Herkunftsländern der internationalen Studierenden in China ergänzt. Daten liegen zu den Top-15-Herkunftsländern internationaler Studierender in China vor: Bangladesch, Frankreich, Indien, Indonesien, Japan, Kasachstan, Laos, Malaysia, Mongolei, Pakistan, Russland, Südkorea, Thailand, USA und Vietnam. Diese sind bislang nicht in der UNESCO-Statistik enthalten. Um mit den UNESCO-Daten anderer Länder möglichst vergleichbare Zahlen der internationalen Studierendenmobilität nach China abzubilden, wurden Anteile der nicht-abschlussbezogenen Aufenthalte internationaler Studierender herausgerechnet. Die rückläufige Anzahl der internationalen Studierenden nach China im Vergleich zum Vorjahr ist daher statistisch bedingt.

3. Inkl. Hongkong und Macau. Mobilität zwischen Hongkong und Macau wurde herausgerechnet. Da für China keine länderspezifischen Daten der einreisenden Studierenden zur Verfügung stehen, sind jedoch noch Studierende enthalten, die von Hongkong und Macau nach China gehen.

4. Die UNESCO-Statistik wurde durch Daten des Statistischen Bundesamtes zu der Zahl deutscher Studierender in China ergänzt. Diese sind bislang nicht in der UNESCO-Statistik enthalten.

5. Ohne die Zahl internationaler Studierender in China, da sie weder in der UNESCO-Statistik noch im statistischen Bericht des Ministry of Education (MoE) China enthalten sind.

6. Nur Länder mit mindestens 10.000 internationalen Studierenden.

7. Daten vom Statistischen Bundesamt, da die UNESCO-Daten zu den Herkunftsländern der internationalen Studierenden für Deutschland – im Unterschied zu anderen Gastländern – keine internationalen Promovierenden enthalten.

8. Inkl. Hongkong und Macau.

9. Vgl. hierzu auch Barnett u. a. (2016), Didelon/Richard (2012), Shields (2013), Shields (2016).

10. Hierbei ist allerdings zu beachten, dass die Wahrscheinlichkeit eines hohen Anteils intraregionaler Mobilität mit der Größe und Anzahl der Länder innerhalb einer Region zunimmt und damit stark von der jeweils verwendeten Regionalsystematik abhängig ist. Deutlich wird dies beispielsweise am Vergleich der Region Nordamerika mit der Region Asien und Pazifik.

11. Daten des Statistischen Bundesamtes zu der Zahl deutscher Studierender in China (ohne Hongkong und Macau), da sie weder in der UNESCO-Statistik noch im statistischen Bericht des Ministry of Education (MoE) China enthalten sind. Daten des Statistischen Bundesamtes ergänzt durch die UNESCO-Daten zu deutschen Studierenden in Hongkong und Macau.

2%. Im zweitwichtigsten Herkunftsland Indien beträgt der Anteil auslandsmobiler Studierender sogar nur 1%. In einigen anderen Ländern werden dagegen deutlich höhere Anteile von Auslandsstudierenden an allen Studierenden erreicht. Hierzu zählen insbesondere Länder mit geringen Studienkapazitäten oder im globalen Maßstab unterentwickeltem Hochschulsystem: Luxemburg (62%), Zypern (36%), Moldawien, Aserbaidschan, die Slowakei sowie Kuwait (je 18%). In Deutschland liegt der Anteil der international mobilen an allen Studierenden laut UNESCO-Statistik bei rund 4%.[1]

Betrachtet man sowohl die Herkunftsländer mit den höchsten Anteilen als auch diejenigen mit den stärksten Zuwächsen der von der UNESCO erfassten auslandsmobilen Studierenden, so fällt auf, dass insbesondere kleinere Länder sowie Länder, die noch nicht über ein international renommiertes Hochschulsystem verfügen, besonders hohe Anteile und Zuwachsraten verzeichnen. In Ländern wie Deutschland, den USA oder dem Vereinigten Königreich hingegen sind im Vergleich deutlich geringere Mobilitätsquoten und Zuwachsraten festzustellen. Dies ist zum Teil dadurch zu erklären, dass die UNESCO-Statistik in erster Linie die abschlussbezogene Studierendenmobilität erfasst (vgl. Info-Box zur Methodik auf S. 12) Die Motive für diese Form der Mobilität unterscheiden sich grundlegend von den Motiven für temporäre studienbezogene Mobilität. Während abschlussbezogene Mobilität meist auf dem Bestreben beruht, durch einen ausländischen Hochschulabschluss die Chancen für die jeweiligen Lebens- und Berufsvorstellungen zu verbessern, dominieren bei der temporären studienbezogenen Mobilität eher Motive wie Horizonterweiterung, Sprach- und Karriereförderung.

Historische, sprachliche, wirtschaftliche und politische Faktoren führen zu deutlichen Präferenzen bei den bevorzugten Gastländern der auslandsmobilen Studierenden.[9] In einigen Fällen führt dies zu einer teilweise stark regionalen Orientierung der Studierendenmobilität.[10] So verbleiben beispielsweise 71% der deutschen Studierenden bei ihrem Auslandsstudium innerhalb der Region Westeuropa sowie 59% der vietnamesischen Auslandsstudierenden innerhalb der Region Asien und Pazifik. Ein deutlich geringerer Anteil intraregionaler Mobilität zeigt sich demgegenüber bei chinesischen Studierenden, die nur zu 33% ein Land der Region Asien und Pazifik wählen, 44% entscheiden sich hingegen für ein Studium in Nordamerika. Derselbe Befund zeigt sich bei indischen Studierenden, sogar in noch deutlicherer Ausprägung: Hier sind derzeit 47% der auslandsmobilen Studierenden in Nordamerika eingeschrieben, während der Anteil der in der Region Asien und Pazifik Studierenden bei lediglich 28% liegt.

A1.6 Bevorzugte Gastländer international mobiler Studierender aus den wichtigsten Herkunftsländern 2018[2, 7]

Herkunftsland: China[3]

Sonstige 21,7%

Gastland	Anzahl	in %
USA	341.419	34,4
Australien	153.661	15,5
Ver. Königreich	124.802	12,6
Japan	84.101	8,5
Kanada	73.201	7,4

Herkunftsland: Vietnam

Sonstige 23,0%

Gastland	Anzahl	in %
Japan	34.276	29,4
USA	25.596	22,0
Australien	16.138	13,9
Südkorea	7.752	6,7
China[8]	5.923	5,1

Herkunftsland: Indien

Sonstige 32,2%

Gastland	Anzahl	in %
USA	135.940	35,0
Australien	73.316	18,9
Kanada	34.806	8,9
Ver. Königreich	19.599	5,0
Deutschland[7]	17.294	4,4

Herkunftsland: Südkorea

Sonstige 16,6%

Gastland	Anzahl	in %
USA	52.369	40,7
China[8]	27.606	21,4
Japan	13.227	10,3
Australien	8.350	6,5
Deutschland[7]	5.843	4,5

Herkunftsland: Deutschland

Sonstige 35,9%

Gastland	Anzahl	in %
Österreich	28.932	22,2
Niederlande	22.598	17,3
Ver. Königreich	13.067	10,0
Schweiz	10.996	8,4
China[11]	8.136	6,2

Herkunftsland: Frankreich

Sonstige 38,4%

Gastland	Anzahl	in %
Kanada	17.030	16,4
Belgien	14.885	14,4
Ver. Königreich	13.265	12,8
Schweiz	10.447	10,1
Spanien	8.220	7,9

Quellen: UNESCO, Studierendenstatistik; MoE, statistical report on international students in China; Statistisches Bundesamt, Deutsche Studierende im Ausland; länderspezifische Berichtszeiträume; DAAD-Berechnungen

A INTERNATIONALE AKADEMISCHE MOBILITÄT UND TRANSNATIONALE BILDUNG

1 Internationale Studierendenmobilität

1.4 Studierendenmobilität in Europa

Zu den zentralen Zielen der europäischen Hochschulpolitik gehört die Erhöhung der Studierendenmobilität im Europäischen Hochschulraum (EHR). Ein konkretes Mobilitätsziel wurde im Jahr 2011 in den „Council conclusions on a benchmark for learning mobility" für alle EU-Staaten vorgegeben und ein Jahr später auch im Rahmen des Bologna-Prozesses für alle EHR-Staaten im „Bukarester Kommuniqué" übernommen. Bis zum Jahr 2020 sollen demnach in den EU- bzw. EHR-Ländern mindestens 20% aller Hochschulgraduierten eines Jahrgangs einen Abschluss im Ausland erworben oder temporäre studienbezogene Mobilitätserfahrungen gesammelt haben. Als temporäre studienbezogene Mobilität gelten dabei anerkannte Studiums- und Praktikumsaufenthalte von mindestens drei Monaten oder mit mindestens 15 erworbenen ECTS-Punkten. Daten hierzu wurden bislang nur für die EU-Länder veröffentlicht. Nach den aktuellsten Statistiken waren 2018 gemäß den Kriterien des EU-Mobilitätsbenchmarks 13,5% der Hochschulabsolvent/innen in der EU im Rahmen ihres Studiums international mobil. Der größere Teil davon entfiel mit 9,1% auf temporäre studienbezogene Mobilität (Credit Mobility), die verbleibenden 4,3% auf abschlussbezogene Mobilität (Degree Mobility). Zwei Jahre vor 2020 ist die EU somit noch relativ weit von ihrem Ziel entfernt.[1]

Betrachtet man die einzelnen EU-Länder im Vergleich, so zeigen sich dabei deutliche Unterschiede bezüglich der Studierendenmobilität. Luxemburgische Studierende erreichen mit einer Gesamtmobilität von rund 87% mit Abstand den höchsten Wert. Allein 74% der luxemburgischen Studierenden sind hierbei abschlussbezogen mobil und absolvieren ihr gesamtes Studium im Ausland. Mit deutlichem Abstand, aber ebenfalls stark überdurchschnittlichen Mobilitätsquoten folgen Zypern (37%) und die Niederlande (25%). Dabei zeigen sich zwischen diesen beiden Ländern – wie auch im Vergleich aller übrigen EU-Länder – große Unterschiede dahin gehend, welche Mobilitätsart von den Studierenden bevorzugt wird. Während Studierende aus Zypern fast nur abschlussbezogen im Ausland studieren (35%), dominieren in den Niederlanden die temporären studienbezogenen Auslandsaufenthalte (23%). Alle übrigen EU-Länder liegen bislang noch unterhalb des Zielwertes von 20%, auch Deutschland, das den Zielwert mit 19,9% jedoch nur knapp verfehlt.

Die wichtigsten Ströme der Studierendenmobilität innerhalb des EHR im Jahr 2018 mit jeweils über 20.000 Studierenden gehen von Kasachstan nach Russland, von der Ukraine nach Polen und Russland, von Deutschland nach Österreich und in die Niederlande sowie von der Slowakei nach Tschechien. Das wichtigste Gastland für Studierende aus dem EHR ist das Vereinigte Königreich mit rund 156.000 internationalen Studierenden aus anderen EHR-Ländern, Russland (128.000), Deutschland (119.000), Österreich (65.000) und den Niederlanden (58.000). Das wichtigste Herkunftsland von Studierenden aus dem EHR ist Deutschland mit rund 109.000 Auslandsstudierenden in anderen EHR-Ländern, gefolgt von Kasachstan (79.000), der Ukraine (74.000), Frankreich (69.000) und Italien (66.000).

A1.7 Mobilitätsraten von Studierenden in der EU nach wichtigen Herkunftsländern 2018[2]

Herkunftsland	abschlussbezogene Mobilität	temporäre studienbezogene Mobilität	Mobilität insgesamt
Luxemburg	74,1	12,7	86,7
Zypern	35,2	2,2	37,4
Niederlande	2,8	22,5	25,3
Deutschland	5,3	14,5	19,9
Finnland	4,1	15,1	19,2
Frankreich	3,5	14,6	18,1
Litauen	9,5	7,0	16,4
Slowakei[4]	15,7		15,7
Estland	10,1	5,5	15,6
Schweden	4,5	10,5	15,0
Österreich	5,8	9,1	14,8
Malta	9,4	5,3	14,6
Tschechien	5,0	9,0	14,0
Italien	4,8	8,9	13,7
Lettland	8,1	5,2	13,3
Griechenland[4]	12,2		12,2
Portugal	4,2	7,0	11,2
Dänemark	1,8	9,3	11,1
Belgien	3,9	6,7	10,6
Bulgarien	8,8	1,4	10,2
Spanien	2,2	7,7	9,9
Ungarn	4,7	3,7	8,4
Rumänien	6,0	1,7	7,7
Kroatien	3,5	3,6	7,0
Irland[4]	5,8		5,8
Slowenien[4]	4,0		4,0
Polen	1,2	1,2	2,4
EU insgesamt	4,3	9,1	13,5

Quelle: Europäische Kommission, Education and Training Monitor 2020

Fußnoten

1 Zu beachten ist hierbei, dass die Mobilitätsdaten in einigen Ländern (u. a. auch Deutschland) bislang noch auf Schätzungen bzw. Hochrechnungen beruhen, da deren nationale Hochschulstatistiken noch keine entsprechenden amtlichen Daten liefern. Für zwei Länder liegen zudem noch keinerlei Daten zur temporären studienbezogenen Mobilität vor (Irland und Slowakei). Da alle EU-Länder jedoch zu einer entsprechenden Erweiterung ihrer Hochschulstatistik angehalten sind, ist damit zu rechnen, dass sich die Datenlage in den nächsten Jahren immer weiter verbessern wird.

2 Aufgrund von Rundungen weichen die addierten Einzelwerte teilweise vom Gesamtwert ab.

3 Aus Gründen der Übersichtlichkeit werden nur die Mobilitätsströme mit mindestens 5.000 Studierenden dargestellt.

4 Zu diesen Ländern liegen noch keine Daten zur temporären studienbezogenen Mobilität vor.

5 Um ein möglichst vollständiges Bild der internationalen Studierendenmobilität zu erfassen, wurde die UNESCO-Statistik durch Daten des Ministry of Education (MoE) China zu den Herkunftsländern der internationalen Studierenden in China ergänzt. Daten liegen zu den Top-15-Herkunftsländern internationaler Studierender in China vor: Bangladesch, Frankreich, Indien, Indonesien, Japan, Kasachstan, Laos, Malaysia, Mongolei, Pakistan, Russland, Südkorea, Thailand, USA und Vietnam. Diese sind bislang nicht in der UNESCO-Statistik enthalten. Um mit den UNESCO-Daten anderer Länder möglichst vergleichbare Zahlen der internationalen Studierendenmobilität nach China abzubilden, wurden Anteile der nicht-abschlussbezogenen Aufenthalte internationaler Studierender herausgerechnet. Die rückläufige Anzahl der internationalen Studierenden nach China im Vergleich zum Vorjahr ist daher statistisch bedingt.

6 Die UNESCO-Statistik wurde durch Daten des Statistischen Bundesamtes zu der Zahl deutscher Studierender in China ergänzt. Diese sind bislang nicht in der UNESCO-Statistik enthalten.

WISSENSCHAFT WELTOFFEN 2021

Betrachtet man die wichtigsten Gastländer des EHR, so zeigt sich, dass der EHR als Herkunftsregion der internationalen Studierenden in diesen Ländern eine sehr unterschiedliche Rolle spielt. Die Länder mit dem höchsten Anteil an Studierenden aus EHR-Ländern sind Tschechien, Österreich (je 87%), Dänemark (82%) und Polen (80%). Die niedrigsten Anteile internationaler Studierender aus EHR-Ländern finden sich in Kasachstan (12%), Portugal, Frankreich (je 18%), Belarus (21%) und Irland (25%).

In gleicher Weise zeigen sich auch in Bezug auf die Herkunftsländer innerhalb des EHR große Differenzen. Die höchsten Anteile auslandsmobiler Studierender in anderen EHR-Ländern finden sich hier mit 99% für Moldawien und jeweils 98% für Zypern, Aserbaidschan, Belarus sowie die Slowakei. Umgekehrt gibt es jedoch keine Länder, bei denen der Anteil der Gastländer außerhalb des EHR über 50% beträgt. Die höchsten Anteile verzeichnen diesbezüglich das Vereinigte Königreich (49%), Frankreich, Russland (je 33%) sowie Schweden und die Türkei (je 30%). Zwar nehmen auslandsmobile Studierende aus vielen EHR-Ländern offensichtlich mehrheitlich ein Studium in anderen EHR-Ländern auf, das bedeutet aber nicht, dass sie auch in diesen Ländern die Mehrzahl der internationalen Studierenden stellen. Gerade in den zwei wichtigsten Gastländern des EHR, dem Vereinigten Königreich und Deutschland, dominieren Studierende aus Nicht-EHR-Ländern.

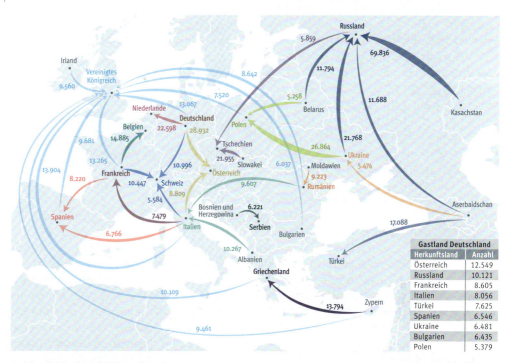

A1.8 Wichtige Ströme der Studierendenmobilität innerhalb des Europäischen Hochschulraums 2018[3]

Angaben in absoluten Studierendenzahlen
Quellen: UNESCO/OECD, Studierendenstatistik

Gastland Deutschland	
Herkunftsland	Anzahl
Österreich	12.549
Russland	10.121
Frankreich	8.605
Italien	8.056
Türkei	7.625
Spanien	6.546
Ukraine	6.481
Bulgarien	6.435
Polen	5.379

A1.9 Wichtige Gastländer des Europäischen Hochschulraums nach Anteilen einreisender Studierender aus EHR- und Nicht-EHR-Ländern 2018

| | Einreisende Studierende | | | |
| | aus EHR-Ländern | | aus Nicht-EHR-Ländern | |
Gastland	Anzahl	in %	in %	Anzahl
Tschechien	39.149	87	13	5.618
Österreich	65.253	87	13	10.006
Dänemark	27.344	82	18	5.944
Polen	43.245	80	20	11.109
Griechenland	19.359	74	26	6.966
Schweiz	39.641	73	27	14.638
Rumänien	19.718	68	32	9.394
Ungarn	18.513	57	43	13.819
Niederlande	58.404	56	44	45.611
Russland	128.187	49	51	134.229
Italien	49.203	46	54	57.408
Belgien	23.723	44	56	30.173
Schweden	12.390	40	60	18.522
Spanien	27.895	39	61	43.017
Deutschland	119.045	38	62	192.693
Ver. Königreich	156.470	35	65	295.609
Türkei	37.208	30	70	87.930
Ukraine	13.530	27	73	36.102
Frankreich	41.644	18	82	187.979
Portugal	4.975	18	82	23.147

Quelle: UNESCO, Studierendenstatistik; DAAD-Berechnungen

A1.10 Wichtige Herkunftsländer des Europäischen Hochschulraums nach Anteilen ausreisender Studierender in EHR- und Nicht-EHR-Länder 2018[5]

| | Ausreisende Studierende | | | |
| | in EHR-Länder | | in Nicht-EHR-Länder | |
Herkunftsland	Anzahl	in %	in %	Anzahl
Moldawien	20.545	99	1	300
Zypern	26.004	98	2	466
Aserbaidschan	43.056	98	2	982
Belarus	22.100	98	2	512
Slowakei	30.649	98	2	779
Rumänien	36.016	96	4	1.395
Bulgarien	23.940	96	4	1.078
Ukraine	73.979	95	5	3.817
Griechenland	36.211	93	7	2.812
Österreich	19.790	92	8	1.641
Polen	23.746	90	10	2.518
Albanien	16.695	89	11	1.997
Italien	65.798	87	13	9.932
Kasachstan	79.462	86	14	13.152
Deutschland[6]	108.513	84	16	21.348
Spanien	32.306	77	23	9.634
Türkei	32.827	70	30	13.880
Russland	44.094	67	33	21.743
Frankreich	69.205	67	33	34.397
Ver. Königreich	17.832	51	49	16.892

Quellen: UNESCO, Studierendenstatistik; MoE, statistical report on international students in China; DAAD-Berechnungen

SCHLAGLICHT: Zur bibliometrischen Messung der internationalen Wissenschaftlermobilität

Ein Gastbeitrag von
Dr. Dimity Stephen und Dr. Stephan Stahlschmidt

Dr. Dimity Stephen ist wissenschaftliche Mitarbeiterin in der Abteilung Forschungssystem und Wissenschaftsdynamik am Deutschen Zentrum für Hochschul- und Wissenschaftsforschung (DZHW). Sie führte die Analyse für die übergreifende Studie durch, auf deren Basis diese Ergebnisse entstanden sind, und schrieb die englische Version dieses Schlaglichts.

Dr. Stephan Stahlschmidt ist als wissenschaftlicher Mitarbeiter am Deutschen Zentrum für Hochschul- und Wissenschaftsforschung (DZHW) tätig. Im Rahmen der kommissarischen Leitung der Abteilung Forschungssystem und Wissenschaftsdynamik leitet er den Arbeitsbereich Leistungsmessung und Indikatorik. Dr. Stahlschmidt konzipierte die Studie und bereitete die ORCID- und Dimensions-Daten für die Studie auf.

Wie in früheren Ausgaben von *Wissenschaft weltoffen* basieren die in dieser Ausgabe dargestellten Auswertungen zur internationalen Wissenschaftlermobilität auf Daten der Scopus-Datenbank des Verlages Elsevier. Diese Datenbank enthält bibliometrische Angaben zu Millionen von Publikationen, die in über 22.000 wissenschaftlichen Fachzeitschriften veröffentlicht wurden. Elsevier identifiziert einzelne Personen anhand ihrer unterschiedlichen Autorenschaft mittels eines Algorithmus, indem alle Publikationen auf der Basis von Namen, Ko-Autor/innen, institutioneller Zugehörigkeit, Publikationsdatum, Zeitschriftentitel und Fachgebiet in Profile gruppiert werden und jedem Profil eine eindeutige „Author ID" zugewiesen wird. Die Mobilität von Forscherinnen und Forschern kann dann anhand von Änderungen der Länderangaben bei den Institutionen in den mit einer Autoren-ID verbundenen Publikationen bestimmt bzw. geschätzt werden.

Um die Wissenschaftlermobilität in diesem Bericht anhand von Scopus-Daten zu untersuchen, wurden alle institutionellen Zugehörigkeiten der erfassten Autor/innen für die Jahre 2000 bis 2019 aus der hauseigenen Version der Scopus-Datenbank des Kompetenzzentrums Bibliometrie (KB) extrahiert. In einigen Fällen haben Autor/innen in einem Jahr die Zugehörigkeit zu Institutionen in zwei oder mehr Ländern angegeben. In solchen Fällen wurden diese Jahre aus der Datensammlung entfernt, da die Beibehaltung einer früheren institutionellen Zugehörigkeit darauf hindeuten könnte, dass der Wechsel nicht mit einem physischen Umzug einherging. Da die Autor/innen in der Regel nicht in jedem Jahr publizieren, wurden fehlende institutionelle Zuordnungen auf Basis der letzten verfügbaren Zuordnung ergänzt. Nachdem eine vollständige Zeitreihe erstellt worden war, wurde die institutionelle Zugehörigkeit jedes Autors und jeder Autorin mit dem Vorjahr verglichen, um Mobilitätsereignisse und die jeweiligen Herkunfts- und Zielländer zu identifizieren.[1] Die jährlichen Zählungen dieser Mobilitätsereignisse zwischen den Ländern wurden dann zu Referenzzeiträumen von jeweils drei Jahren (2014–2016, 2017–2019) aggregiert.

Für diejenigen Indikatoren, die sich auf das Verhältnis von mobilen und nicht mobilen Wissenschaftler/innen beziehen, wurden alle Autor/innen identifiziert, die im Referenzjahr veröffentlicht haben. Deren institutionelle Zugehörigkeit im Referenzjahr wurde dann mit der Zugehörigkeit bei ihrer letzten vorangegangenen Veröffentlichung verglichen, sofern diese zwischen 2000 und dem Jahr vor dem Referenzjahr lag. Autor/innen, die im Referenzjahr zum ersten Mal publizierten, wurden ausgeschlossen, da sie nicht zuverlässig als mobil oder nicht mobil identifiziert werden können. Als nicht mobil wurden Autor/innen definiert, deren institutionelle Zugehörigkeit bei ihren Publikationen im Referenzjahr und vor dem Referenzjahr gleich ausfiel. In das jeweilige Zielland einreisende Wissenschaftler/innen wurden als Autor/innen definiert, die im Referenzjahr mit einer Institution im Zielland verbunden, aber in ihrer Publikation bzw. in ihren Publikationen vor dem Referenzjahr mit einer Institution in einem anderen Land verbunden waren. Ausreisende Wissenschaftler/innen wurden als diejenigen definiert, die sich vor dem Referenzjahr dem jeweiligen Herkunftsland, im Referenzjahr aber einem anderen Land zugeordnet haben.

> „Bestimmte Fälle von Mobilität, wie z. B. Forschungsaufenthalte im Ausland, die zu keiner Publikation geführt haben, werden durch bibliometrische Daten nicht erfasst."

Es sollte jedoch beachtet werden, dass bei der Interpretation bibliometrischer Daten zur Analyse von internationaler Wissenschaftlermobilität einige Einschränkungen zu berücksichtigen sind. So ist die auf der Basis von Publikationen berechnete Mobilität aufgrund von Verzögerungen im wissenschaftlichen Veröffentlichungsprozess in der Regel erst deutlich später nachweisbar, als sie tatsächlich stattgefunden hat. Bestimmte Fälle von Mobilität, wie z. B. Forschungsaufenthalte im Ausland, die zu keiner Publikation geführt haben, werden zudem durch bibliometrische Daten

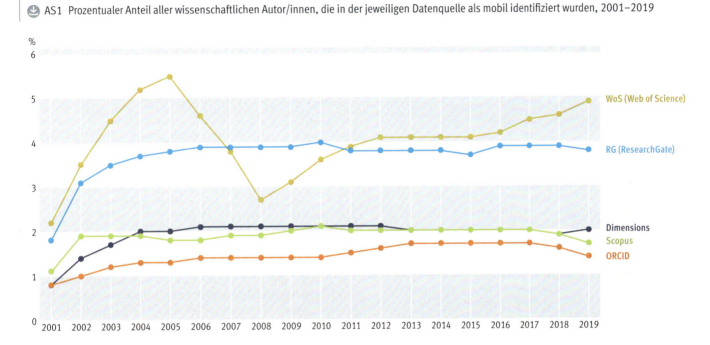

AS1 Prozentualer Anteil aller wissenschaftlichen Autor/innen, die in der jeweiligen Datenquelle als mobil identifiziert wurden, 2001–2019

Quellen: Jeweilige Datenbanken bzw. Netzwerke; DZHW-Berechnungen

nicht erfasst. Außerdem umfasst die bibliometrisch ermittelte Einreisemobilität sowohl Wissenschaftler/innen, die ihr Heimatland verlassen haben und wieder dorthin zurückkehren, als auch die Mobilität von Wissenschaftler/innen, die ursprünglich aus einem anderen Herkunftsland stammen (und dort zumeist auch wissenschaftlich ausgebildet wurden). Zum Beispiel kann eine Forscherin zum Zeitpunkt ihrer ersten wissenschaftlichen Veröffentlichung bereits in ein bestimmtes Land umgezogen sein, und jede nachfolgende Auslandsmobilität kann eine Rückkehr in ihr Heimatland oder eine Weiterreise in ein Drittland darstellen. Der potenzielle Einfluss dieser vermutlich zufälligen Ungenauigkeiten und Fehlzuordnungen bei einer bibliometrischen Erfassung der internationalen Wissenschaftlermobilität hält sich aber in Grenzen, solange nur Daten auf der Aggregationsebene der Länder untersucht werden.[2]

Es ist jedoch auch zu berücksichtigen, dass die in Scopus und anderen bibliometrischen Datenbanken erfassten Zeitschriften nicht alle Publikationen weltweit umfassen, sondern v. a. englischsprachige Zeitschriften und bestimmte wissenschaftliche Disziplinen. Daher kann es sein, dass einige Länder mit einem starken Fokus auf englischsprachigen Publikationen in den von Scopus erfassten Publikationen überrepräsentiert sind, was den Umfang der auf diese Weise berechneten Wissenschaftlermobilität in diesen Ländern be-

einflussen kann. Wissenschaftler/innen in Disziplinen, die entsprechende Zeitschriftenartikel nicht als primäres Kommunikationsmittel nutzen, sind ebenfalls unterrepräsentiert. Da Autor/innen zudem zwei Publikationen in Zeitschriften veröffentlicht haben müssen, die von Scopus erfasst werden, um überhaupt als mobil eingestuft werden zu können, wird die Mobilität von Wissenschaftler/innen im An-

„ Die verschiedenen Datenquellen zur Messung von Wissenschaftlermobilität weisen jeweils bestimmte strukturelle Merkmale auf, die das aus ihren Daten abgeleitete Bild der internationalen Wissenschaftlermobilität beeinflussen.

fangsstadium ihrer Karriere oder von Forscher/innen, die vergleichsweise selten veröffentlichen, in diesen publikationsbasierten Daten tendenziell unterschätzt. Und schließlich: Auch wenn sich das automatisierte Verfahren der Autorenidentifikation von Elsevier im Allgemeinen als relativ treffsicher erwiesen hat,[3] so werden vermutlich trotzdem einem gewissen Prozentsatz der in Scopus erfassten Autor/innen nicht alle relevanten oder teilweise auch falsche Publika-

SCHLAGLICHT   Zur bibliometrischen Messung der internationalen Wissenschaftlermobilität

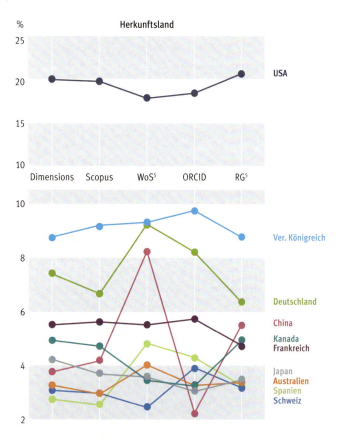

AS2 Durchschnittlicher Anteil der wichtigsten Herkunfts- und Zielländer an der weltweiten Mobilität wissenschaftlicher Autor/innen nach unterschiedlichen Datenquellen 2001–2019[5]

Herkunftsland	Dimensions	Scopus	WoS[6]	ORCID	RG[6]
	Anteil in %, nach Datenquelle				
USA	20,0	19,8	17,8	18,4	20,7
Ver. Königreich	8,8	9,2	9,3	9,7	8,8
Deutschland	7,4	6,7	9,2	8,2	6,4
Frankreich	5,5	5,6	5,5	5,7	4,8
Kanada	4,9	4,7	3,5	3,3	4,9
Japan	4,2	3,7	3,6	3,1	3,5
China	3,8	4,2	8,2	2,3	5,5
Australien	3,3	3,0	4,0	3,3	3,4
Schweiz	3,1	3,0	2,5	3,9	3,2
Spanien	2,8	2,6	4,8	4,3	3,3

Zielland	Dimensions	Scopus	WoS[6]	ORCID	RG[6]
	Anteil in %, nach Datenquelle				
USA	22,5	22,1	19,0	14,6	22,7
Ver. Königreich	8,4	8,5	8,7	10,4	8,4
Deutschland	6,9	6,4	8,3	6,8	6,1
Frankreich	4,8	4,8	5,3	5,7	4,7
Kanada	5,1	5,1	3,5	3,5	5,1
Japan	3,2	2,9	3,1	2,8	2,9
China	4,1	4,2	5,8	4,3	4,7
Australien	3,4	3,4	5,6	4,5	3,7
Schweiz	3,2	3,0	3,5	3,5	2,4
Spanien	2,4	2,3	4,9	4,9	2,9

Quellen: Jeweilige Datenbanken bzw. Netzwerke; DZHW-Berechnungen

tionen zugeordnet. Dies kann durchaus die Erkennung und Einstufung ihrer Mobilität beeinflussen.

Es lässt sich somit festhalten, dass verschiedene Datenquellen zur Messung von Wissenschaftlermobilität jeweils bestimmte strukturelle Merkmale aufweisen (z. B. bezüglich der hierbei erfassten Zeitschriften bzw. Autor/innen), die das aus ihren Daten abgeleitete Bild der internationalen Wissenschaftlermobilität beeinflussen. Abb. AS1 zeigt den prozentualen Anteil aller Autor/innen in Scopus und vier anderen Datenquellen, die in den Jahren 2001–2019 als mobil identifiziert wurden. Abb. AS2 zeigt für die wichtigsten Länder den durchschnittlichen prozentualen Anteil sowohl an der gesamten Einreise- als auch an der gesamten Ausreisemobilität, der in den Jahren 2001–2019 jeweils auf sie entfiel. Bei dieser Analyse wurde für jede Quelle im Wesentlichen dasselbe Auswertungsverfahren verwendet, das zuvor für die Scopus-Daten beschrieben wurde (s. weiter oben bzw. Info-Box zur Methodik auf S. 24). Auf diese Weise ist es möglich, den Einfluss der jeweils verwendeten Quellen auf die Befunde bezüglich der ermittelten Wissenschaftlermobilität abzuschätzen.

Die bibliometrische Datenbank Dimensions verwendet eine ähnliche Methode wie Scopus, um Autorinnen und Autoren automatisch zu identifizieren, und erfasst Publikationen mit ähnlichen Attributen. Im Gegensatz dazu verwendet die Datenbank Web of Science (WoS) strengere Kriterien für die Erfassung von Zeitschriften mit einem hohen Impact[4] und überlässt den Autor/innen die Zuordnung ihrer Publikationen zu ihrer jeweiligen „Researcher ID". Aufgrund der regional variierenden Akzeptanz der Researcher ID bildet eine WoS-basierte Messung der internationalen Wissenschaftlermobilität somit eine Stichprobe von Forscher/innen ab, die überwiegend in Europa ansässig sind und in Zeitschriften mit hohem Impact publiziert haben. Die Nutzerinnen und Nutzer von ORCID und ResearchGate müssen ebenfalls selbst ihr Profil bei diesen Diensten einrichten, jedoch sind die Zugänge weniger streng reglementiert. Während ResearchGate die Eintragungen der Autor/innen über institutionelle E-Mail-Adressen (oder nachgewiesene Publikationen) definiert, unterliegt eine Eintragung bei ORCID keiner Einschränkung. Die Anmeldung bei ORCID wird von einer ganzen Reihe von Zeitschriftenverlagen, Institutionen und Förderorganisationen angeregt oder sogar vorgeschrieben. Die hier dargestellten ResearchGate-Daten basieren auf der institutionellen Zugehörigkeit, die die jeweiligen Nutzer/innen in ihrem Profil in Bezug auf die jeweilige Publikation angegeben haben. Die ORCID-Daten hingegen basieren direkt auf den von den Nutzer/innen erfassten Angaben bezüglich ihrer bisherigen institutionellen Anstellungen („employments").

> Bei Scopus, Dimensions und ResearchGate zeigen sich ähnliche Länderrankings und Mobilitätsanteile, während bei WoS und ORCID auf Europa höhere, auf Nordamerika aber geringere Anteile entfallen.

In Abb. AS1 wird deutlich, dass der prozentuale Anteil mobiler Autor/innen in den durch die Forscher/innen selbst verifizierten WoS- und ResearchGate-Daten im Vergleich zu den automatisierten Verfahren in Scopus und Dimensions etwa doppelt so hoch ausfällt. Zudem zeigen sich bei Scopus, Dimensions und ResearchGate ähnliche Länderrankings und Mobilitätsanteile, während bei WoS und ORCID auf Europa höhere, auf Nordamerika aber geringere Anteile entfallen. Gleichzeitig fällt auf, dass sich die Rolle Chinas im Rahmen der weltweiten Wissenschaftlermobilität bei ORCID und WoS sehr unterschiedlich darstellt. Während WoS China v. a. als Herkunftsland mobiler Wissenschaftler/innen eine sehr hohe Bedeutung zuweist, fällt die Rolle Chinas sowohl als Herkunfts- wie auch als Zielland auf der Basis von ORCID-Daten vergleichsweise gering aus. Eine mögliche Erklärung hierfür könnte das Verfahren der chinesischen Forschungsevaluierung sein, das bis vor Kurzem stark auf Zeitschriften fokussiert war, die von WoS erfasst werden. Dies könnte chinesische Autor/innen vergleichsweise stark dazu motiviert haben, ihr WoS-Profil stets auf einem möglichst aktuellen und vollständigen Stand zu halten. Die Verwendung von entsprechenden ORCID-Profilen scheint unter Wissenschaftler/innen in Asien (und auch in Nordamerika) hingegen eher selten zu sein. Sie ist aber in Afrika und Südamerika sehr viel üblicher und erhöht deshalb die Sichtbarkeit von wissenschaftlichen Aktivitäten im Globalen Süden.

✱ Fußnoten

1   Im Folgenden wird bewusst auf den Begriff „Gastland" verzichtet, da sich bei der bibliometrischen Messung der Wissenschaftlermobilität nicht eindeutig feststellen lässt, ob es sich bei dem jeweiligen Land tatsächlich um ein Gastland der betreffenden Wissenschaftler/innen handelt oder um das Heimatland, in das diese nach einer Phase im Ausland wieder zurückkehren.

2   Vgl. Moed/Halevi (2014).

3   Vgl. z. B. Aman (2018), Campbell/Struck (2019), Kawashima/Tomizawa (2015).

4   Der Impact einer Publikation bezeichnet hierbei die Wahrnehmung und Nachnutzung der präsentierten Inhalte durch die wissenschaftliche Community. In der Bibliometrie werden dafür Zitierungen der betreffenden Publikationen durch wissenschaftliche Beiträge Dritter erhoben und ausgewertet.

5   Nur Länder, auf die mind. 3,0% der weltweiten Einreise- bzw. mind. 3,5% der weltweiten Ausreisemobilität wissenschaftlicher Autor/innen in mind. einer der untersuchten Datenquellen entfiel.

6   RG = ResearchGate, WoS = Web of Science.

A INTERNATIONALE AKADEMISCHE MOBILITÄT UND TRANSNATIONALE BILDUNG

2 Internationale Wissenschaftlermobilität und -kooperation

2.1 Mobilitätsentwicklung und Mobilitätsströme

Eine im Rahmen von *Wissenschaft weltoffen* durchgeführte bibliometrische Analyse auf der Basis von Scopus-Daten ermittelt für das Jahr 2017 eine Zahl von rund 109.000 international mobilen wissenschaftlichen Autor/innen weltweit (vgl. hierzu Info-Box zur Methodik). Dies entspricht einem Anstieg von rund 6% gegenüber dem Vorjahr (rund 103.000). In den letzten zehn Jahren hat sich die so ermittelte Zahl international mobiler Wissenschaftler/innen fast verdoppelt (+92%). Der Anteil international mobiler Wissenschaftler/innen an allen erfassten Wissenschaftler/innen weltweit liegt jedoch seit Beginn der Erhebung im Jahr 2004 quasi unverändert bei 1,8% bzw. 1,9%.[1] Das heißt, der hier aufgezeigte Anstieg der international mobilen Wissenschaftler/innen ist v. a. die Folge der seit 2004 kontinuierlich steigenden Zahl der (in wissenschaftlichen Zeitschriften publizierenden) Wissenschaftler/innen weltweit und nicht in erster Linie die Folge einer zunehmenden Mobilitätsneigung unter diesen Wissenschaftler/innen.

An den 13 wichtigsten Strömen der internationalen Wissenschaftlermobilität (d. h. Länderpaarungen mit mehr als 2.000 mobilen Wissenschaftler/innen im Zeitraum 2017–2019) sind ausnahmslos die USA als Ziel- oder Herkunftsland beteiligt.[2] Die höchsten Zahlen mobiler Wissenschaftler/innen zeigen sich dabei in beiden Richtungen zwischen den USA und Kanada, China sowie dem Vereinigten Königreich. Allein auf diese sechs Mobilitätsströme entfallen bereits rund 11% aller hier erfassten international mobilen Wissenschaftler/innen im

Methodik

Für die hier dargestellten bibliometrischen Analysen zur Wissenschaftlermobilität wird als Datengrundlage auf die internationale Publikations- und Zitationsdatenbank Scopus (Elsevier) zurückgegriffen. Für jede Publikation ist in dieser Datenbank das jeweilige Sitzland der Institution der Autor/innen dokumentiert. Auf diese Weise können solche Datenbanken auch zur Analyse der internationalen Wissenschaftlermobilität genutzt werden, da durch den Abgleich des Sitzlandes von verschiedenen Beiträgen einer Autorin oder eines Autors auf die Mobilitätsbiografie geschlossen werden kann. Für die Mobilitätsbestimmung sind dabei jedoch mindestens zwei Publikationen im Untersuchungszeitraum nötig. Nachwuchswissenschaftler/innen, die im Untersuchungszeitraum noch keine oder erst eine Journal-Publikation vorweisen können, werden demnach aus der Betrachtung ausgeschlossen, ebenso wie Forschende, deren Publikationen (z. B. in Form von Monografien oder Sammelbänden) nicht in Scopus erfasst werden. Wird eine Wissenschaftlerin oder ein Wissenschaftler mobil, ohne im jeweiligen Sitzland zu publizieren, geht dies ebenfalls nicht in die bibliometrische Mobilitätserfassung ein. Bei der Interpretation dieser Daten ist daher zu beachten, dass diese Messung nur einen spezifischen Ausschnitt der internationalen Wissenschaftlermobilität erfasst (vgl. hierzu auch S. 20ff. und S. 119). Dennoch stellt diese Messmethode die derzeit umfassendste und beste Möglichkeit dar, internationale Wissenschaftlermobilität mit einem Aufwand zu ermitteln, der ein kontinuierliches Monitoring ermöglicht.

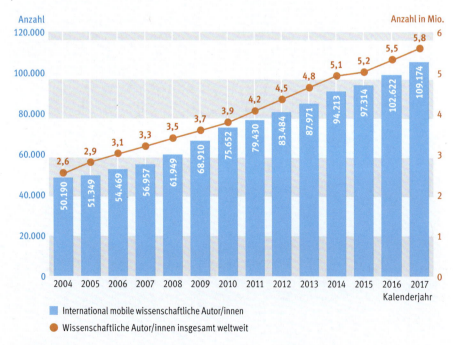

A2.1 Anzahl der international mobilen wissenschaftlichen Autor/innen sowie Anzahl der wissenschaftlichen Autor/innen insgesamt weltweit seit 2004[1]

Jahr	International mobile wissenschaftliche Autor/innen	Wissenschaftliche Autor/innen insgesamt weltweit (Mio.)
2004	50.190	2,6
2005	51.349	2,9
2006	54.469	3,1
2007	56.957	3,3
2008	61.949	3,5
2009	68.910	3,7
2010	75.652	3,9
2011	79.430	4,2
2012	83.484	4,5
2013	87.971	4,8
2014	94.213	5,1
2015	97.314	5,2
2016	102.622	5,5
2017	109.174	5,8

Quelle: Scopus-Datenbank (Elsevier); DZHW-Berechnungen

Fußnoten

1. Die Scopus-Datenbank von Elsevier existiert seit 2004, vergleichbare Zeitreihendaten sind daher auch erst für die Jahre ab 2004 verfügbar. Da sich die absolute Zahl der erfassten international mobilen wissenschaftlichen Autor/innen für die Jahre 2018 und insbesondere 2019 nach Drucklegung dieser Publikation noch vergleichsweise stark verändern kann, wird die Zeitreihe hier nur bis zum Jahr 2017 dargestellt, um Fehlinterpretationen oder Missverständnisse bezüglich der zeitlichen Entwicklung zu vermeiden.

2. Im Folgenden wird bewusst auf den Begriff „Gastland" verzichtet, da sich bei der bibliometrischen Messung der Wissenschaftlermobilität nicht eindeutig feststellen lässt, ob es sich bei dem jeweiligen Land tatsächlich um ein Gastland der betreffenden Wissenschaftler/innen handelt oder um das Heimatland, in das diese nach einer Phase im Ausland wieder zurückkehren.

3. Die Daten zu den wichtigsten Mobilitätsströmen im Zeitraum 2014–2016 finden sich in Bonustabelle A2B1.

4. Aus Übersichtlichkeitsgründen werden nur die 40 wichtigsten Mobilitätsströme weltweit dargestellt.

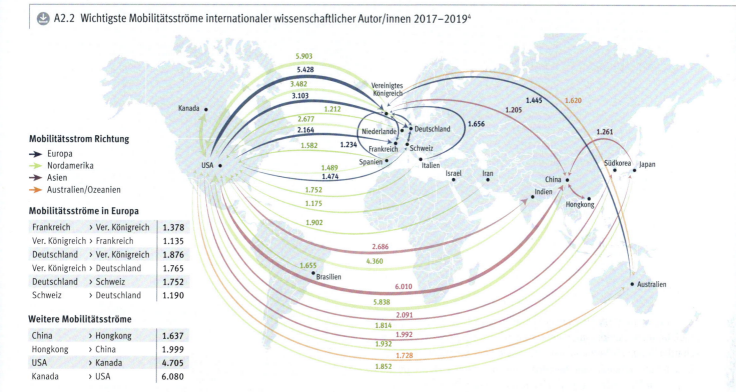

A2.2 Wichtigste Mobilitätsströme internationaler wissenschaftlicher Autor/innen 2017–2019[4]

Angaben in absoluten Zahlen wissenschaftlicher Autor/innen
Quelle: Scopus-Datenbank (Elsevier); DZHW-Berechnungen

Zeitraum 2017–2019. Die größten Zuwächse im Vergleich zum Zeitraum 2014–2016[3] verzeichnen die Mobilitätsströme von Brasilien (+32%) und Indien (+26%) in die USA, von Italien (+19%) und Australien (+16%) ins Vereinigte Königreich sowie von Hongkong nach Festland-China (+17%). Besonders deutliche Abnahmen sind im Gegensatz dazu bei den Strömen von den USA nach Südkorea (–21%), Australien (–12%) und Japan (–11%) sowie vom Vereinigten Königreich nach Australien (–13%) und von Japan in die USA (–12%) festzustellen.

Aus den hier dargestellten Strömen internationaler Wissenschaftlermobilität ergeben sich in den jeweiligen Ziel- bzw. Herkunftsländern unterschiedliche Mobilitätsbilanzen. Dabei zeigt sich, dass insbesondere Kanada, Deutschland und das Vereinigte Königreich nahezu perfekt ausgeglichene Mobilitätsbilanzen aufweisen, d. h., die Zahlen der ein- und ausreisenden Wissenschaftler/innen fallen hier im betrachteten Zeitraum 2017–2019 quasi identisch aus. Bei anderen wichtigen Zielländern lassen sich dagegen Tendenzen in eine Richtung erkennen: Während bei den USA, China, Australien und der Schweiz die Einreisemobilität leicht überwiegt, zeigt sich in Frankreich, Spanien, Italien und Indien ein gewisses Übergewicht der Ausreisemobilität. Noch deutlicher sind solche Ungleichgewichte in Ländern wie Vietnam, Saudi-Arabien bzw. Malaysia und Iran ausgeprägt.

A2.3 Mobilitätsbilanzen bezüglich international mobiler wissenschaftlicher Autor/innen in ausgewählten Ziel- und Herkunftsländern 2017–2019

Land	Einreisend Anzahl	Einreisend in %	Ausreisend in %	Ausreisend Anzahl
Vietnam	1.480	71	29	618
Saudi-Arabien	4.147	63	37	2.435
Schweiz	9.293	57	43	6.932
China	19.854	56	44	15.798
USA	62.672	53	47	54.558
Australien	10.519	53	47	9.222
Kanada	13.902	50	50	13.786
Deutschland	18.651	50	50	18.551
Vereinigtes Königreich	26.216	50	50	26.708
Niederlande	6.806	49	51	7.047
Südkorea	4.864	48	52	5.222
Russland	2.780	48	52	3.038
Japan	6.652	46	54	7.888
Frankreich	13.428	46	54	15.940
Brasilien	4.027	41	59	5.700
Spanien	6.964	41	59	10.004
Italien	6.467	38	62	10.545
Indien	7.346	37	63	12.420
Malaysia	2.272	34	66	4.399
Iran	2.030	27	73	5.559

Quelle: Scopus-Datenbank (Elsevier); DZHW-Berechnungen

A INTERNATIONALE AKADEMISCHE MOBILITÄT UND TRANSNATIONALE BILDUNG

2 Internationale Wissenschaftlermobilität und -kooperation

2.2 Wichtige Zielländer und ihre Herkunftsländerprofile

Ähnlich wie bei der internationalen Studierendenmobilität ergeben sich auch bei der internationalen Wissenschaftlermobilität unterschiedliche Präferenzen in Bezug auf die Zielländer. Auffällig ist, dass zu den zehn wichtigsten Zielländern weltweit v. a. Länder aus dem europäischen und angloamerikanischen Raum zählen. Ausnahmen stellen lediglich China und Indien dar.

Die USA sind das mit Abstand wichtigste Zielland international mobiler wissenschaftlicher Autor/innen. So entfielen im Zeitraum 2017–2019 19% der gesamten bibliometrisch erfassten Einreisemobilität auf die Vereinigten Staaten. Mit deutlichem Abstand folgen das Vereinigte Königreich (8%), China und Deutschland (jeweils 6%).[1] Die Anteile sind in fast allen wichtigen Zielländern im Vergleich zum vorigen Zeitraum 2014–2016 leicht gesunken, die größten Rückgänge verzeichnen dabei die USA (-0,7 Prozentpunkte) sowie Deutschland und Australien (jeweils -0,4 Prozentpunkte).[2] China verzeichnet hingegen mit einem Plus von 0,9 Prozentpunkten einen deutlichen Zuwachs und liegt somit nun vor Deutschland auf Rang 3 der wichtigsten Zielländer.

Betrachtet man den Anteil der einreisenden Wissenschaftler/innen (inkl. Rückkehrer/innen) an allen Wissenschaftler/innen in den Zielländern im Jahr 2019, so fällt dieser in Hongkong mit rund 10% am höchsten aus.[3] Darauf folgen Vietnam sowie die Schweiz (jeweils 9%), Irland und der Irak (jeweils 8%), Singapur (7%), Neuseeland und Österreich (jeweils 6%). Deutschland liegt mit einem Anteil von rund 4% auf Rang 22 hinter dem Vereinigten Königreich und Australien (jeweils 5%) sowie vor den USA (3%), Japan und China (jeweils 1%).

> „China verzeichnet den größten Zuwachs einreisender Wissenschaftler/innen und liegt nun vor Deutschland auf Rang 3 der wichtigsten Zielländer."

Das Herkunftsprofil der internationalen Wissenschaftler/innen im bedeutendsten Zielland USA weist eine sehr diverse Verteilung auf. Die drei wichtigsten Herkunftsländer (d.h. Kanada, Vereinigtes Königreich und China) stellen insgesamt lediglich 28% der einreisenden Wissenschaftler/innen, während dieser Anteil insbesondere in Zielländern wie Kanada (48%) und China (47%) deutlich höher ausfällt. Dies liegt in beiden Fällen v. a. am auffällig hohen Anteil der USA als Herkunftsland (jeweils über 30%). Regionale Besonderheiten bei den Herkunftsländerprofilen stellen beispielsweise die Schweiz als dritt- und Österreich als fünftwichtigstes Herkunftsland einreisender Wissenschaftler/innen in Deutschland dar; außerdem Italien als drittwichtigstes Herkunftsland einreisender Wissenschaftler/innen in Frankreich und Japan als zweitwichtigstes Herkunftsland einreisender Wissenschaftler/innen in China. Ein Blick auf die wichtigsten Ziel- und Herkunftsländer mobiler Wissenschaftler/innen aus bzw. in China (vgl. hierzu auch S. 29) zeigt zudem, dass offensichtlich ein sehr intensiver Wissenschaftleraustausch zwischen Hongkong und Festland-China stattfindet.

Vergleicht man die Zeiträume 2014–2016 und 2017–2019 miteinander, ist eine abnehmende Tendenz des Anteils der zehn wichtigsten Herkunftsländer in den hier betrachteten Zielländern festzustellen.[2] Im Gegenzug steigt der Anteil der sonstigen Herkunftsländer relativ deut-

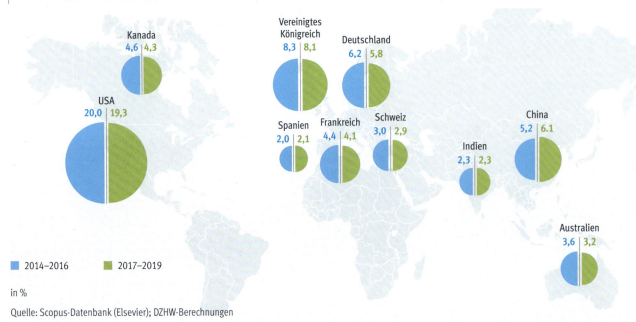

A2.4 Anteil der international mobilen wissenschaftlichen Autor/innen an allen international mobilen wissenschaftlichen Autor/innen weltweit nach wichtigsten Zielländern 2014–2016 und 2017–2019

■ 2014–2016   ■ 2017–2019

in %

Quelle: Scopus-Datenbank (Elsevier); DZHW-Berechnungen

WISSENSCHAFT WELTOFFEN 2021

A2.5 Wichtigste Herkunftsländer international mobiler wissenschaftlicher Autor/innen in den sechs wichtigsten Zielländern 2017–2019[3]

Zielland: USA

Herkunft: Top 10	Anteil in %
Kanada	9,7
Vereinigtes Königreich	9,4
China	9,3
Indien	7,0
Deutschland	5,6
Frankreich	4,3
Japan	3,1
Iran	3,0
Australien	3,0
Südkorea	2,9
Sonstige	42,8

Zielland: Vereinigtes Königreich

Herkunft: Top 10	Anteil in %
USA	20,7
Deutschland	7,2
Italien	6,3
Australien	5,5
Frankreich	5,3
Spanien	4,7
Kanada	4,1
Niederlande	3,3
China	3,0
Irland	3,0
Sonstige	36,9

Zielland: Deutschland

Herkunft: Top 10	Anteil in %
USA	16,6
Vereinigtes Königreich	9,5
Schweiz	6,4
Frankreich	5,7
Österreich	4,8
Niederlande	4,7
Italien	4,7
China	4,1
Spanien	3,9
Indien	2,9
Sonstige	36,8

Zielland: China

Herkunft: Top 10	Anteil in %
USA	30,3
Hongkong	10,1
Japan	6,4
Vereinigtes Königreich	6,1
Taiwan	4,8
Singapur	4,5
Deutschland	4,1
Australien	3,7
Kanada	3,4
Pakistan	2,9
Sonstige	23,9

Zielland: Kanada

Herkunft: Top 10	Anteil in %
USA	33,8
Vereinigtes Königreich	7,6
Iran	6,9
Frankreich	6,6
China	4,3
Indien	3,4
Deutschland	3,2
Australien	2,9
Brasilien	2,3
Schweiz	1,5
Sonstige	27,5

Zielland: Frankreich

Herkunft: Top 10	Anteil in %
USA	16,1
Vereinigtes Königreich	8,5
Italien	7,3
Deutschland	6,9
Spanien	6,0
Kanada	4,8
Schweiz	4,6
Belgien	4,3
China	2,6
Brasilien	2,5
Sonstige	36,4

Quelle: Scopus-Datenbank (Elsevier); DZHW-Berechnungen

lich an, was eine fortschreitende Diversifizierung der Herkunftsländer internationaler Wissenschaftler/innen in den wichtigsten Zielländern belegt. Die größten Zuwächse der Anteile sonstiger Herkunftsländer sind dabei in China und Deutschland (+7 bzw. +3 Prozentpunkte) zu beobachten.

Auffällig ist schließlich, dass China und in einigen Zielländern auch Indien im Vergleich zum Zeitraum 2014–2016 als Herkunftsländer an Bedeutung gewonnen haben.[2] Bemerkenswert ist zudem im Zielland China der rückläufige Anteil westlicher Herkunftsländer. Der Rückgang des Anteils von Wissenschaftler/innen aus den USA fällt hierbei besonders deutlich aus. Im Gegenzug sind die Anteile asiatisch-pazifischer Länder (mit Ausnahme von Japan) gestiegen.

Fußnoten

1. Hier kann jedoch eine systematische Untererfassung durch die Beschränkung auf englischsprachige Publikationen als Datenbasis vermutet werden.
2. Daten zum Zeitraum 2014–2016 finden sich in Bonustabelle A2B4.
3. Der Wissenschaftsstandort Hongkong wurde aufgrund seiner besonderen Bedeutung innerhalb Chinas als eigene Ziel- und Herkunftseinheit erfasst.
4. Betrachtet wurden Zielländer mit mindestens 5.000 erfassten wissenschaftlichen Autor/innen (einreisend und nicht mobil).
5. Anteil an allen (einreisenden und nicht mobilen) wissenschaftlichen Autor/innen im jeweiligen Ziel.

A2.6 Anteil von einreisenden wissenschaftlichen Autor/innen an allen wissenschaftlichen Autor/innen in ausgewählten Zielländern 2019[3,4,5]

Ziele	Einreisende wiss. Autor/innen in %	Ziele	Einreisende wiss. Autor/innen in %
Hongkong	10,1	Australien	4,7
Vietnam	8,9	Nigeria	4,5
Schweiz	8,8	Niederlande	4,4
Irland	8,3	Israel	4,0
Irak	8,0	Deutschland	3,6
Singapur	7,1	Südafrika	3,5
Neuseeland	6,1	Frankreich	3,5
Österreich	5,6	USA	2,8
Kolumbien	5,5	Spanien	2,2
Belgien	5,4	Italien	1,7
Kanada	5,3	Südkorea	1,6
Ver. Königreich	5,3	Indien	1,5
Pakistan	5,0	Japan	1,2
Schweden	5,0	China	0,9
Norwegen	4,8	Russland	0,7

Quelle: Scopus-Datenbank (Elsevier); DZHW-Berechnungen

A INTERNATIONALE AKADEMISCHE MOBILITÄT UND TRANSNATIONALE BILDUNG

2 Internationale Wissenschaftlermobilität und -kooperation

2.3 Wichtige Herkunftsländer und ihre Zielländerprofile

Die USA sind nicht nur das wichtigste Zielland international mobiler wissenschaftlicher Autor/innen, sondern gleichzeitig auch das wichtigste Herkunftsland. Im Zeitraum 2017–2019 entfielen rund 17% der hier erfassten weltweiten Ausreisemobilität auf Wissenschaftler/innen aus den USA. Dieser Befund stellt einen markanten Unterschied zur internationalen Studierendenmobilität dar, bei der die USA als Herkunftsland nur eine untergeordnete Rolle spielen (vgl. S.16/17). Dabei ist jedoch zu beachten, dass es sich bei den hier erfassten mobilen Wissenschaftler/innen nicht zwangsläufig um Staatsangehörige des jeweiligen Herkunftslandes handelt, sondern – aufgrund der bibliometrischen Erfassungsmethode – um alle Wissenschaftler/innen, die im Erhebungszeitraum (hier: ab dem Jahr 2000) ihre erste Publikation im jeweiligen Herkunftsland veröffentlicht haben.[1] Das heißt, dass von den aus den USA ausreisenden Wissenschaftlerinnen und Wissenschaftlern mit hoher Wahrscheinlichkeit ein (derzeit leider nicht quantifizierbarer) Teil nicht aus den USA stammt, sondern bereits vor der Veröffentlichung ihrer ersten (bibliometrisch erfassten) Publikation in die USA eingereist ist (z. B. internationale Promovierende in den USA). Mit großem Abstand folgen auf den weiteren Rängen das Vereinigte Königreich (8%), Deutschland (6%), Frankreich und China (jeweils 5%). Im Vergleich zum vorigen Zeitraum 2014–2016 sind bei den wichtigsten Herkunftsländern v. a. rückläufige Anteile an der weltweiten Einreisemobilität festzustellen, insbesondere bei den USA (–1,2 Prozentpunkte), dem Vereinigten Königreich und Deutschland (jeweils –0,4 Prozentpunkte).

> „Hongkong erreicht mit 12% den höchsten Anteil ausreisender Wissenschaftler/innen, gefolgt von Bangladesch (10%), Singapur (8%) und Saudi-Arabien (7%).

Betrachtet man den Anteil ausreisender Wissenschaftler/innen an allen Wissenschaftler/innen des jeweiligen Landes, so verzeichnen wie bei den einreisenden Wissenschaftler/innen (vgl. S. 26/27) asiatische Länder die höchsten Mobilitätsraten. Hongkong erreicht mit 12% den höchsten Anteil ausreisender Wissenschaftler/innen, gefolgt von Bangladesch (10%), Singapur (8%) und Saudi-Arabien (7%).[2] An fünfter und sechster Stelle finden sich die Schweiz und Irland als erste europäische Länder (mit jeweils 7% ausreisenden Wissenschaftler/innen), gefolgt von Neuseeland, dem Vereinigten Königreich und Belgien (jeweils 6%). Deutschland liegt mit einem Anteil von rund 4% auf Rang 25 hinter Österreich und den Niederlanden (jeweils 5%) sowie vor den USA (3%), Japan und China (jeweils 1%).

Bei den USA zeigt sich – wie schon bei den Herkunftsländern (vgl. S. 26/27) – ein recht diverses Zielländerprofil. Auf China, das Vereinigte Königreich und Kanada als wichtigste Zielländer entfallen zusammen nur rund 30% aller aus den USA ausreisenden Wissenschaftler/innen. Der Anteil der drei wichtigsten Zielländer von Wissenschaftler/innen aus China (52%) und Kanada (57%) fällt im Vergleich dazu deutlich höher aus. Regionale Besonderheiten bezüglich der wichtigsten Zielländer zeigen sich z. B. bei Wissenschaftler/innen aus Deutschland. Hier ist eine ausgeprägte Präferenz für die deutschsprachigen Länder Schweiz und Österreich festzustellen. Bei Wissenschaftler/innen aus China sind Hongkong, Japan, Taiwan und Singapur besonders beliebte Ziele.

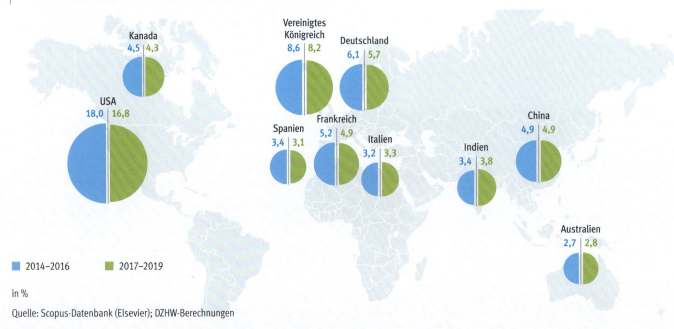

A2.7 Anteil der international mobilen wissenschaftlichen Autor/innen an allen international mobilen wissenschaftlichen Autor/innen weltweit nach wichtigsten Herkunftsländern 2014–2016 und 2017–2019

■ 2014–2016   ■ 2017–2019

in %

Quelle: Scopus-Datenbank (Elsevier); DZHW-Berechnungen

A2.8 Wichtigste Zielländer international mobiler wissenschaftlicher Autor/innen aus den sechs wichtigsten Herkunftsländern 2017–2019[2]

Herkunftsland: USA

Ziele: Top 10	Anteil in %
China	11,0
Vereinigtes Königreich	9,9
Kanada	8,6
Deutschland	5,7
Indien	4,9
Frankreich	4,0
Südkorea	3,8
Japan	3,7
Australien	3,2
Schweiz	2,7
Sonstige	42,5

Herkunftsland: Vereinigtes Königreich

Ziele: Top 10	Anteil in %
USA	22,1
Deutschland	6,6
Australien	6,1
China	4,5
Frankreich	4,3
Kanada	4,0
Irland	3,3
Spanien	3,0
Italien	3,0
Niederlande	2,9
Sonstige	40,3

Herkunftsland: Deutschland

Ziele: Top 10	Anteil in %
USA	18,8
Vereinigtes Königreich	10,1
Schweiz	9,4
Österreich	5,7
Frankreich	5,0
China	4,4
Niederlande	4,3
Italien	3,0
Spanien	2,8
Schweden	2,5
Sonstige	34,0

Herkunftsland: China

Ziele: Top 10	Anteil in %
USA	37,0
Hongkong	10,4
Vereinigtes Königreich	5,0
Australien	5,0
Deutschland	4,8
Japan	4,4
Kanada	3,8
Taiwan	3,5
Singapur	3,5
Pakistan	2,6
Sonstige	20,2

Herkunftsland: Kanada

Ziele: Top 10	Anteil in %
USA	44,1
Vereinigtes Königreich	7,8
China	4,9
Frankreich	4,7
Australien	3,6
Deutschland	3,0
Saudi-Arabien	2,2
Indien	1,8
Schweiz	1,8
Iran	1,7
Sonstige	24,5

Herkunftsland: Frankreich

Ziele: Top 10	Anteil in %
USA	16,8
Vereinigtes Königreich	8,6
Deutschland	6,7
Schweiz	6,4
Kanada	5,7
Italien	4,1
Belgien	3,9
Spanien	3,6
China	3,3
Niederlande	2,1
Sonstige	38,8

Quelle: Scopus-Datenbank (Elsevier); DZHW-Berechnungen

Ein Blick auf die wichtigsten Ziel- und Herkunftsländer mobiler Wissenschaftler/innen aus bzw. in China (vgl. hierzu auch S. 26/27) zeigt, dass offensichtlich ein sehr intensiver Wissenschaftleraustausch zwischen Hongkong und Festland-China stattfindet. Im Vergleich zum vorigen Zeitraum 2014–2016 fällt auf, dass vor allem China als Zielland an Bedeutung gewonnen hat.[3] So lag China beispielsweise im Zeitraum 2014–2016 für international mobile Wissenschaftler/innen aus dem Vereinigten Königreich noch auf dem sechsten Rang der beliebtesten Zielländer, im Zeitraum 2017–2019 liegt es nun auf dem vierten Rang, vor Kanada und Frankreich.

A2.9 Anteil von ausreisenden wissenschaftlichen Autor/innen an allen wissenschaftlichen Autor/innen in ausgewählten Herkunftsländern 2019[2, 4, 5]

Herkunft	Ausreisende wiss. Autor/innen in %	Herkunft	Ausreisende wiss. Autor/innen in %
Hongkong	12,1	Australien	4,0
Bangladesch	9,6	Schweden	3,9
Singapur	8,2	Israel	3,9
Saudi-Arabien	7,3	Nigeria	3,8
Irland	7,0	Deutschland	3,6
Schweiz	6,5	Vietnam	3,2
Neuseeland	5,8	Spanien	2,9
Ver. Königreich	5,7	Italien	2,6
Kanada	4,8	USA	2,5
Pakistan	4,7	Indien	2,5
Kolumbien	4,7	Irak	2,0
Österreich	4,7	Südkorea	1,9
Niederlande	4,5	Japan	1,4
Frankreich	4,2	Russland	0,9
Südafrika	4,1	China	0,7

Quelle: Scopus-Datenbank (Elsevier); DZHW-Berechnungen

* Fußnoten

1. Bei bibliometrischen Analysen zur Wissenschaftlermobilität wird das Sitzland der Institution der ersten Publikation im Erhebungszeitraum als Herkunftsland definiert. Dabei kann nicht ausgeschlossen werden, dass frühere Mobilität ausgeklammert wird und es sich bei dem vermeintlichen Herkunftsland bereits um ein Zielland handelt (vgl. hierzu auch Info-Box zur Methodik, S. 20f.).
2. Der Wissenschaftsstandort Hongkong wurde aufgrund seiner besonderen Bedeutung innerhalb Chinas als eigene Ziel- und Herkunftseinheit erfasst.
3. Daten zum Zeitraum 2014–2016 finden sich in Bonustabelle A2B7.
4. Betrachtet wurden Herkunftsländer mit mindestens 5.000 erfassten international mobilen wissenschaftlichen Autor/innen (ausreisend und nicht mobil).
5. Anteil an allen (ausreisenden und nicht mobilen) wissenschaftlichen Autor/innen der jeweiligen Herkunft.

A INTERNATIONALE AKADEMISCHE MOBILITÄT UND TRANSNATIONALE BILDUNG

2 Internationale Wissenschaftlermobilität und -kooperation

2.4 Internationale Wissenschaftler/innen an öffentlichen Hochschul- und Forschungseinrichtungen

Die Datenlage zu internationalen Wissenschaftlerinnen und Wissenschaftlern an den jeweiligen Gasthochschulen im Ausland fällt deutlich schlechter aus als die entsprechende Datenlage zu internationalen Studierenden. Bislang existiert hierzu keine international vergleichbare Statistik der UNESCO oder der OECD wie zur weltweiten Studierendenmobilität. Dies ist insbesondere dadurch zu erklären, dass in vielen Ländern das internationale Hochschulpersonal bislang nicht differenziert genug erfasst wird (z. B. in Bezug auf die Herkunftsländer). Eine Ausnahme stellen lediglich die internationalen Promovierenden dar, da diese in den meisten Ländern Teil der Studierendenstatistik sind.

Die USA sind das mit Abstand wichtigste Gastland für internationale Promovierende. An ihren Hochschulen strebten im Jahr 2018 rund 155.000 Nachwuchsforscher/innen aus dem Ausland eine Promotion an. Es folgen das Vereinigte Königreich (46.000), Frankreich (25.000), Deutschland (26.000) und Australien (19.000). Zu berücksichtigen ist dabei jedoch, dass bislang keine Zahlen zu internationalen Promovierenden in Ländern wie China, Indien oder Südafrika vorliegen.

Wie bei den wichtigsten Gastländern für internationale Studierende kann auch bei den Gastländern internationaler Promovierender zwischen Ländern mit der größten absoluten Zahl und Ländern mit dem größten Anteil an internationalen Promovierenden unterschieden werden. Besonders hohe Anteile verzeichnen dabei Luxemburg (86%), die Schweiz (56%), Neuseeland (49%) und die Niederlande (44%). Offensichtlich zeichnen sich diese kleineren und mittleren Länder nicht nur durch forschungsstarke Hochschulen aus, sondern auch durch attraktive Promotionsangebote für internationale Promovierende.

✱ Fußnoten

1 Als wichtige Gastländer wurden hierbei die Gastländer mit mehr als 4.000 internationalen Promovierenden laut OECD bzw. mehr als 100.000 internationalen Studierenden laut UNESCO im Jahr 2018 definiert. Für 15 der so definierten 23 Länder konnten entsprechende nationale Daten ermittelt werden, nicht möglich war dies hingegen für Australien, Argentinien, Belgien, China, Kanada, Neuseeland, Russland und Tschechien.

2 So ist bei vielen der verfügbaren nationalen Statistiken unklar, welche Personengruppen bzw. ab welcher Karrierestufe Wissenschaftler/innen in die Statistik zum Wissenschaftspersonal eingehen. Ob beispielsweise studentische Hilfskräfte oder Gastwissenschaftler/innen mit temporären Aufenthalten als Teil des Wissenschaftspersonals betrachtet werden, kann die jeweilige Statistik entscheidend beeinflussen. Beide Gruppen wurden, wenn möglich, bei den hier vorgestellten Daten ausgeklammert.

3 Folgende Personengruppen wurden in den jeweiligen Ländern erfasst (jeweils Personenzahlen, keine Vollzeitäquivalente): USA: ausländisches Forschungs- und Lehrpersonal ohne Einwanderungsvisa an Forschungsuniversitäten 2017/18; Vereinigtes Königreich: ausländisches akademisches Personal an Universitäten 2017/18; Deutschland: hauptberufliches ausländisches Wissenschaftspersonal an Hochschulen und außeruniversitären Forschungseinrichtungen 2018; Schweiz: ausländisches Hochschulpersonal 2018; Frankreich: ausländisches Lehr- und Forschungspersonal an Hochschulen und außeruniversitären Forschungseinrichtungen 2017/18; Japan: ausländisches wissenschaftliches Personal an Hochschulen 2018; Niederlande: ausländisches wissenschaftliches Personal an Universitäten 2018; Österreich: ausländische Wissenschaftler/innen an Universitäten 2018; Südkorea: ausländische Professor/innen und Wissenschaftler/innen 2018; Spanien: ausländisches Lehr- und Forschungspersonal an öffentlichen Hochschulen (PDI/PEI) 2017/18; Türkei: ausländisches Lehrpersonal an Hochschulen 2017/18; Schweden, Finnland, Italien, Portugal: ausländisches wissenschaftliches Hochschulpersonal 2016 („foreign academic staff" gemäß ETER-Definition), da keine aktuelleren Daten verfügbar.

4 Nur Länder mit mindestens 500 internationalen bzw. auslandsmobilen Promovierenden.

5 Internationale Promovierende in den USA: Daten aus der Datenbank des US-amerikanischen „Student and Exchange Visitor Information System" (SEVIS) (Erhebungszeitpunkt: Dezember 2018), da in der OECD-Statistik nicht enthalten.

6 Internationale Promovierende in Deutschland: Daten vom Statistischen Bundesamt (Destatis), da diese alle eingeschriebenen Promovierenden erfassen (26.265 Personen), während den UNESCO-Daten die (zu niedrige) Hochrechnung aus der Destatis-Promovierendenerhebung zugrunde liegt (23.900 Personen).

7 Inkl. Daten zu internationalen Promovierenden in den USA und in Deutschland aus SEVIS-Statistik bzw. Statistik des Statistischen Bundesamtes (vgl. Fußnote 5 und 6).

8 Inkl. Hongkong und Macau.

9 Anzahl der einheimischen Promovierenden im Inland aus 2017, da keine UNESCO-Daten für 2018 verfügbar.

A2.10 Gastländer mit der höchsten Anzahl und dem höchsten Anteil internationaler Promovierender 2018[4,5,6]

Gastland	Anzahl internationaler Promovierender
USA	154.866
Ver. Königreich	46.163
Frankreich	25.265
Deutschland	26.265
Australien	19.241
Kanada	18.719
Japan	15.201
Spanien	14.661
Schweiz	14.102
Südkorea	8.510

Gastland	Anteil internationaler Promovierender in %
Luxemburg	85,9
Schweiz	55,9
Neuseeland	49,5
Niederlande	44,0
USA	43,7
Belgien	41,5
Ver. Königreich	41,5
Frankreich	38,2
Dänemark	36,2
Schweden	35,6

Quellen: OECD, Studierendenstatistik; Statistisches Bundesamt, Studierendenstatistik; US-Department of Homeland Security, SEVIS-Daten; länderspezifische Berichtszeiträume; DAAD-Berechnungen

Als wichtigstes Herkunftsland auslandsmobiler Promovierender liegt China mit weitem Abstand vor allen anderen Ländern: Rund 92.000 Promovierende aus dem Reich der Mitte forschten 2018 an Hochschulen im Ausland. Es folgen Indien (32.000), Iran (21.000) und Deutschland (14.000). Die USA belegen mit rund 8.000 Promovierenden Rang 10. Der Anteil der auslandsmobilen Promovierenden an allen Promovierenden des jeweiligen Landes zeigt, dass diese in Deutschland mit 7% einen vergleichsweise kleinen Anteil stellen. In Entwicklungs- und Schwellenländern fällt dieser teilweise deutlich höher aus, insbesondere in Ecuador (96%), Sri Lanka (76%), Nepal (75%), Ghana (50%) und Saudi-Arabien (49%). Der auffällig hohe Anteil in Ecuador ist dabei durch die dort sehr beschränkten Promotionsmöglichkeiten zu erklären. Eine Promotion ist in Ecuador derzeit nur an sechs Universitäten möglich.

Um ein umfassenderes Bild der Wissenschaftlermobilität erfassen zu können, als dies allein mit den Daten zu internationalen Promovierenden weltweit möglich ist, wurde im Rahmen von *Wissenschaft weltoffen* eine Recherche zum (angestellten) internationalen Wissenschaftspersonal an öffentlichen Hochschul- und Forschungseinrichtungen wichtiger Gastländer durchgeführt.[1] Beim Vergleich dieser nationalen Daten ist zu beachten, dass sich die Definitionen des erfassten Wissenschaftspersonals bzw. der betreffenden Hochschul- und Forschungsinstitutionen von Land zu Land unterscheiden.[2] Angestrebt wurde bei der hier durchgeführten Datensammlung – soweit möglich – die Erfassung des angestellten hauptberuflichen internationalen Wissenschaftspersonals.[3]

Betrachtet man die 15 Gastländer, zu denen Daten ermittelt werden konnten, so erweisen sich die USA mit rund 135.000 internationalen Wissenschaftlerinnen und Wissenschaftlern an US-amerikanischen Universitäten als das mit Abstand wichtigste Gastland. Es folgen das Vereinigte Königreich (64.900), Deutschland (56.900), die Schweiz (29.200) und Frankreich (14.800). Auffällig ist hierbei insbesondere die im direkten Vergleich zu Deutschland niedrige Zahl internationaler Forscher/innen in Frankreich, obwohl hier – wie für Deutschland – auch das Wissenschaftspersonal an außeruniversitären Forschungseinrichtungen mit einbezogen wurde. Möglicherweise stellen sprachliche Gründe in Frankreich eine höhere Hürde für die Gewinnung internationalen Wissenschaftspersonals dar als in Deutschland und anderen Ländern, in denen z. B. in naturwissenschaftlichen Fachdisziplinen häufig Englisch als Arbeitssprache dominiert.

A2.11 Herkunftsländer mit der höchsten Anzahl und dem höchsten Anteil auslandsmobiler Promovierender 2018[4, 7]

Herkunftsland	Anzahl auslandsmobiler Promovierender
China[8]	92.211
Indien	32.231
Iran	20.644
Deutschland	14.381
Italien	13.787
Südkorea	13.701
Brasilien	9.198
Saudi-Arabien	8.677
Kanada	7.832
USA	7.811

Herkunftsland	Anteil auslandsmobiler Promovierender in %
Ecuador	95,7
Sri Lanka[9]	75,7
Nepal[9]	74,5
Ghana	50,1
Saudi-Arabien	49,4
Kolumbien	48,7
Libanon	39,8
Bangladesch	35,6
Chile	33,2
Italien	32,7

Quellen: OECD/UNESCO, Studierendenstatistik; Statistisches Bundesamt, Studierendenstatistik; US-Department of Homeland Security, SEVIS-Daten; länderspezifische Berichtszeiträume; DAAD-Berechnungen

A2.12 Internationale Wissenschaftler/innen an öffentlichen Hochschul- und Forschungseinrichtungen wichtiger Gastländer[3]

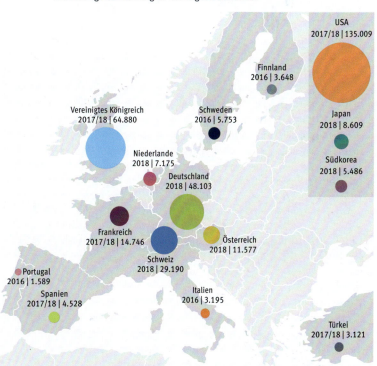

USA 2017/18 | 135.009
Finnland 2016 | 3.648
Vereinigtes Königreich 2017/18 | 64.880
Schweden 2016 | 5.753
Japan 2018 | 8.609
Niederlande 2018 | 7.175
Deutschland 2018 | 48.103
Südkorea 2018 | 5.486
Frankreich 2017/18 | 14.746
Österreich 2018 | 11.577
Schweiz 2018 | 29.190
Portugal 2016 | 1.589
Spanien 2017/18 | 4.528
Italien 2016 | 3.195
Türkei 2017/18 | 3.121

Quellen: Statistische Ämter bzw. Wissenschaftsorganisationen der jeweiligen Länder; ETER-Datenbank (Finnland, Italien, Portugal, Schweden); länderspezifische Berichtszeiträume und Personaldefinitionen

A INTERNATIONALE AKADEMISCHE MOBILITÄT UND TRANSNATIONALE BILDUNG

2 Internationale Wissenschaftlermobilität und -kooperation

2.5 Internationale Ko-Publikationen

Wissenschaftliche Ko-Publikationen in unterschiedlichen Ländern, die auf Basis von länderübergreifenden Kooperationen entstehen, stellen einen wesentlichen Indikator für die internationale Vernetzung von Wissenschaftler/innen dar. Mithilfe von internationalen Publikations- und Zitationsdatenbanken lassen sich solche internationalen Ko-Publikations-Netzwerke analysieren (s. Infobox zur Datenbasis). Nach den Daten der Publikations- und Zitationsdatenbank „Scopus" wurden im Jahr 2019 von allen Publikationen, an denen Wissenschaftler/innen in der Schweiz beteiligt waren, 76% gemeinsam mit Autor/innen in anderen Ländern verfasst. Anteile von mehr als 60% verzeichnen von den hier betrachteten Ländern ansonsten nur Schweden (70%), die Niederlande (68%), das Vereinigte Königreich und Frankreich (je 65%). Es folgen Deutschland, Kanada (je 60%) und Italien (55%), alle Länder der EU-27 zusammen weisen einen Anteil von 51% auf. Besonders niedrige Anteile zeigen sich demgegenüber in China (27%) und Indien (28%), aber auch in Südkorea (33%), Japan (36%) und den USA (43%).

> In allen hier betrachteten Ländern hat der Anteil internationaler Ko-Publikationen seit 1995 zugenommen, besonders deutlich aber in Japan, dem Vereinigten Königreich und den USA.

Es zeigt sich also, dass insbesondere kleinere Länder vergleichsweise hohe Anteile internationaler Ko-Publikationen aufweisen. Ein wichtiger Grund hierfür ist, dass Wissenschaftler/innen in diesen Ländern für ihre Forschung stärker auf Ko-Autor/innen in anderen Ländern angewiesen sind als Forscher/innen in größeren Ländern, die auch innerhalb des eigenen Landes eine größere Zahl potenzieller Ko-Autor/innen ansprechen können. Ein weiterer wichtiger Befund, der sich aus den oben dargestellten Zahlen ergibt: Geringe Anteile internationaler Ko-Publikationen sind nicht nur auf Länder mit einem eher niedrigen wissenschaftlichen Entwicklungsniveau beschränkt, das in der Regel auch mit eingeschränkter internationaler Vernetzung einhergeht. Im Falle der USA und Japans handelt es sich um Länder, die trotz ihrer hoch entwickelten Wissenschaftssysteme in Bezug auf länderübergreifende Ko-Autorenschaften eine vergleichsweise geringe internationale Vernetzung aufweisen. Ko-Autor/innen werden in diesen Ländern offensichtlich stärker innerhalb des eigenen Wissenschaftssystems gesucht als in anderen Ländern. Ausnahmslos in allen hier betrachteten Ländern hat der Anteil internationaler Ko-Publikationen seit 1995 zugenommen. Allerdings fiel diese Zunahme seit 1995 in Japan (+164%), dem Vereinigten Königreich (+165%) und den USA (+182%) besonders groß aus. Mehr als verdoppelt hat sich der Anteil der internationalen Ko-Publikationen seit 1995 aber auch in Schweden (+103%), Deutschland (+109%), den Niederlanden (+113), Frankreich (+116%), Kanada (+123%) und Indien (+131%). Auffällig niedrige Zuwachsraten zeigen sich demgegenüber v. a. in Südkorea (+24%) und China (+20%).

Versteht man den Anteil der internationalen Ko-Publikationen eines Landes als einen Indikator für die Internationalisierung der wissenschaftlichen Zusammenarbeit, so stellt sich die Frage, ob bestimmte Länder diese Beziehungen dominieren und um welche Länder es sich dabei handelt.[1] Eine hohe Konzentration auf die drei wichtigs-

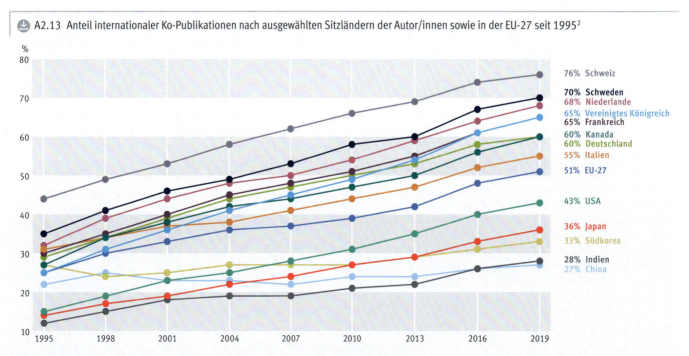

A2.13 Anteil internationaler Ko-Publikationen nach ausgewählten Sitzländern der Autor/innen sowie in der EU-27 seit 1995[2]

Quellen: Expertenkommission Forschung und Innovation (EFI), Scopus-Daten (Elsevier); DZHW-Berechnungen

Datenbasis

Die hier präsentierten Daten stammen aus der jährlichen Publikation „Performance and Structures of the German Science System 2021" der Expertenkommission Forschung und Innovation (EFI). Die bibliometrischen Analysen hierfür wurden vom DZHW durchgeführt, auf Basis von Daten aus der internationalen Publikations- und Zitationsdatenbank „Scopus" (von Elsevier). Sie enthält einen großen Teil der weltweit in (englischsprachigen) wissenschaftlichen Zeitschriften veröffentlichten Beiträge. Für jeden Beitrag wird das Land der Institution erfasst, an der die jeweiligen Autor/innen zum Zeitpunkt der Publikation beschäftigt waren. Auf dieser Basis lassen sich nationale von internationalen Ko-Publikationen unterscheiden. Allerdings unterliegen die bibliometrischen Analysen einigen wichtigen Einschränkungen: Insbesondere werden nur Forschende erfasst, die (bereits) in wissenschaftlichen Journalen publiziert haben, die wiederum von der hier verwendeten Publikationsdatenbank erfasst werden. Hierbei handelt es sich vorrangig um englischsprachige Zeitschriften aus natur- und wirtschaftswissenschaftlichen Fachdisziplinen. Wissenschaftler/innen aus Fachgebieten, in denen auch Monografien und Sammelbände als Publikationsmedien eine wichtige Rolle spielen (d. h. in erster Linie geistes- und sozialwissenschaftliche Disziplinen), sind stark unterrepräsentiert.

ten Sitzländer der Ko-Autor/innen verzeichnen unter den hier betrachteten Ländern Kanada (52%), China (48%) und Japan (45%). Demgegenüber liegt dieser Anteil in Deutschland, Frankreich und Schweden jeweils bei nur etwa 30%. Die Diversifikation der internationalen Ko-Autorenschaften fällt hier also vergleichsweise hoch aus.

Ermittelt man für alle hier betrachteten Länder die jeweils fünf wichtigsten Sitzländer der Ko-Autor/innen, so zeigt sich zunächst, dass die USA für all diese Länder ausnahmslos der jeweils wichtigste Standort der Ko-Autor/innen ist, häufig auch mit deutlichem Abstand zum zweitwichtigsten Land. Besonders deutlich wird dies bei China und Kanada, hier entfallen jeweils 30% oder mehr der internationalen Ko-Publikationen auf Autor/innen in den USA. Auch Deutschland, das Vereinigte Königreich und China zählen bei allen anderen hier betrachteten Ländern zu den fünf wichtigsten Standorten internationaler Ko-Autor/innen.

Fußnoten

1 Vgl. hierzu auch Zhao/Wei (2018).

2 Verwendet wird hier die absolute bzw. ganzzahlige Zählweise (whole count). Darunter wird die einfache Zurechnung einer Publikation zu einer Untersuchungseinheit verstanden. Eine Publikation wird dabei jeder an ihrer Erstellung beteiligten Institution vollständig zugerechnet. Sind mehrere Institutionen an der Erstellung einer Publikation beteiligt, wird die Publikation jeder der Institutionen einmal zugerechnet.

3 Verwendet wird hier die fraktionierte Zählweise auf Basis der Zahl der beteiligten Institutionen. Bei dieser Zählweise ergibt sich der Anteil eines Landes an einer Publikation aus der Zahl der beteiligten Institutionen des Landes. Wird eine Publikation beispielsweise von Autor/innen aus einer deutschen, einer französischen und einer schweizerischen Institution verfasst, wird sie nach der fraktionierten Zählweise Deutschland, Frankreich und der Schweiz je zu einem Drittel zugerechnet.

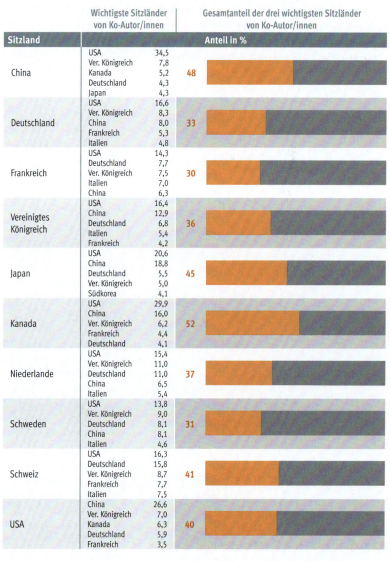

A2.14 Anteile der wichtigsten Sitzländer internationaler Ko-Autor/innen von Wissenschaftler/innen in ausgewählten Ländern 2019[3]

Sitzland	Wichtigste Sitzländer von Ko-Autor/innen		Gesamtanteil der drei wichtigsten Sitzländer von Ko-Autor/innen Anteil in %
China	USA Ver. Königreich Kanada Deutschland Japan	34,5 7,8 5,2 4,3 4,3	48
Deutschland	USA Ver. Königreich China Frankreich Italien	16,6 8,3 8,0 5,3 4,8	33
Frankreich	USA Deutschland Ver. Königreich Italien China	14,3 7,7 7,5 7,0 6,3	30
Vereinigtes Königreich	USA China Deutschland Italien Frankreich	16,4 12,9 6,8 5,4 4,2	36
Japan	USA China Deutschland Ver. Königreich Südkorea	20,6 18,8 5,5 5,0 4,1	45
Kanada	USA China Ver. Königreich Frankreich Deutschland	29,9 16,0 6,2 4,4 4,1	52
Niederlande	USA Ver. Königreich Deutschland China Italien	15,4 11,0 11,0 6,5 5,4	37
Schweden	USA Ver. Königreich Deutschland China Italien	13,8 9,0 8,1 8,1 4,6	31
Schweiz	USA Deutschland Ver. Königreich Frankreich Italien	16,3 15,8 8,7 7,7 7,5	41
USA	China Ver. Königreich Kanada Deutschland Frankreich	26,6 7,0 6,3 5,9 3,5	40

Quellen: Expertenkommission Forschung und Innovation (EFI), Scopus-Daten (Elsevier); DZHW-Berechnungen

A INTERNATIONALE AKADEMISCHE MOBILITÄT UND TRANSNATIONALE BILDUNG

2 Internationale Wissenschaftlermobilität und -kooperation

2.6 Europäische Wissenschaftskooperation im EU-Forschungsrahmenprogramm Horizont 2020

Das Forschungsrahmenprogramm (FRP) „Horizont 2020" der Europäischen Union erweist sich als ein wichtiges Instrument für die Förderung der Internationalisierung und der internationalen Mobilität von Wissenschaft und Forschung in den beteiligten Ländern. Voraussetzung für Projekte innerhalb dieses FRP ist neben wissenschaftlicher Exzellenz in der Regel auch die Initiierung eines internationalen Konsortiums von kooperierenden Einrichtungen. Diese Konsortien, an denen neben Hochschulen und außeruniversitären Forschungseinrichtungen auch Unternehmen beteiligt sein können, müssen jeweils drei unabhängige Einrichtungen aus drei unterschiedlichen EU-Mitgliedsstaaten oder assoziierten Staaten umfassen.[1] Die Durchführung eines EU-Forschungsprojekts setzt folglich eine substanzielle Kooperation mit Institutionen in anderen Ländern voraus und ist somit ein weiterer Indikator für die Vernetzung der beteiligten Wissenschaftler/innen.

> Die Zahl der internationalen Kooperationsverbindungen im Rahmen von Horizont 2020 reicht von rund 32.700 im Fall der Schweiz bis zu 74.900 im Falle Deutschlands.

Dieses Internationalisierungspotenzial bestand bei den FRPs der EU jedoch nicht von Anfang an, die Programme haben sich über die Zeit hinweg mit der Entwicklung der Forschungssysteme und deren Förderung, aber auch mit dem europäischen Integrationsprozess insgesamt gewandelt.[2] Neben den Veränderungen in der inhaltlichen Ausrichtung der FRPs wuchs auch deren Fördervolumen seit dem ersten Programm kontinuierlich an: Umfasste das Fördervolumen der ersten Periode noch 3,3 Milliarden Euro, so betrug es im siebten FRP bereits 56 Milliarden Euro und stieg bei Horizont 2020 noch einmal auf 80 Milliarden Euro an.

Die Internationalisierungseffekte bei Horizont 2020 (H2020) ergeben sich aus der Vernetzung der Wissenschaftler/innen. Für deren Analyse können die internationalen Kooperationen bzw. genauer: die internationalen Kooperationsverbindungen eines Landes mit anderen Partnerländern im Rahmen der H2020-Forschungsförderung herangezogen werden. Solch eine internationale Kooperationsverbindung stellt dabei die Zusammen-

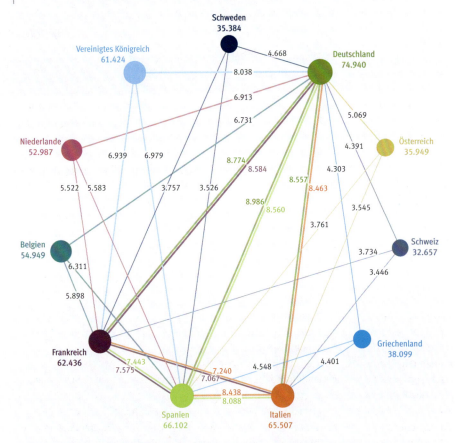

A2.15 Kooperationsverbindungen der elf wichtigsten Länder im EU-Forschungsrahmenprogramm Horizont 2020 (2014–2020)[3]

Gesamtzahl aller Kooperationsverbindungen eines Landes sowie Kooperationsverbindungen zu den jeweils drei wichtigsten Kooperationspartner/innen des Landes

Quelle: EU-Büro des BMBF; Berechnung aus EU ECORDA Vertragsdatenbank (Stand: 05.01.2021)

Fußnoten

1. Folgende Länder sind derzeit an Horizont 2020 assoziiert: Albanien, Armenien, Bosnien und Herzegowina, Färöer-Inseln, Georgien, Island, Israel, Moldau, Montenegro, Nordmazedonien, Norwegen, die Schweiz, Serbien, die Türkei, Tunesien und die Ukraine.
2. Vgl. Gaul/David (2009).
3. Eine Kooperationsverbindung stellt dabei die Verbindung zwischen jeweils zwei beteiligten Einrichtungen aus unterschiedlichen Ländern innerhalb eines EU-geförderten Forschungsprojekts dar.
4. Bei der vergleichsweise geringen Bedeutung des Vereinigten Königreichs als Kooperationspartner handelt es sich offensichtlich um einen Brexit-Effekt: Ab dem Jahr 2016 sank die Beteiligung von britischen Forschungseinrichtungen an H2020-Projekten stetig ab, bis 2016 hatte sie auf einem vergleichbaren Niveau wie die der deutschen Forschungseinrichtungen gelegen. Vgl. hierzu auch Scientists for EU (2021).

A2.16 Top-10-Kooperationspartner/innen der sechs wichtigsten Länder im EU-Forschungsrahmenprogramm Horizont 2020 (2014–2020)

Deutschland

Projektbeteiligte	Anzahl	in %
Spanien	8.986	12,0
Frankreich	8.774	11,7
Italien	8.557	11,4
Ver. Königreich	6.861	9,2
Niederlande	5.304	7,1
Belgien	4.513	6,0
Griechenland	3.108	4,1
Österreich	2.823	3,8
Schweden	2.568	3,4
Schweiz	2.268	3,0
Sonstige	21.178	28,3

Spanien

Projektbeteiligte	Anzahl	in %
Deutschland	8.560	12,9
Italien	8.088	12,2
Frankreich	7.443	11,3
Ver. Königreich	5.698	8,6
Niederlande	4.201	6,4
Belgien	4.010	6,1
Griechenland	3.006	4,5
Österreich	2.269	3,4
Schweden	2.083	3,2
Portugal	1.942	2,9
Sonstige	18.802	28,4

Italien

Projektbeteiligte	Anzahl	in %
Deutschland	8.463	12,9
Spanien	8.438	12,9
Frankreich	7.240	11,1
Ver. Königreich	5.617	8,6
Niederlande	4.242	6,5
Belgien	3.923	6,0
Griechenland	3.044	4,6
Österreich	2.129	3,3
Schweden	2.014	3,1
Schweiz	1.798	2,7
Sonstige	18.599	28,4

Frankreich

Projektbeteiligte	Anzahl	in %
Deutschland	8.584	13,7
Spanien	7.575	12,1
Italien	7.067	11,3
Ver. Königreich	5.661	9,1
Niederlande	4.133	6,6
Belgien	3.796	6,1
Griechenland	2.450	3,9
Schweden	2.014	3,2
Österreich	1.947	3,1
Schweiz	1.868	3,0
Sonstige	17.341	27,8

Vereinigtes Königreich

Projektbeteiligte	Anzahl	in %
Deutschland	8.038	13,1
Spanien	6.979	11,4
Frankreich	6.939	11,3
Italien	6.660	10,8
Niederlande	4.158	6,8
Belgien	3.466	5,6
Griechenland	2.556	4,2
Schweden	1.955	3,2
Schweiz	1.795	2,9
Österreich	1.776	2,9
Sonstige	17.102	27,8

Niederlande

Projektbeteiligte	Anzahl	in %
Deutschland	6.913	13,0
Spanien	5.583	10,5
Frankreich	5.522	10,4
Italien	5.363	10,1
Ver. Königreich	4.790	9,0
Belgien	3.412	6,4
Griechenland	1.847	3,5
Österreich	1.713	3,2
Schweden	1.711	3,2
Schweiz	1.534	2,9
Sonstige	14.599	27,6

Quelle: EU-Büro des BMBF; Berechnung aus EU ECORDA Vertragsdatenbank (Stand: 05.01.2021)

---

arbeit mit einem ausländischen Verbundpartner innerhalb eines im Rahmen von H2020 geförderten Forschungsprojekts dar. Je mehr Verbundpartner und Länder also an solchen Forschungsprojekten beteiligt sind, desto mehr Kooperationsverbindungen entstehen dadurch. Besteht ein Verbundprojekt beispielsweise aus zwei italienischen, drei französischen und vier deutschen Verbundpartnern, so entstehen durch das Projekt sieben internationale Kooperationsverbindungen für Italien, sechs für Frankreich und fünf für Deutschland.

Im Folgenden wird die Vernetzung der elf wichtigsten Länder im FRP Horizont 2020 betrachtet. Die Wichtigkeit wird hierbei anhand der Anzahl der im Rahmen von H2020 geförderten Verbundprojekte gemessen, an denen diese Länder beteiligt sind. Deren Zahl reicht von rund 1.900 im Fall der Schweiz bis zu rund 5.800 im Falle Deutschlands. Schon dieser Ausschnitt zeigt, welche starken Impulse die Internationalisierung der Forschung in Europa durch H2020 erfährt. Die Zahl der internationalen Kooperationsverbindungen reicht von rund 32.700 für die Schweiz bis zu 74.900 für Deutschland (Stand: 5. Januar 2021). Auf den jeweils wichtigsten europäischen Kooperationspartner der hier betrachteten elf Länder entfallen dabei rund 4.400 (Schweiz/Deutschland) bis 9.000 (Deutschland/Spanien) Kooperationsverbindungen. Aus Gründen der Übersichtlichkeit wurden in Abbildung A2.15 bei allen elf betrachteten Ländern jeweils nur die Verbindungen zu den drei wichtigsten Kooperationspartner/innen aufgeführt, d.h. den Ländern, mit denen die jeweils meisten Kooperationsverbindungen bestehen. Für Deutschland, Spanien, Italien und Frankreich gilt dabei, dass sie bei den meisten oder – im Falle Deutschlands – sogar bei allen anderen hier betrachteten Ländern zu den Top-3-Kooperationspartnern zählen. Sie weisen in Abbildung A2.15 daher nicht nur Verbindungen zu ihren drei wichtigsten Kooperationspartnern auf, sondern auch zu allen anderen Ländern, bei denen sie umgekehrt zu den Top-3-Kooperationspartnern zählen.[4]

Fokussiert man die Betrachtung schließlich auf die sechs Länder mit den meisten im Rahmen von Horizont 2020 geförderten Verbundprojekten und deren zehn wichtigste Kooperationspartner im FRP, so ergibt sich in allen Ländern in der Wahl und der Rangfolge der Kooperationspartner ein ähnliches Bild: Zu den drei wichtigsten Kooperationspartnern zählen zumeist Deutschland, Spanien, Frankreich oder Italien, das Vereinigte Königreich rangiert demgegenüber vorwiegend an vierter oder fünfter Stelle.[4] Weitere wichtige Partnerländer sind die Niederlande, Belgien, Griechenland, Schweden, Österreich und die Schweiz. Die Anteile der jeweils wichtigsten zehn Kooperationspartner in H2020 bewegen sich in allen betrachteten Ländern zwischen Werten von rund 3% bis 14%. Zusammengerechnet entfällt so auch bei allen betrachteten Ländern ein fast identischer Gesamtanteil der Forschungskooperationen von knapp drei Vierteln (72%) auf die zehn wichtigsten Kooperationspartner.

A INTERNATIONALE AKADEMISCHE MOBILITÄT UND TRANSNATIONALE BILDUNG

3 Transnationale Bildungsprojekte deutscher Hochschulen

3.1 Standorte und Formen

Transnationale Bildung (TNB) benennt einen Teilbereich der Internationalisierung, in dem Hochschulen aus einem Land die akademische Verantwortung für Studienangebote in einem anderen Land tragen, die auf die dortigen Studieninteressierten zielen. TNB bezieht sich also primär auf die länderübergreifende Mobilität von Inhalten, Strukturen und Institutionen. Dies unterscheidet TNB von der primär personenbezogenen internationalen Mobilität von Studierenden und Wissenschaftler/innen. Deutsche Hochschulen sind 2021 mit transnationalen Bildungsangeboten weltweit an 55 Standorten in 32 Ländern mit 328 Studiengängen präsent. Das sind 37 Studiengänge mehr als 2020. Die Anzahl der eingeschriebenen Studierenden in deutschen TNB-Angeboten ist zwischen 2015 und 2019 kontinuierlich von rund 26.000 auf 33.000 gestiegen, 2020 kam es erstmals zu einem leichten Rückgang der Studierendenzahl (um rund 400 Studierende bzw. 1,2%). 2021 stieg die Zahl trotz der Corona-Pandemie um 7,7% auf 35.318.[1, 2, 3]

Regionale Schwerpunkte des deutschen TNB-Angebots befinden sich in den Regionen Nordafrika und Nahost (Ägypten, Jordanien, Oman, Türkei) sowie Asien und Pazifik (China, Vietnam, Singapur, Kasachstan, Kirgisistan). Dabei sind binationale Hochschulprojekte von besonderer Bedeutung: So entfallen allein 40% der Studierenden in deutschen TNB-Angeboten auf die German University in Cairo (GUC). Hinzu kommen weitere 27% der TNB-Studierenden in der Region Nordafrika und Nahost, und zwar 13% an der Deutsch-Jordanischen Universität (DJU) in Amman, der Türkisch-Deutschen Universität (TDU) in Istanbul (9%) und der German University of Technology (GUtech) in Oman am Standort Maskat (6%). Die Projekte in China – darunter das Chinesisch-Deutsche Hochschulkolleg (CDHK) und die Chinesisch-Deutsche Hochschule für Angewandte Wissenschaften (CDHAW) in Shanghai – stellen zusammen etwa 12% der in deutschen TNB-Angeboten eingeschriebenen Studierenden.

> **Methodik**
>
> Die hier vorgestellten Daten beruhen auf Meldungen der deutschen Hochschulen, deren TNB-Aktivitäten mit Mitteln des Bundesministeriums für Bildung und Forschung (BMBF), des Auswärtigen Amts (AA) oder des Bundesministeriums für wirtschaftliche Zusammenarbeit und Entwicklung (BMZ) aktuell vom DAAD gefördert werden oder in einer Aufbauphase gefördert wurden. Hierin nicht erfasst ist die überwiegende Mehrzahl der bei der Hochschulrektorenkonferenz gemeldeten Doppel- (oder Mehrfach-)Abschlussstudiengänge deutscher Hochschulen mit ausländischen, insbesondere europäischen Hochschulpartnern, die überwiegend auf den gegenseitigen Austausch von Studierenden ausgerichtet sind (und auch vom DAAD aus Bundesmitteln gefördert werden).[5] Ebenfalls nicht erfasst sind TNB-Aktivitäten, die ohne Förderung des DAAD etabliert wurden. Das TNB-Engagement deutscher Hochschulen kann daher in seiner Gesamtheit hier nicht vollständig dargestellt werden. Es ist jedoch davon auszugehen, dass die hier dargestellten Daten den größten Teil der TNB-Gesamtaktivität deutscher Hochschulen abbilden.

A3.1 Standorte transnationaler Bildungsprojekte deutscher Hochschulen im Ausland mit aktueller und früherer DAAD-Förderung 2021

● Deutsche Hochschulprojekte im Ausland
● Deutschsprachige Studiengänge

Quelle: DAAD, TNB-Statistik

Da bislang nur wenige Länder TNB-Daten erheben und international sowohl Daten als auch eine einheitliche Terminologie zu TNB-Aktivitäten fehlen, sind aussagekräftige Vergleiche der TNB-Angebote verschiedener Länder auf nationaler wie internationaler Ebene nicht möglich. Ein auf Basis internationaler Konsultationen entwickelter und 2017 veröffentlichter TNB-Klassifizierungsrahmen für „International Programme and Provider Mobility" (IPPM) schlägt eine grundsätzliche Unterscheidung vor zwischen kooperativen („collaborative") – das heißt gemeinsam von Hochschulen aus dem Anbieter- und dem Sitzland angebotenen – TNB-Formen und eigenständigen („independent") TNB-Formaten, die ausschließlich eine anbietende Hochschule aus dem Ausland verantwortet.[4] Innerhalb dieser Grundkategorien wird differenziert zwischen TNB-Aktivitäten auf Programmebene, Neugründungen vollständiger TNB-Institutionen sowie Fernstudienangeboten. Die Anwendung des IPPM-Klassifizierungsrahmens auf die deutschen TNB-Daten zeigt eine anhaltende Dominanz kooperativer Formate in TNB-Angeboten mit Beteiligung deutscher Hochschulen. 94% aller erfassten Angebote entfallen auf Kooperationsstudiengänge oder binationale Hochschulen. Ihr Anteil an der Gesamtzahl eingeschriebener Studierender beträgt 97%.

> Trotz der Corona-Pandemie ist die Studierendenzahl in deutschen TNB-Projekten 2021 um fast 8% gestiegen.

✱ Fußnoten

1. Da die Daten der German University in Cairo bei Redaktionsschluss noch nicht vollständig vorlagen, wurde bei den fehlenden Werten in konservativer Schätzung von einer Fortführung auf dem Niveau des Vorjahres ausgegangen. Die tatsächlichen Gesamtzahlen liegen mit hoher Wahrscheinlichkeit etwas über den hier angenommenen Werten.
2. Ein Studienjahr beginnt im Wintersemester und endet im Sommersemester des Folgejahres (Studienjahr 2021 = WS 2020/21 und SS 2021).
3. Inklusive 445 Studierenden, die sich an der German University of Technology in Maskat/Oman derzeit in einer Vorbereitungsphase befinden.
4. Vgl. Knight/McNamara (2017).
5. Nicht erfasst werden somit mehrere Hundert Kooperationen mit Hochschulen anderer Länder zur Vergabe doppelter oder gemeinsamer Abschlüsse. In diese Kategorie fallen u. a. die Studiengänge der Deutsch-Französischen Hochschule (DFH) sowie rund 100 im Jahr 2020 vom DAAD geförderte Studiengänge mit internationalen Doppel- (bzw. Mehrfach-) Abschlüssen. Ebenfalls nicht gezählt ist eine steigende Anzahl von derzeit rund 200 individuell betreuten Promotionen an binationalen Universitäten, häufig mit Ko-Betreuung in Deutschland.
6. IPPM = International Programme and Provider Mobility
7. Nicht gezählt wurden 445 Studierende an der GUtech, die sich aktuell im Vorbereitungsjahr befinden.

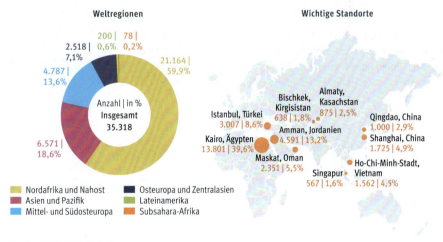

A3.2 Studierende in deutschen TNB-Angeboten mit aktueller oder früherer DAAD-Förderung nach Weltregion und wichtigen Standorten 2021[2]

Quelle: DAAD, TNB-Statistik

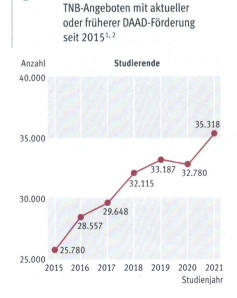

A3.3 Studierende in deutschen TNB-Angeboten mit aktueller oder früherer DAAD-Förderung seit 2015[1,2]

Quelle: DAAD, TNB-Statistik

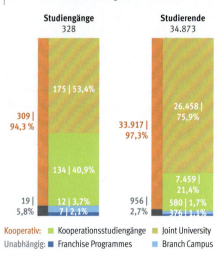

A3.4 Deutsche TNB-Angebote nach gemeinsamem IPPM-Klassifizierungsrahmen 2021[6,7]

Kooperativ: Kooperationsstudiengänge ■ Joint University
Unabhängig: ■ Franchise Programmes ■ Branch Campus

Anzahl und in %

Quelle: DAAD, TNB-Statistik

A INTERNATIONALE AKADEMISCHE MOBILITÄT UND TRANSNATIONALE BILDUNG

3 Transnationale Bildungsprojekte deutscher Hochschulen

3.2 Merkmale der deutschen TNB-Angebote

Obwohl es aufgrund der fließenden Übergänge schwierig ist, eine trennscharfe Definition des deutschen Ansatzes der Transnationalen Bildung (TNB) zu formulieren, lässt sich doch eine Reihe von Merkmalen benennen, die für deutsche TNB-Projekte im Allgemeinen prägend sind. Im Unterschied zu kommerziell orientierten Angeboten, wie sie etwa von Hochschulen in Australien, im Vereinigten Königreich oder den USA entwickelt wurden, sind die deutschen TNB-Angebote durch eine partnerschaftliche Verfolgung politischer Zielsetzungen und das Zusammenspiel folgender Akteure gekennzeichnet:

> Das deutsche Angebot transnationaler Bildung ist durch flexible Instrumente, eine große Gestaltungsverantwortung der deutschen Hochschulen und einen partnerschaftlichen Ansatz geprägt.

- die deutschen Hochschulen, die mit ihrem Engagement und der Übernahme akademischer Verantwortung das Feld der deutschen TNB maßgeblich gestalten;
- die Hochschulen und hochschulpolitischen Akteure im jeweiligen Sitzland, deren Regionalkompetenz entscheidend für die zielgruppengerechte und erfolgreiche Gestaltung der TNB-Angebote ist;
- die finanzierenden Ministerien (BMBF, AA, BMZ), deren TNB-Förderung Belange der Außenwissenschaftspolitik, der Hochschulinternationalisierung und der Entwicklungsförderung anspricht;[1]
- der DAAD, der vermittelnd und koordinierend dafür Sorge trägt, dass die Umsetzung der TNB-Projekte den Interessen aller beteiligten Akteure gerecht wird.

Weitere wichtige Merkmale des deutschen TNB-Ansatzes sind die akademische Verantwortung der partizipierenden deutschen Hochschulen (i. d. R. durch die Anwendung oder Übertragung qualitätsgeprüfter Curricula), die flexible, bedarfsorientierte und partnerschaftliche Ausgestaltung der Projekte sowie die Stärkung von Bezügen zu Deutschland innerhalb der Curricula. Für die deutschen Hochschulen, den DAAD und die Geldgeber sind die TNB-Aktivitäten ein wichtiges Instrument, um die Bindung der TNB-Studierenden an Deutschland zu stärken. Dabei ergänzen sich die politischen Zielsetzungen der (auf ausländische Institutionen fokussierten) Außenwissenschaftspolitik und der Entwicklungsförderung sowie der (auf deutsche Institutionen fokussierte) Internationalisierung deutscher Hochschulen.

In den TNB-Studiengängen wird die Förderung des Deutschlandbezuges auf unterschiedliche Art unterstützt: An erster Stelle steht die von deutschen Hochschulen getragene curriculare Verantwortung, die zur Vergabe deutscher Abschlüsse oder zu einer Kombination deutscher und ausländischer Abschlüsse führt. Bei knapp der Hälfte der erfassten TNB-Studiengänge (49%) wird der Abschluss einer deutschen Hochschule als alleiniger Abschluss oder in Kombination mit einem ausländischen Abschluss als Double bzw. Joint Degree vergeben.[2] Darüber hinaus gibt es TNB-Angebote, bei denen der Abschlussgrad einer Hochschule des Sitzlandes erworben wird, der

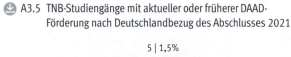

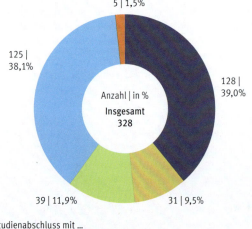

A3.5 TNB-Studiengänge mit aktueller oder früherer DAAD-Förderung nach Deutschlandbezug des Abschlusses 2021

Anzahl | in %
Insgesamt 328

- 128 | 39,0% Double Degree/Joint Degree
- 31 | 9,5% Abschlusszeugnis der deutschen Hochschule
- 39 | 11,9% Abschlusszeugnis des Sitzlandes, in Deutschland akkreditiert
- 125 | 38,1% Abschlusszeugnis des Sitzlandes, in Deutschland nicht akkreditiert
- 5 | 1,5% sonstigen Zeugnisarten

Quelle: DAAD, TNB-Statistik

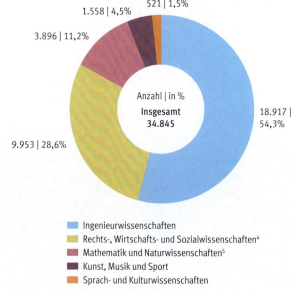

A3.6 Studierende in deutschen TNB-Angeboten mit aktueller oder früherer DAAD-Förderung nach Fächergruppe 2021[3]

Anzahl | in %
Insgesamt 34.845

- 18.917 | 54,3% Ingenieurwissenschaften
- 9.953 | 28,6% Rechts-, Wirtschafts- und Sozialwissenschaften[4]
- 3.896 | 11,2% Mathematik und Naturwissenschaften[5]
- 1.558 | 4,5% Kunst, Musik und Sport
- 521 | 1,5% Sprach- und Kulturwissenschaften

Quelle: DAAD, TNB-Statistik

betreffende Studiengang jedoch in Deutschland akkreditiert ist. Dies trifft auf 24% der hier erfassten Studiengänge zu.

Darüber hinaus ist die deutliche Mehrheit der TNB-Studierenden (77%) in Studiengängen eingeschrieben, die verpflichtenden Deutschunterricht vorsehen, weitere 16% können fakultativ Deutschunterricht in Anspruch nehmen. Die Studienpläne eines guten Viertels der TNB-Studierenden (27%) integrieren zudem einen obligatorischen Deutschlandaufenthalt. Weitere gut zwei Drittel der TNB-Studierenden (64%) können im Rahmen ihres Studiums einen fakultativen, curricular voll integrierten Deutschlandaufenthalt durchführen.

Wie in den Vorjahren ist mehr als die Hälfte der TNB-Studierenden (54%) in ingenieurwissenschaftlichen Studiengängen eingeschrieben. Diese Dominanz kann als ein weiteres Charakteristikum des deutschen TNB-Angebots gelten. Mit deutlichem Abstand folgen die Rechts-, Wirtschafts- und Sozialwissenschaften (29%) sowie Mathematik und Naturwissenschaften (11%). Andere Fächergruppen spielen nur eine untergeordnete Rolle. Die überwiegende Mehrheit (83%) der Studierenden in den erfassten TNB-Angeboten strebt einen grundständigen, d. h. einen Bachelor- oder vergleichbaren ersten Abschluss an, 16% einen Masterabschluss. Promotionen werden nur an wenigen der erfassten TNB-Einrichtungen angeboten und sind statistisch nicht vollständig erfasst (1%).

Fußnoten

1 BMBF: Bundesministerium für Bildung und Forschung; AA: Auswärtiges Amt; BMZ: Bundesministerium für wirtschaftliche Zusammenarbeit und Entwicklung

2 Bei einem Double Degree vergibt jede Partnerhochschule ihren eigenen Abschluss, dokumentiert entweder durch zwei getrennte Urkunden oder durch eine gemeinsame Urkunde, die beide Abschlüsse aufführt. Bei einem Joint Degree vergeben die Partnerhochschulen gemeinsam einen Abschluss, dokumentiert durch eine gemeinsame Urkunde.

3 Nicht gezählt sind 445 Studierende an der GUtech, die sich aktuell im Vorbereitungsjahr befinden, sowie 28 Studierende der Doktorandenschule des FDIBA-Projekts (keine eindeutige Zuordnung zu einer bestimmten Fächergruppe möglich).

4 Inkl. Veterinär-/Agrar-/Forst-/Umweltwissenschaften.

5 Inkl. Pharmazie.

6 Nicht gezählt sind 445 Studierende an der GUtech, die sich aktuell im Vorbereitungsjahr befinden.

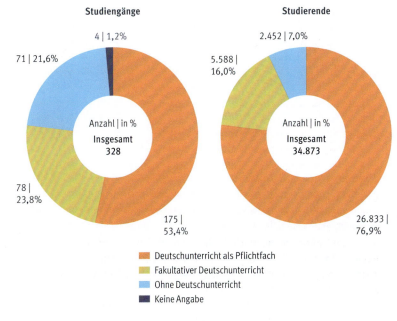

A3.7 TNB-Studiengänge sowie Studierende in TNB-Studiengängen mit aktueller oder früherer DAAD-Förderung nach Angebot von Deutschunterricht 2021[6]

Quelle: DAAD, TNB-Statistik

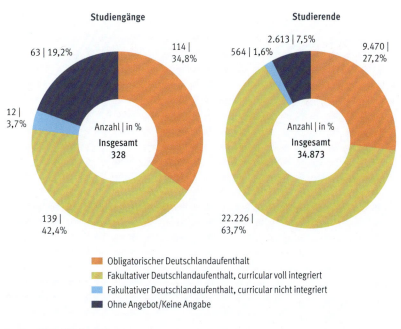

A3.8 TNB-Studiengänge sowie Studierende in TNB-Studiengängen mit aktueller oder früherer DAAD-Förderung nach Möglichkeiten der Studierendenmobilität nach Deutschland 2021[6]

Quelle: DAAD, TNB-Statistik

B INTERNATIONALE STUDIERENDE IN DEUTSCHLAND

1 Internationale Studierende

1.1 Mobilitätsentwicklung, Studienanfänger/innen und Bundesländer

Im Wintersemester 2019/20 studierten rund 411.600 Studierende mit ausländischer Staatsbürgerschaft[1] an deutschen Hochschulen. Der mit rund 319.900 bzw. 78% größte Teil dieser ausländischen Studierenden hat seine Hochschulzugangsberechtigung im Ausland erworben und ist erst danach zum Studium nach Deutschland gekommen. Diese Studierenden werden im Folgenden, im Gegensatz zu den Ausgaben von *Wissenschaft weltoffen* vor 2020, als „internationale Studierende" bezeichnet. Diese Bezeichnung folgt – anders als der nur in Deutschland gebräuchliche Begriff „Bildungsausländer/in" – dem international üblichen Sprachgebrauch.

> *Die Zahl der internationalen Studienanfänger/innen steigt an Fachhochschulen um 6%, an Universitäten fällt sie um 1%.*

Im Vergleich zu 2019 ist die Zahl der internationalen Studierenden in Deutschland im Wintersemester 2019/20 um rund 17.700 oder 6% gestiegen. Die Zahl der internationalen Studierenden ist damit seit zehn Jahren stetig gewachsen, insgesamt um 76%. Mit der Zunahme der internationalen Studierenden partizipieren die deutschen Hochschulen an der entsprechenden weltweiten Entwicklung der internationalen studentischen Mobilität. Wie in Deutschland, so sind auch weltweit seit 2010 jährliche Steigerungsraten von 5% zu verzeichnen (vgl. S. 12/13).[2]

Die Mehrheit der internationalen Studierenden in Deutschland war im Wintersemester 2019/20 an Universitäten eingeschrieben, mit einer Zahl von rund 229.800 stellten diese einen Anteil von 72%. Unter den deutschen Studierenden betrug dieser Anteil im selben Zeitraum 64%. Auch wenn die Zahl der internationalen Studierenden an Fachhochschulen deutlich niedriger ausfällt als an Universitäten, so darf nicht übersehen werden, dass die Fachhochschulen seit Jahren einen überdurchschnittlichen Anstieg verzeichnen. Im Vergleich zum Vorjahr erhöhte sich hier die Zahl der internationalen Studierenden um 10%.

Eine ähnliche Situation besteht in Bezug auf das Verhältnis von privaten zu öffentlichen Hochschulen. Im Wintersemester 2019/20 waren nur rund 23.600 oder 7% der internationalen Studierenden an privaten Hochschulen eingeschrieben, aber ihre Zahl ist im Verlauf eines Jahres um 19% und im Verlauf von zehn Jahren um 289% gestiegen.[4] Demgegenüber studierte die überwiegende Mehrheit von rund 296.300 internationalen Studierenden an öffentlichen Hochschulen. Ihre Zahl steigerte sich im Vergleich zum Vorjahr um 5% und im Vergleich zu 2010 um 69%.

Im Studienjahr 2019 haben rund 111.000 internationale Studienanfänger/innen ihr Studium in Deutschland aufgenommen, 1% mehr als im Jahr zuvor.[5] Dies ist die niedrigste Zuwachsrate in den letzten zehn Jahren. Damit deutet sich schon eine Entwicklung an, die sich unter den Bedingungen der Pandemie im Jahr 2020 verstärkt weiter fortsetzen wird (vgl. S. 60–63). Im Vergleich zu 2018 stieg die Zahl der internationalen Studienanfänger/innen an Fachhochschulen, die jedoch nur einen Anteil von 30% aller entsprechenden Studienanfänger/innen ausmachen, um 6%, während die gleiche Zahl an den Universitäten um 1% fiel.

Sowohl die positive Entwicklung bei den internationalen Studierenden als auch stagnierende Zahlen bei den deutschen Studierenden trugen dazu bei, dass der Anteil der internationalen Studierenden an allen Studierenden in Deutschland von 2019 zum Wintersemester 2019/20 auf 11,1% gestiegen ist. Internationale Studierende stellen somit zum zweiten Mal in Folge mehr als ein Zehntel aller Studierenden in Deutschland. An den Universitäten stieg dieser Wert von 12,1% auf 12,7% und an den Fachhochschulen von 7,8% auf 8,4%. Auch an den privaten Hochschulen haben sich die Prozentwerte erhöht. Hier ist der Anteil der internationalen Studierenden von 7,1% auf 7,9% gestiegen, an den öffentlichen Hochschulen von 10,9% auf 11,4%. Die höchsten Werte verzeichnen die öffentlichen Kunst- und Musikhochschulen mit 28,8% und die privaten Universitäten mit 23,2%.

Zwischen den verschiedenen Bundesländern gibt es dabei zum Teil beträchtliche Unterschiede. Gemessen an absoluten Zahlen studiert

B1.1 Internationale Studierende in Deutschland nach Hochschulart seit 2009[1,3]

- Hochschulen insgesamt: 302.157 → 319.902
- Universitäten: 220.249 → 229.763
- Fachhochschulen: 81.908 → 90.139

WS = Wintersemester

Quelle: Statistisches Bundesamt, Studierendenstatistik

allein in den drei Bundesländern Nordrhein-Westfalen, Bayern und Baden-Württemberg fast die Hälfte aller internationalen Studierenden. Besonders hohe Anteile sind allerdings in anderen Bundesländern zu finden. An der Spitze stehen Berlin (18%) sowie Sachsen (16%) und Brandenburg (15%). Zwar sind die überdurchschnittlichen Werte in den neuen Ländern auch ein Resultat verringerter Einschreibezahlen bei deutschen Studierenden, dennoch haben es diese Länder vermocht, nicht nur einen Rückgang bei internationalen Studierenden zu verhindern, sondern zum Teil auch deutliche Anstiege bei den Einschreibungen zu erreichen. Die stärksten Steigerungen über fünf Jahre verzeichnen dabei die Hochschulen in Thüringen (+87%) und Mecklenburg-Vorpommern (+66%). Unterdurchschnittliche Werte finden sich dagegen im Saarland (+17%) und in Baden-Württemberg (+8%).

✱ Fußnoten

1 Die Angaben zu den internationalen Studierenden für das Studienjahr 2019 entstammen der amtlichen Statistik für das Wintersemester 2018/19. Auch die Angaben zu vorangegangenen Studienjahren beziehen sich auf die entsprechenden Wintersemester, da bislang davon ausgegangen werden konnte, dass es zwischen Winter- und Sommersemester zu keinen wesentlichen Änderungen in der Zahl und in den Verhältnissen zwischen den verschiedenen Gruppen der internationalen Studierenden kommt. Dies gilt nicht mehr für das Sommersemester 2020. Aufgrund der Covid-19-Pandemie und der dadurch bedingten Mobilitätsbeschränkungen bezieht sich die Zahl der internationalen Studierenden nur auf das Wintersemester 2019/20 und nicht auf das gesamte Studienjahr 2020.

2 Vgl. OECD (2020).

3 Werte für die Universitäten einschließlich Kunst- und Musikhochschulen, Pädagogischer sowie Theologischer Hochschulen.

4 Werte für private Hochschulen einschließlich kirchlicher Hochschulen.

5 Die Angaben für internationale Studienanfänger/innen beziehen sich auf ein Studienjahr und umfassen das entsprechende Sommersemester und das darauffolgende Wintersemester. Studienanfänger/innen im Studienjahr 2019 = Sommersemester 2019 + Wintersemester 2019/20.

B1.2 Anteil internationaler Studierender an allen Studierenden nach Hochschulart und Trägerschaft 2010, 2015 und im Wintersemester 2019/20[1,3,4]

in % aller Studierenden; WS = Wintersemester

Quellen: Statistisches Bundesamt, Studierendenstatistik; DZHW-Berechnungen

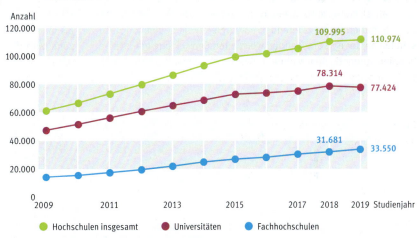

B1.3 Internationale Studienanfänger/innen in Deutschland nach Hochschulart seit 2009[1,3,5]

Quelle: Statistisches Bundesamt, Studierendenstatistik

B1.4 Internationale Studierende nach Bundesland 2015 und im Wintersemester 2019/20 sowie Entwicklung 2015–WS 2019/20[1]

Bundesland	2015 Anzahl	2015 in %	WS 2019/20 Anzahl	WS 2019/20 in %	Entwicklung 2015–WS 2019/20 in %
Baden-Württemberg	33.754	9,5	36.580	10,2	8,4
Bayern	29.708	8,1	46.059	11,7	55,0
Berlin	23.859	13,9	35.864	18,3	50,3
Brandenburg	5.899	11,9	7.391	14,9	25,3
Bremen	3.861	10,8	5.156	13,7	33,5
Hamburg	7.665	8,0	10.707	9,7	39,7
Hessen	20.618	8,7	26.471	10,0	28,4
Mecklenburg-Vorpommern	2.160	5,5	3.594	9,4	66,4
Niedersachsen	13.675	7,2	20.594	9,8	50,6
Nordrhein-Westfalen	54.357	7,5	72.287	9,3	33,0
Rheinland-Pfalz	8.571	7,0	12.542	10,2	46,3
Saarland	3.435	11,6	4.016	12,8	16,9
Sachsen	14.038	12,5	16.963	15,8	20,8
Sachsen-Anhalt	5.696	10,4	7.565	13,9	32,8
Schleswig-Holstein	3.288	5,8	4.266	6,6	29,7
Thüringen	5.274	10,4	9.847	13,2	86,7
Länder insgesamt (D)	**235.858**	**8,7**	**319.902**	**11,1**	**35,6**

Anzahl und in % aller Studierenden

Quellen: Statistisches Bundesamt, Studierendenstatistik; DZHW-Berechnungen

B INTERNATIONALE STUDIERENDE IN DEUTSCHLAND

1 Internationale Studierende

1.2 Herkunftsregionen und Herkunftsländer

Die Region Asien und Pazifik ist die wichtigste Herkunftsregion für internationale Studierende an deutschen Hochschulen. Ihr Anteil an allen internationalen Studierenden beträgt 31%. Seit 2017 ist die Zahl der aus dieser Region stammenden Studierenden auch überdurchschnittlich um 29% angestiegen. An zweiter Stelle folgen mit einem Anteil von 19% die Studierenden aus Nordafrika und Nahost. Sie verzeichnen mit 77% den stärksten Zuwachs und haben die Studierenden aus Westeuropa auf den dritten Platz verdrängt. Deren Zahl hat sich in den letzten drei Jahren allerdings lediglich um 5% erhöht. Ihr Anteil beträgt 18%. Kaum eine Erhöhung der Einschreibezahl lässt sich dagegen für Studierende aus Mittel- und Südosteuropa feststellen, sie stellen 11% aller internationalen Studierenden. Ein leichter Rückgang der Immatrikulationen um 3% ist schließlich für die Herkunftsregion Osteuropa und Zentralasien festzustellen. Derzeit kommen 8% der internationalen Studierenden aus dieser Region. Die Ursachen für rückläufige bzw. nur geringfügig steigende Studierendenzahlen aus ost-, mittel- und südosteuropäischen Ländern sind nicht nur in einem nachlassenden Interesse am Studienland Deutschland zu suchen, sondern auch in der demografischen Entwicklung in einem Teil dieser Länder. Hier haben sich die Bevölkerungszahlen in den für ein Studium relevanten Alterskohorten deutlich verringert. Lateinamerika und Subsahara-Afrika nehmen schließlich Anteile von jeweils 6% ein. Die kleinste Gruppe stellen mit 2% die Studierenden aus Nordamerika.

> „Die Zahl der syrischen Studierenden an deutschen Hochschulen hat sich in den letzten Jahren fast verdreifacht."

Die große Bedeutung der Studierenden aus asiatisch-pazifischen Herkunftsländern korrespondiert mit entsprechenden Entwicklungen der weltweiten studentischen Mobilität (vgl. S. 12/13 und S. 16/17). Die Studierenden aus dieser Region stellen 41% aller international mobilen Studierenden. Dies erklärt sich zum einen aus demografischen Gegebenheiten. In den betreffenden Ländern leben 51% der Weltbevölkerung. Zum Vergleich: In Westeuropa leben lediglich 6%.[1] Zum anderen aber handelt es sich bei vielen Ländern, die zu dieser Region gehören, wie China, Indien, Vietnam, Südkorea oder auch Indonesien, um Länder mit einer starken wirtschaftlichen Entwicklung. Dies ist die Ursache dafür, dass in diesen Ländern auch gut ausgebildete akademische Fachkräfte nachgefragt werden, aber gleichzeitig existieren dort noch relativ wenige international hoch angesehene Universitäten. Diese Situation führt nach wie vor zu einem verstärkten Interesse an einem Auslandsstudium.

Die im internationalen Vergleich hohe Zahl west-, aber auch mittel- und südosteuropäischer Studierender an deutschen Hochschulen ist nicht nur ein Zeichen für deren Attraktivität im europäischen Raum, sondern auch ein Resultat des verstärkten Studierendenaustausches zwischen den Ländern einer Region. Für alle Weltregionen gilt, dass jeweils ein überdurchschnittlicher Anteil der Mobilität in der eigenen Herkunftsregion stattfindet. Die starke Zunahme der Zahl international mobiler Studierender aus Nordafrika und Nahost ist ebenfalls ein weltweites Phänomen. Sie steht im Zusammenhang mit den politisch-gesellschaftlichen Veränderungen in dieser Region.

B1.5 Internationale Studierende nach Herkunftsregion im Wintersemester 2019/20

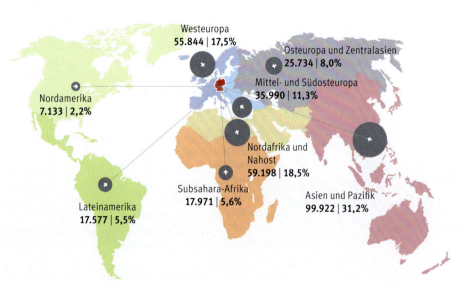

Westeuropa 55.844 | 17,5%
Osteuropa und Zentralasien 25.734 | 8,0%
Mittel- und Südosteuropa 35.990 | 11,3%
Nordamerika 7.133 | 2,2%
Nordafrika und Nahost 59.198 | 18,5%
Subsahara-Afrika 17.971 | 5,6%
Asien und Pazifik 99.922 | 31,2%
Lateinamerika 17.577 | 5,5%

Internationale Studierende an deutschen Hochschulen insgesamt 319.902
(einschließlich 533 Studierender, die keiner Herkunftsregion zugeordnet werden können)

Anzahl und in % aller internationalen Studierenden an deutschen Hochschulen

✱ Fußnoten

1. Die Angaben zur Weltbevölkerung entstammen den Daten des Statistischen Bundesamtes.
2. Nur Länder mit mindestens 100 internationalen Studierenden im Wintersemester 2019/20 (Zunahme) bzw. im Studienjahr 2017 (Abnahme).

Quellen: Statistisches Bundesamt, Studierendenstatistik; DZHW-Berechnungen

Die regionalen Entwicklungen bei der internationalen Mobilität von Studierenden spiegeln sich auch in der Rangliste der Herkunftsländer. An den deutschen Hochschulen stehen – schon seit 20 Jahren – die Studierenden aus China an erster Stelle. Mit einem Anteil von 13% stellen sie mehr als jeden zehnten internationalen Studierenden. In den letzten drei Jahren ist ihre Zahl weiter um 18% auf rund 41.400 angestiegen. Noch einen deutlich stärkeren Zuwachs haben Studierende aus Indien erfahren, die an zweiter Stelle in der Rangliste stehen. Seit 2017 ist ihre Zahl um 62% auf rund 24.900 angewachsen. Das stärkste Wachstum verzeichnen allerdings Studierende aus Mauritius und Syrien, im Falle Syriens bedingt in erster Linie durch den anhaltenden Bürgerkrieg. In den letzten drei Jahren hat ihre Zahl um 217% (Mauritius) bzw. 213% (Syrien) zugenommen. Syrien ist damit mittlerweile das drittwichtigste Herkunftsland internationaler Studierender in Deutschland. Die Zahl der syrischen Studierenden ist seit 2019 allein um 22% auf rund 15.900 gewachsen.

Die wichtigsten westeuropäischen Herkunftsländer sind Österreich (rund 12.000 Studierende), Italien (rund 9.400 Studierende) und Frankreich (rund 6.900 Studierende). Bei der Region Osteuropa und Zentralasien stehen Russland (rund 10.500 Studierende) sowie die Ukraine (rund 6.800 Studierende) an der Spitze, wobei die Zahl der Studierenden aus Russland in den letzten drei Jahren um 7% und aus der Ukraine um 3% zurückging. Die wichtigsten Länder in Mittel- und Südosteuropa sind die Türkei (rund 9.500 Studierende) und Bulgarien (rund 6.000 Studierende). Betrachtet man schließlich die beiden Regionen Nordafrika und Nahost sowie Subsahara-Afrika, so stammen hier – neben Syrien – die meisten Studierenden aus dem Iran (rund 9.400 Studierende) bzw. aus Kamerun (rund 7.700 Studierende).

Neben Mauritius und Syrien verzeichnen seit 2017 Nigeria (+134%), Eritrea (+106%) und Sri Lanka (+91%) besonders starke Zunahmen der Studierendenzahlen in Deutschland. Die stärksten Rückgänge in diesem Zeitraum sind dagegen bei den Vereinigten Arabischen Emiraten (–78%), Gabun (–32%), Oman (–27%), Finnland (–25%), der Slowakei (–23%) und Moldawien (–23%) zu registrieren.

B1.6 Wichtigste Herkunftsländer nach Anteil der internationalen Studierenden im Wintersemester 2019/20 und Entwicklung 2017–WS 2019/20

Herkunftsland	Anzahl	Anteil in %	Entwicklung 2017–WS 2019/20 in %
China	41.353	12,9	+18
Indien	24.868	7,8	+62
Syrien	15.948	5,0	+213
Österreich	12.020	3,8	+14
Russland	10.507	3,3	–7
Türkei	9.473	3,0	+36
Italien	9.419	2,9	+10
Iran	9.353	2,9	+31
Kamerun	7.662	2,4	+3
Frankreich	6.881	2,2	–6
Ukraine	6.777	2,1	–3
Tunesien	6.461	2,0	+44
Südkorea	6.461	2,0	+16
Spanien	6.240	2,0	0
USA	6.112	1,9	+5
Bulgarien	6.027	1,9	–12
Pakistan	5.968	1,9	+35
Marokko	5.842	1,8	+16
Vietnam	5.689	1,8	+38
Ägypten	5.469	1,7	+69

Quellen: Statistisches Bundesamt, Studierendenstatistik; DZHW-Berechnungen

B1.7 Herkunftsländer mit der stärksten prozentualen Zu- und Abnahme von internationalen Studierenden 2017–WS 2019/20[2]

Herkunftsland	Entwicklung 2017–WS 2019/20 in %
Mauritius	+217
Syrien	+213
Nigeria	+134
Eritrea	+106
Sri Lanka	+91
Albanien	+73
Ghana	+70
Ägypten	+69
Indien	+60
Kosovo	+59
Vereinigte Arabische Emirate	–78
Gabun	–32
Oman	–27
Finnland	–25
Slowakei	–23
Moldawien	–23
Schweden	–21
Polen	–19
Lettland	–19
Belarus	–15

Quellen: Statistisches Bundesamt, Studierendenstatistik; DZHW-Berechnungen

B INTERNATIONALE STUDIERENDE IN DEUTSCHLAND

1 Internationale Studierende

1.3 Abschlussarten und Fächergruppen

38% der internationalen Studierenden an deutschen Hochschulen strebten im Wintersemester 2019/20 einen Bachelor- und 39% einen Masterabschluss an. Im Vergleich dazu lag der Bacheloranteil bei den deutschen Studierenden bei 64% und der Masteranteil bei 19%.

Die Zahl der internationalen Studierenden im Bachelorstudium hat sich gegenüber 2019 (WS 2018/19 und SoSe 2019) um 7% und im Masterstudium um 9% erhöht. Damit steigt die Zahl der Masterstudierenden nach wie vor etwas schneller als die der Bachelorstudierenden, allerdings haben sich die Steigerungsraten in den letzten Jahren stark angenähert. Insgesamt 8% der internationalen Studierenden planen nicht, in Deutschland einen Abschluss zu erwerben. Bei ihnen handelt es sich um Austausch- oder andere temporäre Gaststudierende. Seit dem letzten Jahr ist ihre Zahl um 4% gesunken. Nach Herkunftsregionen zeigen sich dabei unterschiedliche Absichten in Bezug auf die angestrebte Abschlussart: Während sich internationale Studierende aus Nordafrika und Nahost (49%) sowie Subsahara-Afrika (47%) besonders oft in Bachelorstudiengängen einschreiben, streben Studierende aus Asien und Pazifik (53%) sowie Nordamerika (45%) überdurchschnittlich häufig einen Masterabschluss an.

In Bezug auf die Abschlussabsichten bestehen zwischen Universitäten und Fachhochschulen beträchtliche Differenzen: An Universitäten studieren deutlich mehr internationale Studierende in Master- (42%) als in Bachelorstudiengängen (29%). 12% wollen in Deutschland eine Promotion abschließen. An Fachhochschulen ist dieses Verhältnis umgekehrt: Während 62% einen Bachelorabschluss anstreben, wollen 31% den Master erwerben. Trotz der niedrigeren Zahl von Masterstudierenden an Fachhochschulen gilt für beide Hochschularten, dass sich der Masterabschluss für internationale Studierende als besonders attraktiv erweist. 22% aller Masterstudierenden an Universitäten kommen aus dem Ausland, an Fachhochschulen beträgt dieser Anteil 17%. Ein noch höherer Anteil an internationalen Studierenden findet sich mit 25% nur unter den Promovierenden. Allerdings sind nicht alle deutschen Promovierenden an den Hochschulen auch eingeschrieben, während dies bei den internationalen Promovierenden aufgrund der Voraussetzungen für eine Aufenthaltsberechtigung für rund zwei Drittel der Promovierenden in jedem Fall zutrifft. Das führt dazu, dass der Anteil der internationalen Promovierenden an allen Promovierenden auf Basis der amtlichen Immatrikulationsstatistik überschätzt wird und in Wirklichkeit etwas niedriger ausfällt. Der Anteil der internationalen Studierenden an allen Bachelorstudierenden liegt schließlich bei 7% (Universitäten) bzw. 6% (FH).

> 35% aller internationalen Studierenden an Universitäten und 54% an Fachhochschulen studieren ein ingenieurwissenschaftliches Fach.

Das starke Interesse internationaler Studierender an den Masterstudiengängen deutscher Hochschulen ist zum einen das Resultat eines gewachsenen Spektrums an entsprechenden Studienmöglichkeiten, vor allem englischsprachiger Angebote. Zum anderen aber entspricht es auch der „internationalen Normalität", das Bachelorstudium als erste akademische Bildungsphase im Heimatland zu absolvieren und sich dann für ein Masterstudium im Ausland gerüstet zu sehen. Für alle Gast-, aber auch Herkunftsländer gilt: je höher der angestrebte Bildungsgrad, desto größer auch der Anteil international mobiler Studierender.[1]

Die Analyse der Immatrikulationszahlen in den einzelnen Fächergruppen zeigt, dass vor allem die Ingenieurwissenschaften für internationale Studierende an Bedeutung gewonnen haben. Mittlerweile ist an Universitäten jede/r dritte internationale Studierende in einem ingenieurwissenschaftlichen Fach eingeschrieben (35%), an Fachhochschulen jede/r zweite (54%). Einen hohen Anteil stellen auch Rechts-, Wirtschafts- und Sozialwissenschaften (Universitäten: 21%, FH: 33%) sowie an den Universitäten Geisteswissenschaften (15%), allerdings mit fallender Tendenz, sowie Mathematik und Naturwissenschaften

B1.8 Internationale Studierende nach Hochschul- und Abschlussart im Wintersemester 2019/20

Angestrebter Abschluss	Anzahl			Anteil in %		
	Hochschulen insgesamt	Universitäten	Fachhochschulen	Hochschulen insgesamt	Universitäten	Fachhochschulen
Bachelor	121.325	65.486	55.839	37,9	28,5	61,9
Master	125.091	97.112	27.979	39,1	42,3	31,0
Promotion	27.869	27.817	52	8,7	12,1	0,1
Sonstige Abschlussart	20.658	19.036	1.622	6,5	8,3	1,8
Kein Abschluss angestrebt	24.959	20.312	4.647	7,8	8,8	5,2
Insgesamt	319.902	229.763	90.139	100	100	100

Quellen: Statistisches Bundesamt, Studierendenstatistik; DZHW-Berechnungen

Fußnote

[1] S. OECD (Hg.) (2020), S. 281ff.

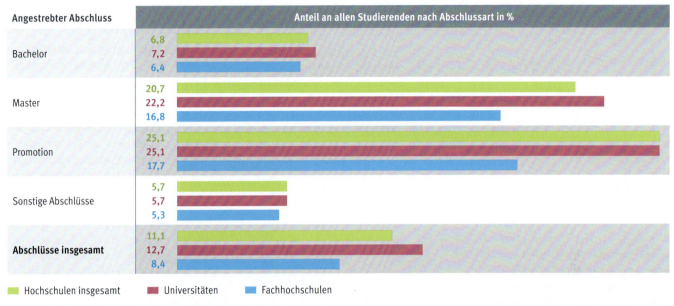

B1.9 Anteil internationaler Studierender an allen Studierenden nach Hochschul- und Abschlussart im Wintersemester 2019/20

Quellen: Statistisches Bundesamt, Studierendenstatistik; DZHW-Berechnungen

(14%). Im Vergleich dazu sind deutsche Studierende zu höheren Anteilen in Rechts-, Wirtschafts- und Sozialwissenschaften, aber auch in Geisteswissenschaften sowie Mathematik und Naturwissenschaften und zu einem niedrigeren Anteil in Ingenieurwissenschaften sowie Kunst und Kunstwissenschaft eingeschrieben.

Dieser Interessenlage entsprechend weisen Ingenieurwissenschaften sowohl an Universitäten (23%) als auch an Fachhochschulen (12%) einen überdurchschnittlich hohen Anteil internationaler Studierender an allen Studierenden auf. Dies gilt auch für Studiengänge in Kunst und Kunstwissenschaft an Universitäten (20%) sowie für Mathematik und Naturwissenschaften (14%) und Geisteswissenschaften (11%) an Fachhochschulen.

Das Fachinteresse der internationalen Studierenden differiert dabei aber auch je nach Herkunftsregion: Während sich Studierende aus europäischen Regionen sowie Nord- und Lateinamerika überdurchschnittlich häufig für Studiengänge der Fächergruppe Rechts-, Wirtschafts- und Sozialwissenschaften interessieren, schreiben sich Studierende aus Nordafrika und Nahost, Asien und Pazifik sowie Subsahara-Afrika besonders häufig in den Ingenieurwissenschaften ein.

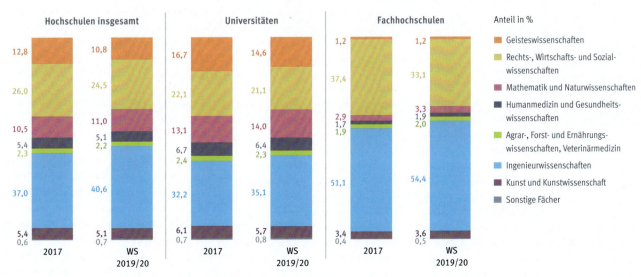

B1.10 Internationale Studierende nach Hochschulart und Fächergruppe 2017 und im Wintersemester 2019/20

Quellen: Statistisches Bundesamt, Studierendenstatistik; DZHW-Berechnungen

B INTERNATIONALE STUDIERENDE IN DEUTSCHLAND

2 Abschlussbezogene Mobilität

2.1 Mobilitätsentwicklung, Abschlussart, Fächergruppe und Absolvent/innen

Rund 294.900 internationale Studierende strebten an deutschen Hochschulen im Wintersemester 2019/20 einen Abschluss an. Ihre Zahl hat sich im Verlauf von zehn Jahren um 83% erhöht, allein seit 2019 (WS 2018/19 und SoSe 2019) um 7%. Damit verläuft die Entwicklung der abschlussbezogenen Mobilität gegenwärtig dynamischer als die der temporären studienbezogenen Mobilität (vgl. S. 54/55). Offensichtlich ist die Attraktivität eines Studienabschlusses in Deutschland international weiter gewachsen. Einen besonders starken Zuwachs haben die Fachhochschulen erfahren. Seit 2015 ist die Zahl der internationalen Studierenden mit Abschlussabsicht um 61% gestiegen. An Universitäten beträgt diese Steigerungsquote 35%. Jedoch ist nach wie vor mit 71% die überwiegende Mehrheit der internationalen Studierenden, die einen Abschluss anstreben, an Universitäten eingeschrieben. Die Entwicklungen haben dazu geführt, dass mittlerweile 10,3% aller Studierenden an deutschen Hochschulen internationale Studierende mit Abschlussabsicht sind. An den Universitäten beträgt dieser Anteil 11,7%, an Fachhochschulen 8%.

Besonders stark ist dabei das Interesse am Masterabschluss gewachsen, in fünf Jahren um 62%. Das liegt deutlich über dem Wert für den Bachelorabschluss: Die Zahl der internationalen Studierenden, die ihr Studium mit einem Bachelor abschließen wollen, ist um 46% angestiegen. Rund 27.900 internationale Studierende streben eine Promotion an. Im Vergleich zu 2015 bedeutet dies einen Zuwachs um 11%. Die geringeren Wachstumsraten im Promotionsstudium lassen sich dabei mit der beschränkten Zahl verfügbarer Promotionsstellen, den Zugangsbedingungen zur Promotion sowie mit der starken internationalen Konkurrenz um besonders befähigte Bewerber/innen erklären.

> **Die Zahl der internationalen Absolvent/innen steigt in einem Jahr um 10%.**

Es darf dabei aber nicht übersehen werden, dass im Promotionsstudium der Anteil internationaler Promovierender höher ausfällt als der Anteil internationaler Studierender im Bachelor- und Masterstudium.

Von den internationalen Studierenden mit Abschlussabsicht in Deutschland strebten im Wintersemester 2019/20 insgesamt 42% einen Masterabschluss, 41% einen Bachelorabschluss und 10% eine Promotion an. 7% planten, ihr Studium mit einem Staatsexamen oder einem anderen Abschluss zu beenden. An den Universitäten fällt die Dominanz des Masterabschlusses noch stärker aus: 47% der betreffenden Studierenden haben sich in Master- und 31% in Bachelorstudiengängen eingeschrieben. 13% haben das Ziel, zu promovieren. An den Fachhochschulen kehren sich die Verhältnisse um: 33% streben einen Master und 65% einen Bachelor an. Während 46% aller internationalen Studierenden, die den Bachelor erwerben wollen, an Fachhochschulen studieren, trifft dies nur auf 22% derjenigen zu, die den Master anstreben. Ähnliche Verhältnisse bestehen auch bei den deutschen Studierenden. Hier sind es 49% der Bachelor- und 29% der Masterstudierenden, die sich an Fachhochschulen immatrikuliert haben.

Das starke Interesse internationaler Studierender an einem Masterabschluss zeigt sich auch daran, dass ein Fünftel (21%) aller mit Abschlussabsicht im Masterstudium Eingeschriebenen internationale Studierende sind. An Universitäten beträgt dieser Wert 22% und an Fachhochschulen 17%. Einen noch höheren Anteil erreichen die internationalen Promovierenden, ihr Anteil liegt bei 25%. Im Bachelorstudium nehmen die internationalen Studierenden mit Abschlussab-

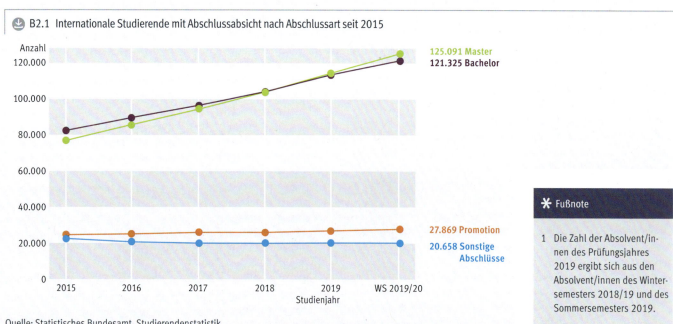

B2.1 Internationale Studierende mit Abschlussabsicht nach Abschlussart seit 2015

125.091 Master
121.325 Bachelor
27.869 Promotion
20.658 Sonstige Abschlüsse

Quelle: Statistisches Bundesamt, Studierendenstatistik

Fußnote

1 Die Zahl der Absolvent/innen des Prüfungsjahres 2019 ergibt sich aus den Absolvent/innen des Wintersemesters 2018/19 und des Sommersemesters 2019.

sicht hingegen lediglich einen Anteil von 7% ein (Universitäten: 7%, FH: 6%).

Die Mehrzahl der internationalen Studierenden strebt einen Abschluss in Ingenieurwissenschaften (43%) sowie Rechts-, Wirtschafts- und Sozialwissenschaften (24%) an. Dies gilt für Universitäten wie für Fachhochschulen. Auch für die deutschen Studierenden sind diese beiden Fächergruppen am wichtigsten, allerdings im umgekehrten Verhältnis: Hier stehen die Rechts-, Wirtschafts- und Sozialwissenschaften mit 39% an der Spitze, gefolgt von den Ingenieurwissenschaften mit 25%.

Mit der Zahl der internationalen Studierenden mit Abschlussabsicht ist auch die Zahl der internationalen Absolvent/innen kontinuierlich gestiegen, von 2009 bis 2019 um 79% auf rund 48.200. Damit übertrifft die Steigerungsquote der Absolvent/innen das Wachstum bei der Zahl der internationalen Studierenden mit Abschlussabsicht. Dabei ist die Zahl der internationalen Absolvent/innen von 2018 auf 2019 besonders stark um 10% gestiegen. 73% der internationalen Absolvent/innen haben 2019 ihr Studium an einer Universität und 27% an einer Fachhochschule abgeschlossen. Der Anteil der internationalen Absolvent/innen an allen Absolvent/innen ist dabei seit 2014 von 7% auf 9% gestiegen. An Universitäten liegt dieser Anteil bei 11%, an Fachhochschulen bei 7%.

Über die Hälfte der internationalen Absolvent/innen hat 2019 den Master (56%) erworben, über ein Viertel den Bachelor (28%) und ein Zehntel die Promotion (11%). 6% schlossen ihr Studium mit dem Staatsexamen oder einem anderen Abschluss ab. Beim Masterabschluss nehmen die internationalen Absolvent/innen unter allen Absolvent/innen mit 17% einen überdurchschnittlichen Anteil ein. Noch höher fällt nur der Anteil der internationalen Absolvent/innen, die eine Promotion abgeschlossen haben, mit rund 19% aus. Unter den Bachelorabsolvent/innen liegt dieser Wert bei 5%. Ähnlich wie bei den internationalen Studierenden dominieren auch unter den Absolvent/innen Abschlüsse in ingenieurwissenschaftlichen (38%) sowie in rechts-, wirtschafts- und sozialwissenschaftlichen Fächern (28%).

B2.2 Anteil der internationalen Studierenden mit Abschlussabsicht an allen Studierenden nach Hochschulart und Fächergruppe im Wintersemester 2019/20

Quellen: Statistisches Bundesamt, Studierendenstatistik; DZHW-Berechnungen

B2.3 Internationale Absolvent/innen nach Hochschulart seit 2008[1]

Quelle: Statistisches Bundesamt, Prüfungsstatistik

B INTERNATIONALE STUDIERENDE IN DEUTSCHLAND

2 Abschlussbezogene Mobilität

2.2 Herkunftsregionen und Herkunftsländer

Die meisten internationalen Studierenden, die einen Abschluss in Deutschland anstreben, stammen aus der Region Asien und Pazifik. Ihr Anteil liegt bei 32%. An zweiter Stelle mit 20% stehen die Studierenden aus Nordafrika und Nahost. Dann folgen die Regionen Westeuropa (16%), Mittel- und Südosteuropa (11%) sowie Osteuropa und Zentralasien (8%). Aus Subsahara-Afrika und Lateinamerika kommen 6% bzw. 5% der internationalen Studierenden mit Abschlussabsicht, aus Nordamerika 2%.

Je nach Herkunftsregion präferieren die internationalen Studierenden dabei unterschiedliche Abschlussarten. Studierende aus europäischen Regionen, aus Nordafrika und Nahost sowie Subsahara-Afrika streben jeweils zu rund der Hälfte einen Bachelor- und zu rund einem Drittel einen Masterabschluss an. Bei amerikanischen Herkunftsregionen sowie Asien und Pazifik kehrt sich dieses Verhältnis um, jeweils über die Hälfte der betreffenden Studierenden will das Studium mit dem Master und nur etwa ein Drittel mit dem Bachelor abschließen. Ein relativ hoher Anteil an Promovierenden ist mit 13% für Studierende aus Nordamerika festzustellen.

Seit 2015 verzeichnen vor allem drei Regionen ein überdurchschnittliches Wachstum ihrer Studierendenzahlen: Nordafrika und Nahost (+106%), Asien und Pazifik (+58%) sowie Nordamerika (+52%). Eine eher unterdurchschnittliche Steigerung der Studierendenzahlen lässt sich für Mittel- und Südosteuropa (+9%) beobachten. Ein leichter Rückgang ist für Osteuropa und Zentralasien zu konstatieren (−1%). Die Ursachen für rückläufige bzw. nur geringfügig steigende Studierendenzahlen aus ost-, mittel- und südosteuropäischen Ländern sind aber weniger in einem nachlassenden Interesse am Studienland Deutschland zu suchen, sondern vor allem in der demografischen Entwicklung in einem Teil dieser Länder. Hier haben sich die Bevölkerungszahlen in den für ein Studium relevanten Alterskohorten deutlich verringert. Infolge dieser Entwicklung hat die Bedeutung vor allem der Regionen Mittel- und Südosteuropa sowie Osteuropa und Zentralasien in den letzten fünf Jahren abgenommen. Während sie 2015 zusammen noch 26% aller Studierenden mit Abschlussabsicht stellten, sind es jetzt nur noch 19%.

Diese Veränderungen haben auch Auswirkungen auf die Verteilung der internationalen Studierenden auf die einzelnen Fächergruppen: Während der Anteil internationaler Studierender in Ingenieurwissenschaften steigt, verringert sich der Anteil derjenigen, die Rechts-, Wirtschafts- und Sozialwissenschaften studieren. Die Verschiebung erklärt sich u. a. aus den starken Präferenzen der Studierenden aus dem asiatisch-pazifischen Raum sowie aus Nordafrika und Nahost für ingenieurwissenschaftliche Studiengänge (jeweils über die Hälfte der betreffenden Studierenden entscheidet sich für ein solches Fach), während Studierende aus europäischen Regionen sich überdurchschnittlich häufig für Studiengänge der Rechts-, Wirtschafts- und Sozialwissenschaften interessieren. Jeweils rund ein Drittel von ihnen entscheidet sich für ein Studium in dieser Fächergruppe.

> Rund ein Viertel der internationalen Studierenden mit Abschlussabsicht kommt aus China, Indien und Syrien.

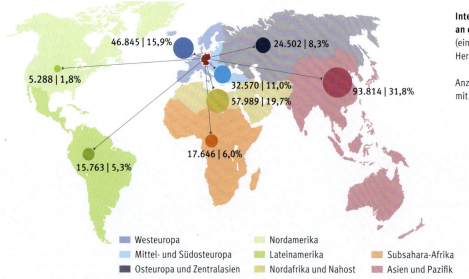

B2.4 Internationale Studierende mit Abschlussabsicht nach Herkunftsregion im Wintersemester 2019/20

- Westeuropa: 46.845 | 15,9%
- Mittel- und Südosteuropa: 32.570 | 11,0%
- Osteuropa und Zentralasien: 24.502 | 8,3%
- Nordamerika: 5.288 | 1,8%
- Lateinamerika: 15.763 | 5,3%
- Nordafrika und Nahost: 57.989 | 19,7%
- Subsahara-Afrika: 17.646 | 6,0%
- Asien und Pazifik: 93.814 | 31,8%

Internationale Studierende mit Abschlussabsicht an deutschen Hochschulen insgesamt 294.943 (einschließlich 526 Studierender, die keiner Herkunftsregion zugeordnet werden können)

Anzahl und in % aller internationaler Studierender mit Abschlussabsicht an deutschen Hochschulen

Fußnote

1 Nur Länder mit mindestens 100 internationalen Studierenden mit Abschlussabsicht im Wintersemester 2019/20 (Zunahme) bzw. im Studienjahr 2017 (Abnahme).

Quellen: Statistisches Bundesamt, Studierendenstatistik; DZHW-Berechnungen

WISSENSCHAFT WELTOFFEN 2021

Die Länder, aus denen die meisten internationalen Studierenden mit Abschlussabsicht stammen, sind nach wie vor die drei asiatischen Länder China, Indien und Syrien. China steht seit Anfang der 2000er-Jahre mit Abstand an der Spitze der Rangliste. Mit 38.900 Studierenden kommen 13% der abschlussorientierten Studierenden aus diesem Land. Ihre Zahl ist seit 2017 um 20% gestiegen. Noch stärker ist die Zahl der syrischen (+233%) und der indischen Studierenden (+64%) gewachsen. Gefolgt werden diese Herkunftsländer in der Rangliste von Österreich und Russland, die vor fünf Jahren noch an vierter und dritter Stelle standen. Die Zahl der österreichischen Studierenden nahm seit 2017 um 14% zu, die der russischen nahm um 7% ab. Weitere wichtige Herkunftsländer sind der Iran, die Türkei, Kamerun, Italien und die Ukraine.

Nicht nur die Zahl der syrischen Studierenden, von denen viele ihr Heimatland aufgrund des seit Jahren anhaltenden Bürgerkriegs verlassen haben, ist in den letzten Jahren stark überdurchschnittlich angestiegen. Auch Herkunftsländer wie Nigeria (+137%), Sri Lanka (+97%), Albanien (+75%), Ägypten (+73%), Ghana (+71%), Taiwan (+66%), Algerien (+61%) und Afghanistan (+61%) verzeichnen innerhalb der letzten drei Jahre beträchtliche Zuwächse. Ein deutlicher Rückgang der Studierendenzahlen ist dagegen im selben Zeitraum für die Vereinigten Arabischen Emirate (–79%), Oman (–39%), Gabun (–30%), die Slowakei (–24%), Moldawien (–23%) und Polen (–20%) zu konstatieren.[1]

Auch wenn für jedes Land jeweils spezifische Gründe für die Entwicklung der Studierenden geltend zu machen sind, so sind doch bestimmte übergreifende regionale Trends auffällig: Vor allem steigt die Zahl der international mobilen Studierenden aus Nordafrika und Nahost sowie aus Asien und Pazifik, während sie bei europäischen, vor allem osteuropäischen Regionen weniger stark steigt bzw. sogar stagniert oder zurückgeht. Neben politischen, humanitären, ökonomischen und demografischen Aspekten in den Herkunftsländern beeinflusst auch der jeweilige Entwicklungsstand des Hochschul- und Wissenschaftssystems sowohl in den Herkunfts- als auch in den Gastländern die internationale Mobilität.

B2.5 Internationale Studierende mit Abschlussabsicht nach wichtigsten Herkunftsländern 2015 und im Wintersemester 2019/20

	2015			WS 2019/20	
Herkunftsland	**Anzahl**	**in %**	**Herkunftsland**	**Anzahl**	**in %**
China	27.992	13,5	China	38.883	13,2
Indien	11.251	5,4	Indien	24.430	8,3
Russland	10.695	5,1	Syrien	15.811	5,4
Österreich	9.709	4,7	Österreich	11.889	4,0
Kamerun	6.614	3,2	Russland	9.819	3,3
Bulgarien	6.548	3,2	Iran	9.186	3,1
Ukraine	6.387	3,1	Türkei	8.401	2,8
Iran	5.798	2,8	Kamerun	7.603	2,6
Türkei	5.792	2,8	Italien	7.121	2,4
Frankreich	5.289	2,5	Ukraine	6.514	2,2
Italien	5.084	2,4	Tunesien	6.398	2,2
Polen	5.037	2,4	Bulgarien	5.904	2,0
Marokko	4.596	2,2	Pakistan	5.902	2,0
Südkorea	3.982	1,9	Marokko	5.755	2,0
Indonesien	3.569	1,7	Vietnam	5.603	1,9
Luxemburg	3.532	1,7	Ägypten	5.381	1,8
Spanien	3.452	1,7	Südkorea	5.334	1,8
Pakistan	3.278	1,6	Frankreich	5.300	1,8
Vietnam	3.132	1,5	Indonesien	5.114	1,7
Griechenland	3.124	1,5	Luxemburg	4.651	1,6

Quellen: Statistisches Bundesamt, Studierendenstatistik; DZHW-Berechnungen

B2.6 Herkunftsländer internationaler Studierender mit der stärksten prozentualen Zu- und Abnahme von internationalen Studierenden mit Abschlussabsicht 2017– WS 2019/20[1]

Herkunftsland	Entwicklung 2017–WS 2019/20 in %
Syrien	+233
Nigeria	+137
Sri Lanka	+97
Albanien	+75
Ägypten	+73
Ghana	+71
Taiwan	+66
Indien	+64
Algerien	+61
Afghanistan	+61
Tansania	–8
Estland	–12
Schweden	–16
Lettland	–18
Polen	–20
Moldawien	–23
Slowakei	–24
Gabun	–30
Oman	–39
Vereinigte Arabische Emirate	–79

Quellen: Statistisches Bundesamt, Studierendenstatistik; DZHW-Berechnungen

B INTERNATIONALE STUDIERENDE IN DEUTSCHLAND

2 Abschlussbezogene Mobilität

2.3 Studienbewerber/innen

Etwa die Hälfte aller internationalen Studierenden in Deutschland ist an Hochschulen immatrikuliert, die Mitglied bei uni-assist sind. Für diese Hochschulen können Daten zu internationalen Studienbewerberinnen und -bewerbern ermittelt werden. Im Studienjahr 2020 kam es aufgrund der Covid-19-Pandemie zu einem deutlichen Einbruch der Bewerberzahlen.[1] Im Vergleich zum Vorjahr ergab sich ein Rückgang um 68%, die Bewerberzahlen fielen somit auf das Niveau von 2012. Die meisten Bewerber/innen kamen wie schon 2019 aus Indien (18%), gefolgt von China (7%), dem Iran (6%) und Syrien (5%), das im Vorjahr noch das zweitwichtigste Herkunftsland war. Unter den 20 wichtigsten Herkunftsländern haben die Bewerberzahlen im Vergleich zum Vorjahr ausnahmslos abgenommen, die Rückgänge liegen dabei zwischen 49% (Bangladesch) und 80% (Syrien). Der besonders deutliche Rückgang der syrischen Bewerber/innen überrascht dabei nicht, da hier bereits im Vorjahr, d. h. noch vor der Covid-19-Pandemie, eine Verringerung um 23% zu verzeichnen war. Ein großer Teil der v. a. in den Jahren 2015 und 2016 nach Deutschland geflohenen Syrer/innen mit Studieninteresse scheint mittlerweile im deutschen Hochschulsystem angekommen zu sein, weshalb die Zahl der Bewerberinnen und Bewerber aus Syrien nun kontinuierlich sinkt.

Im Vergleich zum Vorjahr ist die Gruppe der 20 wichtigsten Herkunftsländer weitgehend unverändert, statt den USA und Kolumbien sind nun jedoch Jordanien und Nepal hierin vertreten. Betrachtet man sämtliche Herkunftsländer, so gab es im Vergleich zu 2019 nur bei Eswatini und Dominica einen Zuwachs der Bewerberzahlen im ein-

Was ist uni-assist?

uni-assist ist ein eingetragener Verein, dem alle staatlich anerkannten Hochschulen in Deutschland beitreten können. Derzeit nutzen 158 Hochschulen die Dienstleistungen von uni-assist. Die Kernaufgabe von uni-assist ist die Bewertung von internationalen Zeugnissen. uni-assist prüft im Auftrag der Mitgliedshochschulen, ob die eingereichten Zeugnisse gleichwertig zu deutschen Schul- oder Studienabschlüssen sind und grundsätzlich zum Studium in Deutschland berechtigen. Bei einem positiven Prüfergebnis leitet uni-assist die Bewerbung in elektronischer Form an die jeweiligen Hochschulen weiter.

stelligen Bereich sowie ein deutliches Plus von 27% bei den staatenlosen Bewerber/innen. Auffällig ist dabei, dass knapp zwei Drittel (59%) der Länder mit besonders starken Rückgängen bei den Bewerber/innen (-80% oder mehr) Länder des Europäischen Hochschulraums sind. Die größten Einbrüche finden sich bei Island mit 94% und bei Finnland, Litauen, Norwegen, Tschechien, Österreich sowie Moldawien mit je 90%.

Zwischen den wichtigsten Herkunftsländern der Studienbewerber/innen zeigen sich deutliche Unterschiede in Bezug auf die Erfolgsquoten bei der formalen Bewerbungsprüfung durch uni-assist. Nur Bewerbungen, die alle formalen Kriterien erfüllen, werden von uni-assist an die jeweilige Hochschule für die endgültige (und vor allem fachlich begründete) Entscheidung über die Zulassung der Studierenden weitergeleitet. Unter den 20 wichtigsten Herkunftsländern im Studienjahr 2020 schwankt der Anteil der von uni-assist weitergeleiteten Bewerbungen zwischen 77% bei Bewerber/innen aus Ghana und 92% bei Bewerber/innen aus Vietnam.

Die wichtigsten Gründe für die Ablehnung einer Bewerbung durch uni-assist sind unvollständige Unterlagen (29%), unzureichende Deutschkenntnisse (21%), die Unterschreitung eines vorgegebenen Notenminimums (11%) sowie das Überschreiten von Fristen (11%). Je nach Herkunftsland fällt die Bedeu-

B2.7 Wichtigste Herkunftsländer internationaler Studienbewerber/innen über uni-assist 2019 und 2020 sowie Vergleich 2019 vs. 2020[1]

Herkunftsland	Anteil in % 2019	Anteil in % 2020	Vergleich 2019 vs. 2020 in %
Indien	14,5	18,1	-60,6
China	6,8	7,3	-65,9
Iran	4,7	6,2	-57,7
Syrien	8,5	5,4	-80,1
Nigeria	4,4	5,1	-63,4
Pakistan	5,0	5,0	-67,9
Bangladesch	2,7	4,3	-48,5
Türkei	3,8	3,7	-69,7
Marokko	2,5	3,2	-59,8
Kamerun	2,6	3,2	-61,7
Ägypten	2,6	2,9	-64,8
Indonesien	1,7	2,8	-49,7
Tunesien	2,0	2,1	-67,1
Russland	2,6	1,7	-79,6
Südkorea	1,4	1,6	-65,3
Vietnam	1,8	1,3	-76,1
Ukraine	1,6	1,2	-75,7
Jordanien	0,9	1,2	-57,9
Nepal	1,0	1,0	-65,5
Ghana	1,4	1,0	-77,4
Alle Länder	**100**	**100**	**-68,3**

Quellen: uni-assist; DAAD-Berechnungen

* Fußnoten

1 Ein Studienjahr beinhaltet jeweils das Sommersemester und das folgende Wintersemester. Das Studienjahr 2020 umfasst demnach die Bewerbungen zum Sommersemester 2020 und zum Wintersemester 2020/21.

2 Abweichungen von 100% sind rundungsbedingt.

B2.8 Weiterleitungsquote bei internationalen Studienbewerbungen über uni-assist nach wichtigsten Herkunftsländern 2020[1]

Herkunftsland	Weiterleitungsquote in %
Vietnam	92
Bangladesch	91
Russland	89
Ukraine	88
Tunesien	88
Indonesien	87
China	87
Türkei	87
Syrien	86
Iran (Islamische Republik)	86
Indien	86
Nepal	85
Marokko	84
Pakistan	84
Südkorea	81
Ägypten	81
Kamerun	80
Nigeria	79
Jordanien	77
Ghana	77

Quellen: uni-assist; DAAD-Berechnungen

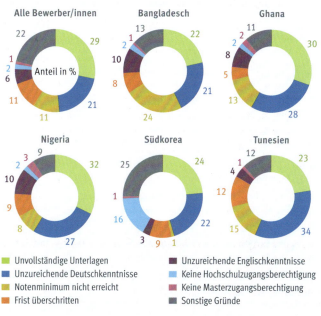

B2.9 Wichtige formale Ablehnungsgründe bei internationalen Studienbewerbungen über uni-assist insgesamt und nach ausgewählten Herkunftsländern 2020[1,2]

Quellen: uni-assist; DAAD-Berechnungen

tung der Ablehnungsgründe jedoch etwas unterschiedlich aus. So führen unvollständige Unterlagen bei Bewerber/innen aus Nigeria überdurchschnittlich häufig zur Ablehnung der Bewerbung. Dasselbe gilt in Bezug auf unzureichende Deutschkenntnisse bei Bewerber/innen aus Tunesien, Ghana und Nigeria. Weitere überdurchschnittlich hohe Ablehnungsquoten sind bei Bewerbungen aus Bangladesch und Tunesien wegen eines unzureichenden Notenminimums und bei Bewerbungen aus Bangladesch und Nigeria wegen unzureichender Englischkenntnisse zu finden. Darüber hinaus sind häufige Ablehnungsgründe bei den wichtigsten Herkunftsländern das Fehlen einer Hochschulzugangsberechtigung, was besonders auf Bewerber/innen aus Südkorea (16%), den USA (11%) und Ägypten (5%) zutrifft, sowie das Fehlen der Masterzugangsberechtigung im Fall von Kamerun (5%).

Auch bei den im Rahmen der Bewerbungen über uni-assist abgefragten Deutschkenntnissen gibt es deutliche Unterschiede zwischen den 20 wichtigsten Herkunftsländern. Die höchsten Anteile von Bewerber/innen mit einer gemäß dem Gemeinsamen Europäischen Referenzrahmen (GER) kompetenten Sprachverwendung (C1/C2) weisen im Studienjahr 2020 diejenigen aus Syrien (41%), China (37%) und Tunesien (33%) auf. Hohe Anteile von Bewerberinnen und Bewerbern mit einem mittleren Sprachniveau (B1/B2) kommen vor allem aus Vietnam (88%) und Marokko (85%) sowie aus dem Iran (79%). Bei den Bewerber/innen aus Ghana ist schließlich der höchste Anteil mit lediglich elementarer Sprachbeherrschung (A1/A2) zu verzeichnen (61%).

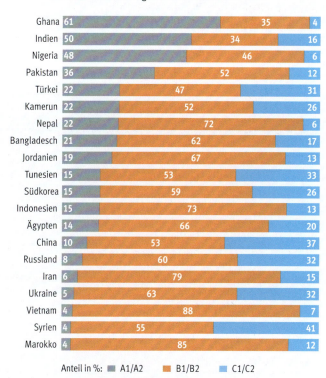

B2.10 Deutschkenntnisse internationaler Studienbewerber/innen über uni-assist nach wichtigsten Herkunftsländern 2020[1,2]

Herkunftsland	A1/A2	B1/B2	C1/C2
Ghana	61	35	4
Indien	50	34	16
Nigeria	48	46	6
Pakistan	36	52	12
Türkei	22	47	31
Kamerun	22	52	26
Nepal	22	72	6
Bangladesch	21	62	17
Jordanien	19	67	13
Tunesien	15	53	33
Südkorea	15	59	26
Indonesien	15	73	13
Ägypten	14	66	20
China	10	53	37
Russland	8	60	32
Iran	6	79	15
Ukraine	5	63	32
Vietnam	4	88	7
Syrien	4	55	41
Marokko	4	85	12

Sprachniveaus gemäß dem Gemeinsamen Europäischen Referenzrahmen für Sprachen (GER):
A1/A2: elementare Sprachverwendung
B1/B2: selbstständige Sprachverwendung
C1/C2: kompetente Sprachverwendung

Quellen: uni-assist; DAAD-Berechnungen

B INTERNATIONALE STUDIERENDE IN DEUTSCHLAND

2 Abschlussbezogene Mobilität

2.4 Geflüchtete Studierende an deutschen Hochschulen und Studienkollegs

Im Integra-Programm („Integration von Flüchtlingen ins Fachstudium") des DAAD wurden 2019 insgesamt rund 8.600 Personen gefördert. Nach wie vor liegt der Fokus des Programms auf der Förderung von studieninteressierten und studierfähigen Flüchtlingen. Allerdings wurde in der Zwischenzeit die Zielgruppe in Bezug auf studienbegleitende Maßnahmen auf alle internationalen Studierenden erweitert. Außerdem wurde das Angebot, das sich vor allem zu Beginn der Programmeinführung und somit in den ersten beiden Förderjahren auf studienvorbereitende Kursangebote und Maßnahmen konzentrierte, um studienbegleitende und auf den deutschen Arbeitsmarkt vorbereitende Maßnahmen ergänzt. Hierzu zählen verschiedene Kompaktformate, die beispielsweise zur Vermittlung und Erweiterung von Schlüsselkompetenzen dienen, oder Bewerbungscoachings und Veranstaltungen mit Einbindung von Wirtschaftsvertreter/innen.

Auch wenn durch die Erweiterung der Zielgruppe, den Ausbau der Kursangebote und den auf den Arbeitsmarkt vorbereitenden Kompaktformaten davon auszugehen ist, dass der Anteil internationaler Studierender ohne Fluchthintergrund sukzessive zunehmen wird, kamen 2019 wie auch in den Vorjahren mit Abstand die meisten Kursteilnehmer/innen aus Syrien (64%). Hervorzuheben ist, dass sich im Vergleich zu 2018 der Anteil der türkischen Geflüchteten vervierfacht hat und diese mittlerweile die zweitgrößte Gruppe unter den Integra-Teilnehmer/innen darstellen (9%).

> Im Vergleich zu 2018 hat sich der Anteil der türkischen Teilnehmer/innen vervierfacht, diese stellen mittlerweile die zweitgrößte Gruppe unter den Integra-Teilnehmer/innen.

Der Anteil der Integra-Teilnehmerinnen nimmt ebenfalls weiter zu. So war 2016 nur etwa ein Fünftel aller Kursteilnehmer/innen weiblich, 2019 lag ihr Anteil hingegen bei etwa einem Drittel. Hierzu hat auch eine Vielzahl an Maßnahmen beigetragen, die von den Hochschulen speziell für Frauen entwickelt und angeboten wurden, wie beispielsweise Sprach- und Lerncafés, spezielle Beratungsangebote für Frauen oder vermittelte Kinderbetreuung.

Auch das Durchschnittsalter der Teilnehmer/innen nahm weiter zu und lag 2019 bei 28,6 Jahren. Zwischen den Herkunftsländern gibt es hier jedoch deutliche Unterschiede. Der Altersdurchschnitt bei Teilnehmer/innen aus Syrien betrug 2019 27,4 Jahre, bei iranischen (31,6 Jahre) und türkischen (33,0 Jahre) Teilnehmer/innen lag er im Vergleich dazu deutlich höher. Die ausgeprägten Altersunterschiede sind sicherlich zu großen Teilen auf die unterschiedlichen Bildungshintergründen zurückzuführen. So sind beispielsweise mehr als die Hälfte der türkischen Kursteilnehmer/innen bereits graduiert, jedoch nur 15% der Syrer/innen.

Sieben von zehn Kursen waren 2019 vollständig bzw. zu Teilen auf die sprachliche Vorbereitung und Unterstützung der Kursteilnehmer/innen ausgerichtet. Unter Berücksichtigung der Nachfrage und des Bedarfs der Zielgruppe nimmt der Anteil an Kursen mit einem höheren Sprachniveau weiterhin deutlich zu. Mittlerweile nimmt fast die Hälfte der Teilnehmer/innen von Sprachkursen (48%) an C1- oder DSH-Kursen teil.[2]

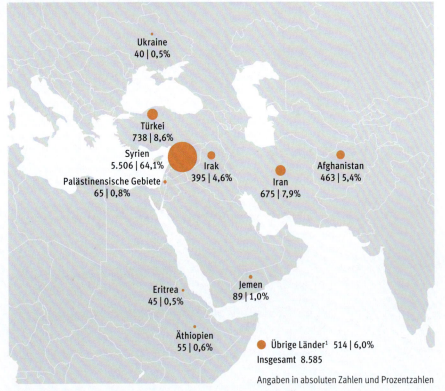

B2.11 Kursteilnehmer/innen im Integra-Programm nach wichtigen Herkunftsländern 2019

Ukraine 40 | 0,5%
Türkei 738 | 8,6%
Syrien 5.506 | 64,1%
Palästinensische Gebiete 65 | 0,8%
Irak 395 | 4,6%
Iran 675 | 7,9%
Afghanistan 463 | 5,4%
Eritrea 45 | 0,5%
Jemen 89 | 1,0%
Äthiopien 55 | 0,6%
Übrige Länder[1] 514 | 6,0%
Insgesamt 8.585

Angaben in absoluten Zahlen und Prozentzahlen

Quelle: DAAD

✱ Fußnoten

1 Inkl. staatenloser Geflüchteter und Geflüchteter mit unbekannter Herkunft.

2 Gemäß dem Gemeinsamen Europäischen Referenzrahmen für Sprachen (GER) gilt ein Sprachniveau von A1/A2 als elementare Sprachanwendung, B1/B2 als selbstständige Sprachanwendung und C1/DSH als kompetente Sprachverwendung (DSH = Deutsche Sprachprüfung für den Hochschulzugang).

2019 wurden fast 40.000 Personen im Rahmen der Integra-Förderung beraten. Schwerpunkte der Beratung waren die Studienwahl, fehlende bzw. unzureichende Sprachkenntnisse, die Finanzierung des Lebensunterhaltes während der Vorbereitungsphase bzw. des Studiums oder fehlende bzw. unzureichende Kenntnisse des deutschen Hochschulsystems. Eine eher untergeordnete Rolle spielten familiäre Probleme, gesundheitliche/psychische Probleme sowie interkulturelle Missverständnisse.

Mehr als die Hälfte der Projektleitungen der Integra-Projekte bestätigt, dass die Förderung zu einem Innovationsschub geführt hat und demzufolge beispielsweise mehr zielgerichtetere Beratungs- und Kursangebote geschaffen, neue bzw. bedarfsgerechtere Kursformate und Unterrichtsformen entwickelt und das Anmelde- und Zulassungsverfahren angepasst wurden.

> **Mehr als die Hälfte der Projektleitungen der Integra-Projekte bestätigt, dass die Förderung zu einem Innovationsschub geführt hat.**

Noch vor der Corona-Pandemie hatte fast die Hälfte der Integra-geförderten Hochschulen und Studienkollegs Maßnahmen zur Forcierung der Digitalisierung entwickelt und eingesetzt. Hierbei handelt es sich z. B. um digitale (Einstufungs-)Tests, wie den Test-DaF, den TestAS oder onSet, sowie um den Einsatz von digitalen Lehr- und Lernplattformen, Lernvideos und Tutorials oder mobiler Anwendungen (Apps).

B2.12 Durchschnittsalter der Kursteilnehmer/innen im Integra-Programm nach wichtigsten Herkunftsländern 2019

Herkunftsland	Durchschnittsalter in Jahren
Syrien	27,4
Türkei	33,0
Iran	31,6
Afghanistan	28,9
Irak	28,9
Gesamt	**28,6**

Quelle: DAAD

B2.13 Geflüchtete in Sprachkursen des Integra-Programms nach Sprachkurs-Niveau 2017 und 2019[2]

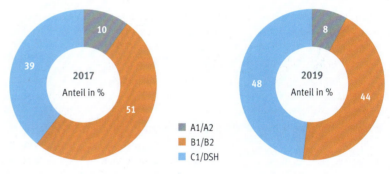

2017 Anteil in %: A1/A2 10, B1/B2 51, C1/DSH 39
2019 Anteil in %: A1/A2 8, B1/B2 44, C1/DSH 48

Quelle: DAAD

B2.14 Wichtige Themen bei der Beratung von Studieninteressierten mit Fluchthintergrund in Deutschland 2019

Thema	2019
Unzureichende Sprachkenntnisse	83
Studienwahl/Studienorientierung/Studienorganisation	79
Unzureichende Kenntnisse des Hochschulsystems	79
Finanzierung während des Studiums	78
Unzureichende Fachkenntnisse	72
Anerkennung von Zeugnissen	69
Studienbegleitende Maßnahmen und Möglichkeiten	65
Finanzierung der Fahrtkosten zum Hochschulort	62
Finanzierung während der Vorbereitung	60
Wohnungsmarkt/Wohnsituation	59
Fragen zum deutschen Arbeitsmarkt	56
Asyl- und aufenthaltsrechtliche Fragen	51
Auflagen des Jobcenters	51
Alternativen zum Studium	50
Bewältigung des Lebensalltags	46
Familiäre Probleme	45
Fehlende Dokumente	45
Psychische Probleme	45
Interkulturelle Probleme/Missverständnisse	40
Integration außerhalb der Hochschule	39

Anteil in %

Quelle: DAAD

B INTERNATIONALE STUDIERENDE IN DEUTSCHLAND

3 Temporäre studienbezogene Auslandsaufenthalte

3.1 Mobilitätsentwicklung und Fächergruppe

Im Wintersemester 2019/20 waren rund 25.000 internationale Studierende zu einem temporären Aufenthalt an einer deutschen Hochschule eingeschrieben. Das sind rund 8% aller internationalen Studierenden. Allerdings wird mit diesem Wert die Gesamtzahl der Studierenden im Studienjahr 2019, die zu einem zeitweiligen Studienaufenthalt in Deutschland weilten, unterschätzt. Nicht enthalten sind in dieser Zahl jene Studierende, die sich im Sommersemester zu einem solchen Aufenthalt immatrikulieren und nur ein Semester an der Hochschule bleiben, was für viele Gast- und Austauschstudierende zutrifft. Deren Zahl beträgt für das Sommersemester 2019 rund 11.900, sodass sich die Gesamtzahl der temporären Gast- und Austauschstudierenden, die innerhalb des Studienjahres 2019 an deutschen Hochschulen eingeschrieben waren, auf rund 36.900 beläuft. Das sind rund 1.600 oder 4% weniger als im Studienjahr 2018.

Der Rückgang bei der Zahl der internationalen Studierenden, die einen temporären Studienaufenthalt in Deutschland absolvieren, hält schon länger an, so hat sich deren Zahl im Wintersemester 2019/20 im Vergleich zur Höchstzahl im Wintersemester 2015/16 um 3.600 Studierende bzw. 13% verringert. Die Gründe für diese Entwicklung sind komplex, da die Zahl solcher Aufenthalte nicht nur durch individuelle Mobilitätsmotive beeinflusst wird, sondern ebenso von bestehenden Austauschprogrammen, Kooperationsbeziehungen und entsprechenden Studienangeboten, aber auch von konkreter Unterstützung durch Hochschulen und weitere Einrichtungen. Hinzu kommen außerdem insbesondere demografische und wirtschaftliche Entwicklungen in den jeweiligen Herkunftsländern.

> In den Geisteswissenschaften absolviert ein Fünftel der internationalen Studierenden einen temporären Studienaufenthalt.

Die überwiegende Mehrzahl der internationalen Studierenden (81%) hat sich für ihren temporären Aufenthalt an einer Universität eingeschrieben. An einer Fachhochschule absolvieren 19% ihre temporäre Auslandsphase.

Internationale Studierende, die für einen kürzeren Studienaufenthalt an einer deutschen Hochschule weilen, haben sich besonders häufig in Rechts-, Wirtschafts- und Sozialwissenschaften (31%) sowie in Geisteswissenschaften (29%) eingeschrieben. Dagegen liegt der Anteil der Ingenieurwissenschaften bei 18%. In Mathematik und Naturwissenschaften studieren 6%, in Humanmedizin und Gesundheitswissenschaften 3%, in Kunst und Kunstwissenschaft 3% und in Agrar-, Forst- und Ernährungswissenschaften 1%. In sonstigen Fächern sind 8% eingeschrieben. Im Vergleich zu internationalen Studierenden, die in Deutschland einen Abschluss anstreben, fallen insbesondere der hohe Anteil an temporären Aufenthalten in Geisteswissenschaften und der niedrige Anteil in Ingenieurwissenschaften auf. Dies gilt auch im Verhältnis zu deutschen Studierenden. Ganz offensichtlich sind mit einem temporären Studienaufenthalt bei den internationalen Studierenden andere fachliche Absichten als mit einem vollständigen Studium verbunden. Der hohe Anteil an zeitlich beschränkten Einschreibungen in Geisteswissenschaften erklärt sich insbesondere aus dem starken Interesse internationaler Germanistikstudierender an einem Aufenthalt an einer deutschen Hochschule. Sie wollen auf diesem Weg ihre Deutschkenntnisse verbessern, Recherchen zu spezifischen Fachthemen durchführen oder Kultur und Sprache in einem deutsch-

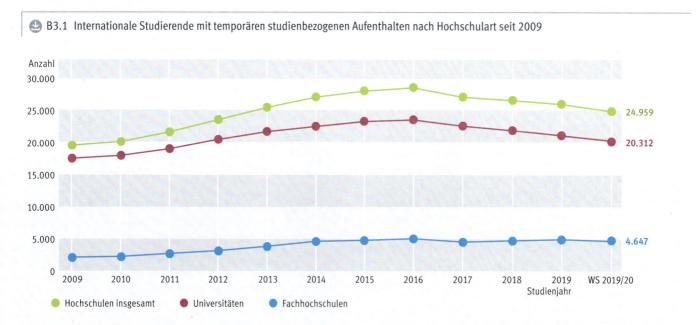

B3.1 Internationale Studierende mit temporären studienbezogenen Aufenthalten nach Hochschulart seit 2009

Quelle: Statistisches Bundesamt, Studierendenstatistik

sprachigen Land erleben. Für internationale Ingenieurstudierende scheint dagegen solch ein temporärer Aufenthalt an einer deutschen Hochschule von deutlich geringerem Interesse zu sein als ein komplettes Studium.

Dieser Situation entsprechend stellen Studierende mit temporären Aufenthalten von allen internationalen Studierenden in den Geisteswissenschaften den höchsten Anteil. Mit einem Anteil von 21% weilt in dieser Fächergruppe jede/r fünfte internationale Studierende nur für eine bestimmte Zeit an der Hochschule. Ein vergleichsweise hoher Anteil findet sich mit 10% auch in den Rechts-, Wirtschafts- und Sozialwissenschaften. In allen anderen Fächergruppen fällt dieser Wert unterdurchschnittlich aus, am niedrigsten in den Ingenieurwissenschaften sowie in den Agrar-, Forst- und Ernährungswissenschaften mit 4% bzw. 3%. Von den internationalen Studierenden, die keiner Fächergruppe zugeordnet werden können, hat sich die überwiegende Mehrzahl von 86% für einen temporären Studienaufenthalt eingeschrieben. Hierbei handelt es sich offensichtlich um besondere Angebote und Programme von kurzer Dauer, die vor allem für internationale Gast- und Austauschstudierende eingerichtet wurden.

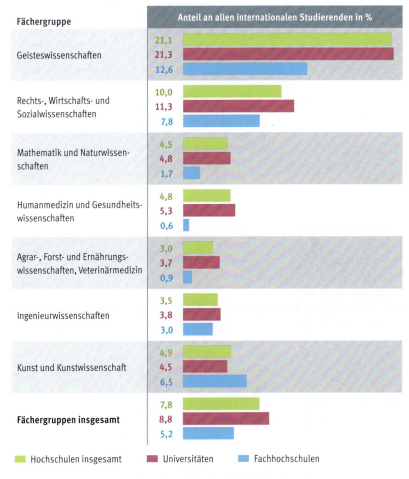

B3.2 Anteil internationaler Studierender mit temporären studienbezogenen Aufenthalten an allen internationalen Studierenden nach Fächergruppe und Hochschulart im Wintersemester 2019/20

Quellen: Statistisches Bundesamt, Studierendenstatistik; DZHW-Berechnungen

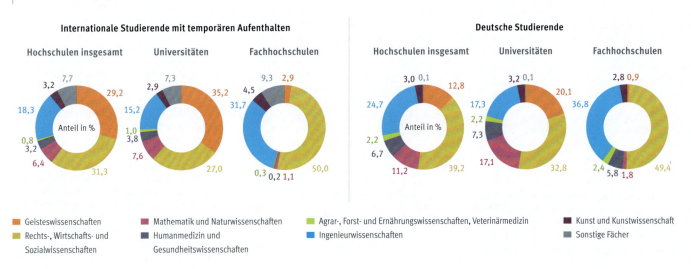

B3.3 Internationale Studierende mit temporären studienbezogenen Aufenthalten und deutsche Studierende nach Hochschulart und Fächergruppe im Wintersemester 2019/20

Quellen: Statistisches Bundesamt, Studierendenstatistik; DZHW-Berechnungen

B INTERNATIONALE STUDIERENDE IN DEUTSCHLAND

3 Temporäre studienbezogene Auslandsaufenthalte

3.2 Herkunftsregionen und Herkunftsländer

Die meisten internationalen Studierenden mit temporären Studienaufenthalten an deutschen Hochschulen kamen im Wintersemester 2019/20 aus westeuropäischen Ländern. Sie stellen insgesamt 36% dieser Studierenden. 14% der temporären Aufenthalte werden von Studierenden aus Mittel- und Südosteuropa absolviert. Damit stammt die Hälfte der mobilen Studierenden, die in Deutschland keinen Abschluss anstreben, aus einer dieser beiden europäischen Regionen. Von größerer Bedeutung sind darüber hinaus auch die asiatisch-pazifischen Länder. Sie stellen insgesamt 25% der temporär Mobilen. Die übrigen Herkunftsregionen spielen im Vergleich dazu eine deutlich geringere Rolle: Jeweils 7% der internationalen Studierenden mit temporären Studienaufenthalten in Deutschland stammen aus Nord- und Lateinamerika, jeweils 5% aus Nordafrika und Nahost sowie aus Osteuropa und Zentralasien, 1% aus Subsahara-Afrika.

Auch aus nicht-europäischen Herkunftsregionen kommt damit ein beträchtlicher Anteil von rund 48% der internationalen Gast- und Austauschstudierenden. Die deutschen Hochschulen sind offensichtlich für kurze Studienaufenthalte auch für Studierende aus Ländern außerhalb Europas attraktiv. Im Vergleich zu internationalen Studierenden, die einen deutschen Hochschulabschluss anstreben, fällt auf, dass die Gast- und Austauschstudierenden zu einem höheren Anteil aus west-, mittel- und südosteuropäischen Staaten sowie aus Nordamerika kommen. Gleichzeitig stammen sie deutlich seltener aus Ländern der Regionen Nordafrika und Nahost sowie Subsahara-Afrika. Diese Befunde sprechen einerseits für den Erfolg der europäischen Hochschulpolitik bei der Entwicklung des Europäischen Hochschulraums sowie des Erasmus-Programms. Die damit verbundenen Förder- und Unterstützungsstrukturen tragen maßgeblich dazu bei, dass sich in Europa ein starkes Interesse an temporärer Mobilität nicht nur entwickelt hat, sondern von den Studierenden auch realisiert werden kann. Die regionale Herkunft der betreffenden Studierenden weist aber auch darauf hin, dass es ohne solche Unterstützung und Hilfe in Form von finanziell gut ausgestatteten Programmen gerade für Studierende aus Ländern mit niedrigerem Durchschnittseinkommen schwieriger ist, einen zeitweiligen Studienaufenthalt in Deutschland zu absolvieren. Für diese Studierenden stellt sich das Problem, nicht nur den Aufenthalt ohne einen strukturellen Rahmen zu organisieren und damit zeitaufwendige Organisationsarbeiten zu leisten, sondern vor allem auch ihren Lebens- und Studienunterhalt ohne finanzielle Zuwendung zu gewährleisten. Sie haben angesichts ihres vergleichsweise kurzen Aufenthaltes von wenigen Monaten und häufig geringerer Deutschkenntnisse nicht die gleichen Möglichkeiten, durch Erwerbstätigkeit einen ausreichenden Zuverdienst in Deutschland zu erlangen, wie ihre Kommiliton/innen, die ihr gesamtes Studium in Deutschland absolvieren.

An der Spitze der Rangfolge der Herkunftsländer steht wie bei den internationalen Studierenden mit Abschlussabsicht China. Jede/r

> „Fast die Hälfte der Studierenden mit temporärem Studienaufenthalt kommt aus einem nicht-europäischen Land."

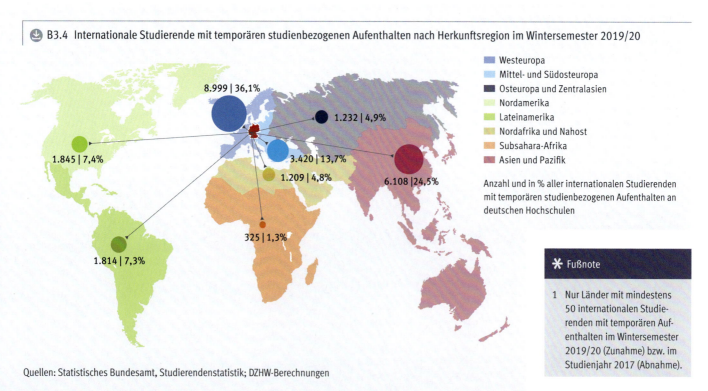

B3.4 Internationale Studierende mit temporären studienbezogenen Aufenthalten nach Herkunftsregion im Wintersemester 2019/20

- Westeuropa
- Mittel- und Südosteuropa
- Osteuropa und Zentralasien
- Nordamerika
- Lateinamerika
- Nordafrika und Nahost
- Subsahara-Afrika
- Asien und Pazifik

Anzahl und in % aller internationalen Studierenden mit temporären studienbezogenen Aufenthalten an deutschen Hochschulen

* Fußnote

1 Nur Länder mit mindestens 50 internationalen Studierenden mit temporären Aufenthalten im Wintersemester 2019/20 (Zunahme) bzw. im Studienjahr 2017 (Abnahme).

Quellen: Statistisches Bundesamt, Studierendenstatistik; DZHW-Berechnungen

zehnte temporär Mobile ist chinesischer Herkunft. Danach folgen die Erasmus-Länder Italien und Spanien sowie die USA mit Anteilen zwischen 9% und 7%. Weitere wichtige Herkunftsländer sind Frankreich, Südkorea und die Türkei. Diese Länder gehörten auch schon vor fünf Jahren zu den wichtigsten Herkunftsstaaten der internationalen Studierenden mit temporären Studienaufenthalten in Deutschland. Allerdings ist ihre quantitative Entwicklung in diesem Zeitraum unterschiedlich verlaufen: Während aus China und Italien mehr temporär Studierende an die deutschen Hochschulen kommen, ist die Zahl der Studierenden aus Spanien, den USA und Frankreich zurückgegangen.

Die stärksten Veränderungen haben sich seit 2017 jedoch bei anderen Herkunftsländern ergeben. Besonders deutliche Zunahmen sind bei den Zahlen der Studierenden aus Serbien (+79%), Südafrika (+57%), Ghana (+54%) und Peru (+42%) zu verzeichnen. Ein starker Rückgang zeigt sich dagegen bei Studierenden aus Syrien (−60%), Georgien (−49%), Finnland (−43%), Dänemark (−41%) und Kroatien (−40%).[1]

B3.5 Internationale Studierende mit temporären studienbezogenen Aufenthalten nach wichtigsten Herkunftsländern 2015 und im Wintersemester 2019/20

	2015			WS 2019/20	
Herkunftsland	**Anzahl**	**in %**	**Herkunftsland**	**Anzahl**	**in %**
Spanien	2.294	8,2	China	2.470	9,9
China	2.267	8,1	Italien	2.298	9,2
Italien	2.085	7,4	Spanien	1.982	7,9
Frankreich	2.016	7,2	USA	1.643	6,6
Brasilien	1.983	7,1	Frankreich	1.581	6,3
USA	1.928	6,9	Südkorea	1.127	4,5
Polen	1.128	4,0	Türkei	1.072	4,3
Türkei	993	3,5	Japan	747	3,0
Südkorea	856	3,1	Russland	688	2,8
Russland	839	3,0	Brasilien	683	2,7
Ver. Königreich	689	2,5	Polen	654	2,6
Japan	615	2,2	Ver. Königreich	566	2,3
Tschechien	583	2,1	Taiwan	561	2,2
Mexiko	565	2,0	Mexiko	454	1,8
Ungarn	431	1,5	Indien	438	1,8
Schweiz	414	1,5	Jordanien	381	1,5
Indien	404	1,4	Schweiz	366	1,5
Taiwan	373	1,3	Portugal	288	1,2
Belgien	369	1,3	Tschechien	287	1,1
Finnland	343	1,2	Niederlande	286	1,1

Quellen: Statistisches Bundesamt, Studierendenstatistik; DZHW-Berechnungen

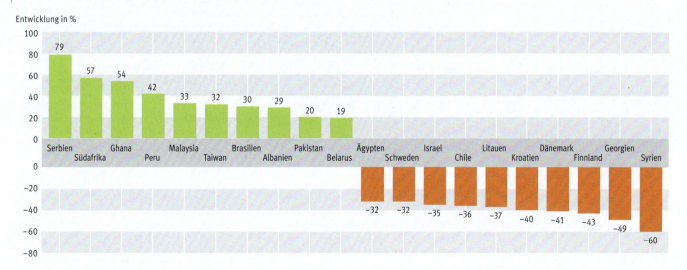

B3.6 Herkunftsländer mit der stärksten prozentualen Zu- und Abnahme von internationalen Studierenden mit temporären studienbezogenen Aufenthalten 2017–Wintersemester 2019/20[1]

Quellen: Statistisches Bundesamt, Studierendenstatistik; DZHW-Berechnungen

B INTERNATIONALE STUDIERENDE IN DEUTSCHLAND

3 Temporäre studienbezogene Auslandsaufenthalte

3.3 Erasmus-Aufenthalte

Im Jahr 2019 verbrachten rund 33.100 Erasmus-Studierende aus anderen Ländern einen studienbezogenen Aufenthalt in Deutschland. Damit hat sich deren Zahl wieder erhöht und nähert sich dem Höchststand des Jahres 2016 an.[1] Im Vergleich zu 2018 sind 1% oder rund 400 Studierende mehr nach Deutschland gekommen. Diese Entwicklung ist allein das Resultat erhöhter Erasmus-Praktikumsaufenthalte. 2019 haben 11.700 Erasmus-Studierende einen solchen Aufenthalt in Deutschland absolviert. Das sind 18% oder 2.000 Studierende mehr als 2016. Allein im Vergleich zum Vorjahr ist deren Zahl um 7% gestiegen. Das hat den weiteren Rückgang bei den Studiumsaufenthalten kompensiert. Insgesamt ist deren Zahl seit 2016 um 9% auf rund 21.400 gefallen. Damit kamen zuletzt 65% aller Erasmus-Studierenden aus anderen Ländern zum Studium und 35% zum Praktikum nach Deutschland. Der Anteil der Praktikumsaufenthalte hat sich in den letzten zehn Jahren stetig vergrößert. Seit 2008, dem Jahr, in dem Praktika als Teil des Erasmus-Programms eingeführt wurden, hat sich ihr Anteil an allen Erasmus-Aufenthalten von zunächst 15% mehr als verdoppelt.

Frankreich, Italien, Spanien sind unverändert die wichtigsten Herkunftsländer. Sie stellen zusammen allein 40% aller Erasmus-Studierenden in Deutschland. Weitere wichtige Länder sind die Türkei, das Vereinigte Königreich, Polen, die Niederlande und Österreich, aus denen zusammen weitere 32% der Erasmus-Teilnehmer/innen kommen. In Bezug auf die einzelnen Länder ist es dabei zu unterschiedlichen Entwicklungen gekommen. Eine stetige Zunahme der Erasmus-Studierenden in Deutschland ist für Italien, die Türkei, das Vereinigte Königreich und die Niederlande festzustellen. Dagegen haben sich die Zahlen der Studierenden aus Polen und Österreich in den letzten Jahren verringert. Für Frankreich und Spanien sind relativ gleichbleibende Zahlen mit geringfügigen Schwankungen charakteristisch.

Die Teilnehmer/innen aus den verschiedenen Ländern präferieren dabei in unterschiedlichem Ausmaß ein Erasmus-Praktikum in Deutschland. Die meisten Erasmus-Praktikant/innen kommen aus Frankreich, Österreich, dem Vereinigten Königreich und der Türkei. Dagegen werden Studiumsaufenthalte an deutschen Hochschulen vor allem von Teilnehmer/innen aus Italien, Frankreich, Spanien und der Türkei absolviert.

Drei Fächergruppen sind für Erasmus-Studierende in Deutschland von besonderer Bedeutung: Aus dem Bereich Künste und Geisteswissenschaften kommen allein 26% aller Teilnehmer/innen, aus Wirtschafts-, Verwaltungs- und Rechtswissenschaften 21% und aus Ingenieurwesen, Herstellung und Bauwesen 17%. Im Vergleich zu allen internationalen Studierenden an deutschen Hochschulen zeigt sich, dass Erasmus-Studierende vor allem in den Bereichen Künste und Geisteswissenschaften sowie Sozialwissenschaften, Journalismus und Informationswesen überrepräsentiert sind. Eine Unterrepräsentation lässt sich dagegen vor allem für die Bereiche

> „ Seit 2008 ist der Anteil der Erasmus-Studierenden, die zum Praktikumsaufenthalt nach Deutschland kommen, von 15% auf 35% gestiegen.

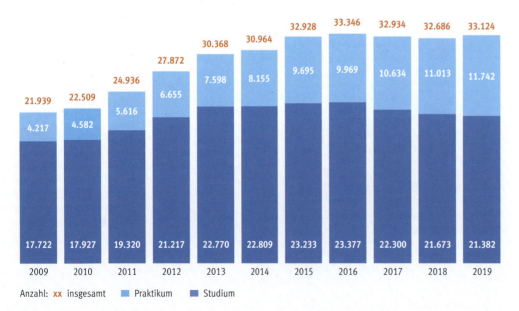

B3.7 Erasmus-Studierende aus anderen Ländern in Deutschland nach Aufenthaltsart seit 2009[1]

Jahr	insgesamt	Praktikum	Studium
2009	21.939	4.217	17.722
2010	22.509	4.582	17.927
2011	24.936	5.616	19.320
2012	27.872	6.655	21.217
2013	30.368	7.598	22.770
2014	30.964	8.155	22.809
2015	32.928	9.695	23.233
2016	33.346	9.969	23.377
2017	32.934	10.634	22.300
2018	32.686	11.013	21.673
2019	33.124	11.742	21.382

Quelle: DAAD, Erasmus-Statistik

Fußnote

1 Erasmus-Statistik bis 2014: Studienjahr beginnt im Wintersemester und endet im Sommersemester des Folgejahres. 2014 = WS 2013/14 + SS 2014. Neue Erasmus-Statistik seit 2015: Studienjahr beginnt am 1. Juni des Vorjahres und endet am 31. Mai des Folgejahres. 2019 = 1.6.2018 bis 31.5.2020.

WISSENSCHAFT WELTOFFEN 2021

> 40% aller Erasmus-Studierenden in Deutschland kommen aus Frankreich, Italien und Spanien.

Ingenieurwesen, Herstellung und Bauwesen, Naturwissenschaften, Mathematik und Statistik sowie Informations- und Kommunikationstechnologien feststellen. Die Differenzen in den Studienfach-Präferenzen sind zum Teil ein Ergebnis der regionalen Herkunft der Erasmus-Studierenden im Vergleich zu allen internationalen Studierenden. Es zeigt sich, dass asiatische Studierende, die einen hohen Anteil der internationalen Studierenden in Deutschland stellen, insbesondere ingenieurwissenschaftliche Fächer präferieren. Dagegen kommen die Erasmus-Studierenden ausschließlich aus europäischen Ländern, für die kennzeichnend ist, dass sich deren international mobile Studierende, die in Deutschland einen Hochschulabschluss anstreben, auch überdurchschnittlich häufig für Geistes- und Sozialwissenschaften sowie für Wirtschafts- und Rechtswissenschaften interessieren.

B3.8 Erasmus-Studierende aus anderen Ländern in Deutschland nach wichtigsten Herkunftsländern seit 2009

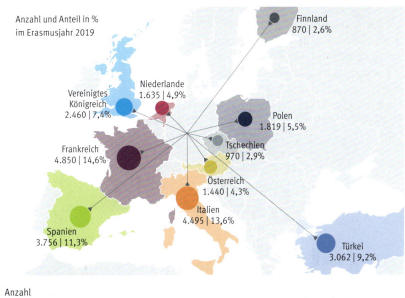

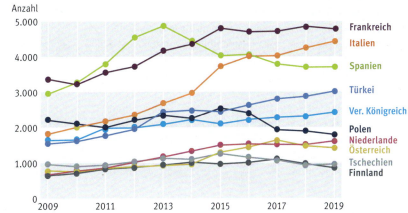

Quellen: DAAD, Erasmus-Statistik; DZHW-Berechnungen

B3.9 Erasmus-Studierende aus anderen Ländern in Deutschland und alle internationalen Studierenden in Deutschland nach Fächergruppe 2019

Anteil an allen internationalen Studierenden in Deutschland in %	Fächergruppe	Anteil an allen Erasmus-Studierenden in Deutschland in %
1,1	Pädagogik	2,3
15,6	Geisteswissenschaften und Künste	25,5
19,2	Sozialwissenschaften, Journalismus und Informationswesen	10,6
4,3	Wirtschaft, Verwaltung und Recht	20,5
10,5	Naturwissenschaften, Mathematik und Statistik	7,1
10,4	Informatik und Kommunikationstechnologie	3,4
29,3	Ingenieurwesen, verarbeitendes Gewerbe und Baugewerbe	17,2
1,7	Landwirtschaft, Forstwirtschaft, Fischerei und Tiermedizin	1,5
5,9	Gesundheit und Sozialwesen	8,9
2,0	Dienstleistungen	3,0

Quellen: DAAD, Erasmus-Statistik; Statistisches Bundesamt, Studierendenstatistik; DZHW-Berechnungen

SCHLAGLICHT   Die Entwicklung der Zahl internationaler Studierender in Deutschland im Jahr 2020

Die Zahl der internationalen Studierenden in Deutschland ist von rund 319.900 im Wintersemester 2019/20 auf 324.700 im Wintersemester 2020/21 gestiegen. Das entspricht einer Steigerung um 2%. Dieser Anstieg geht allerdings nicht mit einer positiven Entwicklung bei den internationalen Studienanfänger/innen einher. Lag deren Zahl im Wintersemester 2019/20 noch bei rund 78.700, so ist sie ein Jahr später auf 63.700 zurückgegangen. Dies stellt einen Einbruch um 19% dar.

> „ Sowohl im Sommersemester 2020 als auch im Wintersemester 2020/21 ist die Zahl der internationalen Studierenden insgesamt gestiegen, die der internationalen Studienanfänger/innen aber deutlich zurückgegangen.

Eine ähnlich disparate Entwicklung lässt sich schon im Sommersemester 2020, dem ersten Semester der Covid-19-Pandemie mit entsprechenden weltweiten Mobilitätsbeschränkungen, beobachten. Während im Sommersemester 2019 insgesamt 293.300 internationale Studierende an deutschen Hochschulen eingeschrieben waren, steigerte sich ihre Zahl im Sommersemester 2020 um rund 5.000 bzw. um 2% auf rund 298.100. Allerdings zeigen sich dabei starke Differenzen zwischen Universitäten und Fachhochschulen. Während die Zahl an den Universitäten in diesem Zeitraum um 1% fiel, erhöhte sie sich an den Fachhochschulen um 8%. Die Zahl der internationalen Studienanfänger/innen verzeichnete dagegen sowohl an den Universitäten als auch an den Fachhochschulen eine deutliche Abnahme: An den Universitäten fiel sie vom Sommersemester 2019 zum Sommersemester 2020 um 41% und an den Fachhochschulen um 6%. Insgesamt reduzierte sich im Sommersemester 2020 die Zahl der internationalen Studierenden im 1. Hochschulsemester um 29% auf rund 22.800 (nach 32.200 im Jahr zuvor).

Der erstaunliche Anstieg der Gesamtzahl der internationalen Studierenden sowohl im Sommer- als auch im Wintersemester trotz der Corona-Pandemie bei gleichzeitigem deutlichem Rückgang der Zahl der internationalen Studienanfänger/innen kann letztlich nur bedeuten, dass mehr internationale Studierende in höheren Semestern an den Hochschulen verblieben sind. Es ist zum einen davon auszugehen, dass die Zahl der internationalen Absolvent/innen im Sommersemester 2020 und im Wintersemester 2020/21 geringer ausgefallen ist als in den Semestern davor. Wichtige Gründe dafür könnten sein, dass es angesichts der Umstellung auf neue digitale Studienformate in vielen Studiengängen zu Studienverzögerungen gekommen ist (Lörz u. a. 2020) oder dass die Studierenden ihren Studienabschluss hinauszögerten, um nicht unter den – auch wirtschaftlich folgen-

Datenbasis

Die Entwicklung der Zahl internationaler Studierender in Deutschland im Jahr 2020 wird mit Daten der amtlichen Statistik zum Sommersemester 2020 und zum Wintersemester 2020/21 dargestellt. Für beide Zeiträume liegen belastbare und endgültige Daten vor. Die aktuellen Werte zum Wintersemester 2020/21, die das Statistische Bundesamt im August 2021 veröffentlichte, standen zum Zeitpunkt der Manuskripterstellung allerdings noch nicht in allen Differenzierungen und Ausprägungen zur Verfügung.[1]

Um eine möglichst differenzierte Analyse vornehmen zu können, werden in diesem Schlaglicht erstmals auch Studierendendaten zu den Sommersemestern herangezogen. Bislang hat sich die Berichterstattung in *Wissenschaft weltoffen* vor allem auf die Zahlen in den Wintersemestern gestützt. Nur bei der Darstellung der Studienanfänger- und Absolventenzahlen wurden sowohl Sommer- als auch Wintersemester berücksichtigt.[2] Bei der Interpretation der hier dargestellten Studierendenzahlen ist zu beachten, dass die Daten der Sommer- und Wintersemester nicht unmittelbar miteinander ins Verhältnis gesetzt werden können. Aufgrund differierender Studienanfänger- und Exmatrikuliertenwerte kommt es bei den Studierendenzahlen zu systematischen Unterschieden zwischen Sommer- und Wintersemester. Die Zahlen im Wintersemester fallen für alle Studierendengruppen höher aus als im Sommersemester. Im Folgenden werden deshalb die Daten für Sommer- und Wintersemester nicht miteinander, sondern nur in den jeweiligen Semestergruppen verglichen.

BS1   Internationale Studierende und Studienanfänger/innen in Deutschland seit WS 2018/19

	WS 2018/19	WS 2019/20	WS 2020/21
Internationale Studierende	302.157	319.902	324.729
Internationale Studienanfänger/innen	78.413	78.745	63.699

Quelle: Statistisches Bundesamt, Studierendenstatistik

WISSENSCHAFT WELTOFFEN 2021

BS2 Internationale Studierende und Studienanfänger/innen nach Hochschulart seit Sommersemester 2018

Quelle: Statistisches Bundesamt, Studierendenstatistik

BS3 Internationale Studierende und Studienanfänger/innen nach Abschlussabsicht und Hochschulart seit Sommersemester 2018

Quelle: Statistisches Bundesamt, Studierendenstatistik

reichen – Bedingungen der Pandemie einen Arbeitsplatz suchen zu müssen. Zum anderen könnte aber auch ein höherer Anteil der internationalen Studierenden als bisher unmittelbar nach dem Bachelorabschluss ein Masterstudium aufgenommen haben, um z. B. bestehende Schwierigkeiten für die Durchführung von eigentlich geplanten Praktika bzw. Auslandsaufenthalten oder auch gegenwärtige Unsicherheiten bei der Suche nach der gewünschten Erwerbstätigkeit zu umgehen.

Der Verbleib an den deutschen Hochschulen fällt dabei offensichtlich so hoch aus, dass die nicht unbeträchtlichen Rückgänge bei den internationalen Studienanfänger/innen kompensiert wurden. Offensichtlich konnten sich die internationalen Studierenden, die sich schon im Wintersemester 2019/20 an den deutschen Hochschulen aufgehalten haben, mit den Bedingungen eines Studiums in der Pandemie arrangieren. Für internationale Studienanfänger/innen, die sich

SCHLAGLICHT
Die Entwicklung der Zahl internationaler Studierender in Deutschland im Jahr 2020

im Sommersemester 2020 bzw. Wintersemester 2020/21 noch nicht in Deutschland aufhielten, stellt sich die Situation dagegen komplizierter dar. Zum einen führte die Pandemie zu starken Einschränkungen bei der Visa-Vergabe bzw. in Bezug auf die Einreisemöglichkeiten. Zum anderen stellt ein Studienanfang in einem bis dahin fremden Studienland unter den Bedingungen einer Pandemie eine große Herausforderung dar. Nicht wenige international mobile Studierende, die an einem Studium in Deutschland interessiert waren, werden den Studienbeginn deshalb auf einen späteren Zeitpunkt mit normaler Studiensituation verschoben haben.[3]

Eine andere Möglichkeit, die sich internationalen Studienanfänger/innen im Wintersemester 2020/21 in zahlreichen Gastländern bot, war ein digitaler Studienbeginn vom Heimatland aus. Auch in Deutschland unterbreiteten knapp drei Viertel der Hochschulen internationalen Studierenden ein solches Angebot im Sommersemester 2020 sowie im Wintersemester 2020/21 (vgl. DAAD 2021, S. 17). Nicht wenige internationale Studienanfänger/innen nutzten diese Möglichkeit; die Zahl derjenigen, die einen Semesterwohnsitz im Ausland angaben, stieg vom Sommersemester 2019 zum Sommersemester 2020 um 25% von 3.900 auf 4.900. Der Anteil dieser internationalen Studienanfänger/innen erhöhte sich damit von einem Sommersemester zum nächsten von 12% auf 21% (allerdings bei stark gesunkenen Studienanfängerzahlen). Eine weitere Folge der Covid-19-Pandemie scheint eine deutlich gestiegene Zahl der internationalen Studierenden zu sein, die in einem (regulären) Fernstudium eingeschrieben sind. Sie stellen zwar nach wie vor nur eine kleine Minderheit dar, aber vom Sommersemester 2019 zum Sommersemester 2020 ist ihre Zahl um mehr als die Hälfte von rund 1.200 auf 1.900 angestiegen (+58%).

Die Analyse der Entwicklung internationaler Studierendenzahlen in den Sommersemestern weist darauf hin, dass der Rückgang der internationalen Studienanfänger/innen vor allem ein Resultat abnehmender Zahlen internationaler Studierender mit temporären Studienaufenthalten ist. Während im Sommersemester 2020 an deutschen Hochschulen im Vergleich zum Jahr zuvor 5% mehr internationale Studierende, die einen Abschluss in Deutschland anstreben, eingeschrieben waren, reduzierte sich die Zahl der Gast- und Austauschstudierenden im gleichen Zeitraum um 38%. Diese Entwicklung lässt sich an allen Hochschularten beobachten, wobei der Rückgang der Gast- und Austauschstudierenden an den Universitäten mit 41% besonders stark ausfiel. Da ein Großteil der internationalen Studierenden mit temporären Studienaufenthalten nur ein Semester an den Gasthochschulen verbleibt, zeigt sich diese Entwicklung bei den Studienanfänger/innen beson-

> Im Sommersemester 2020 haben 21% der internationalen Studienanfänger/innen ihr Studium digital vom Ausland aus aufgenommen.

BS4 Entwicklung der Zahl internationaler Studienanfänger/innen nach Herkunftsregion vom Wintersemester 2019/20 zum Wintersemester 2020/21

- Westeuropa: −22%
- Mittel- und Südosteuropa: −17%
- Osteuropa und Zentralasien: −8%
- Nordamerika: −53%
- Lateinamerika: −27%
- Nordafrika und Nahost: −11%
- Subsahara-Afrika: −2%
- Asien und Pazifik: −23%

Anteil in %
Quelle: Statistisches Bundesamt, Studierendenstatistik; DZHW-Berechnungen

Fußnoten

1. So können z. B. noch keine Aussagen zu internationalen Studierenden mit temporären Studienaufenthalten, zu Hochschularten oder zu angestrebten Abschlussarten getroffen werden.

2. Die Zahl der Studienanfänger/innen wurde in *Wissenschaft weltoffen* bislang bezogen auf ein Studienjahr wiedergegeben (Studienjahr = Sommersemester + folgendes Wintersemester) und die der Absolvent/innen bezogen auf ein Prüfungsjahr (Prüfungsjahr = Wintersemester + folgendes Sommersemester).

3. Viele Hochschulen in Deutschland haben den internationalen Studienanfänger/innen entsprechende Angebote unterbreitet. Nach einer DAAD-Umfrage unter den International Offices und Akademischen Auslandsämtern im Wintersemester 2020/21 haben 68% der Hochschulen ihren internationalen Studienanfänger/innen angeboten, den Studienstart auf das Sommersemester 2021 zu verschieben (vgl. DAAD 2021, S. 17).

4. Nur Länder mit mindestens 100 internationalen Studienanfänger/innen im Wintersemester 2020/21 (Zunahme) bzw. im Wintersemester 2019/20 (Abnahme).

5. Nur Länder mit mindestens 50 internationalen Studierenden mit temporären Studienaufenthalten im Sommersemester 2020 (Zunahme) bzw. im Sommersemester 2019 (Abnahme).

BS5 Herkunftsländer internationaler Studienanfänger/innen mit der stärksten prozentualen Zu- und Abnahme vom Wintersemester 2019/20 zum Wintersemester 2020/21[4]

Herkunftsländer	Entwicklung WS 2019/20–WS 2020/21
Libanon	+35
Usbekistan	+33
Afghanistan	+31
Belarus	+26
Jemen	+22
Österreich	+22
Iran	+16
Sri Lanka	+15
Bangladesch	+15
Ghana	+14
Slowenien	−46
Taiwan	−49
Malaysia	−49
Norwegen	−49
Schweden	−50
Argentinien	−52
USA	−54
Südkorea	−56
Australien	−65
Japan	−69

Quelle: Statistisches Bundesamt, Studierendenstatistik; DZHW-Berechnungen

BS6 Herkunftsländer internationaler Studierender mit temporären Studienaufenthalten mit der stärksten prozentualen Zu- und Abnahme vom Sommersemester 2019 zum Sommersemester 2020[5]

Herkunftsländer	Entwicklung SS 2019–SS 2020
Irak	+26
Belarus	−45
Niederlande	−46
Ungarn	−48
Slowakei	−48
Bulgarien	−49
Thailand	−52
Ukraine	−52
Südkorea	−53
Finnland	−53
Tschechien	−53
Kroatien	−54
Australien	−56
Griechenland	−57
Japan	−59
Israel	−61
Kanada	−62
Syrien	−63
USA	−64
Singapur	−70

Quelle: Statistisches Bundesamt, Studierendenstatistik; DZHW-Berechnungen

ders deutlich. Vom Sommersemester 2019 zum Sommersemester 2020 verringerte sich die Zahl der internationalen Studienanfänger/innen, die keinen Abschluss in Deutschland anstreben, um 54%, an den Universitäten um 60% und an den Fachhochschulen um 33%. Eine solch starke Abnahme lässt sich bei den internationalen Studienanfänger/innen mit Abschlussabsicht nicht feststellen. Deren Rückgang von einem zum anderen Sommersemester betrug lediglich 10%. Während sich ihre Zahl an den Universitäten um 20% verringert hat, ist es an den Fachhochschulen sogar zu einem Anstieg um 4% gekommen.

Zwischen den verschiedenen Herkunftsregionen und -ländern zeigen sich besonders bei der Entwicklung der internationalen Studienanfängerzahlen während der Covid-19-Pandemie deutliche Differenzen. So haben sich im Wintersemester 2020/21 im Vergleich zum vorangegangenen Wintersemester vor allem weniger Studienanfänger/innen aus Nordamerika (−53%), aber auch aus den Herkunftsregionen Lateinamerika (−27%), Asien und Pazifik (−23%) sowie Westeuropa (−22%) an den deutschen Hochschulen eingeschrieben. In Bezug auf einzelne Länder lässt sich der stärkste Rückgang für Studienanfänger/innen aus Japan (−69%), Australien (−65%), Südkorea (−56%) und den USA (−54%) feststellen.[4] Einige Herkunftsländer weisen aber auch Zuwächse auf, u. a. der Libanon (+35%), Usbekistan (+33%), Afghanistan (+31%) und Belarus (+26%).

Ein etwas anderes Bild ergibt sich, wenn man die länderbezogene Betrachtung ausschließlich auf internationale Studierende mit temporären Studienaufenthalten beschränkt. Das ist derzeit aufgrund der Datenlage nur in Bezug auf das Sommersemester 2020 möglich. Dabei zeigt sich, dass es im Vergleich zum vorangegangenen Sommersemester die stärksten Rückgänge unter den Gast- und Austauschstudierenden aus Singapur (−70%), den USA (−64%), Syrien (−63%), Kanada (−62%) und Israel (−61%) gab. Ein Anstieg ist lediglich für Studierende mit temporären Studienaufenthalten aus dem Irak (+26%) zu verzeichnen.[5]

Mit Blick auf Deutschland ist es damit im Sommersemester 2020, dem ersten Semester unter Pandemiebedingungen, insbesondere zu einem Einbruch bei der temporären internationalen Mobilität (sog. *credit mobility*) gekommen, während die abschlussbezogene Mobilität (sog. *degree mobility*) (noch) keine wesentlichen Einbußen erfahren hat. Viele internationale und auch deutsche Hochschulen hatten in erster Reaktion auf die Pandemie ihre Austauschprogramme ganz oder zum Teil ausgesetzt (s. DAAD/DZHW 2020b, S. 36; DAAD 2021, S. 9). Es ist davon auszugehen, dass sich dieser Unterschied in der Entwicklung der temporären und abschlussbezogenen Mobilität auch im Wintersemester 2020/21 weiter fortgesetzt hat, hierfür sprechen die weiter steigenden Gesamtzahlen internationaler Studierender bei gleichzeitig fallenden Studienanfängerzahlen.

C DEUTSCHE STUDIERENDE IM AUSLAND

1 Abschlussbezogene Mobilität

1.1 Mobilitätsentwicklung und wichtige Gastländer

Im Jahr 2018 studierten rund 135.000 Deutsche im Ausland. Seit 2015 (rund 140.000) ist ihre Zahl leicht zurückgegangen. Erweitert man den zeitlichen Fokus jedoch, so hat sich die Zahl der deutschen Auslandsstudierenden seit 1991 fast vervierfacht, seit dem Jahr 2000 mehr als verdoppelt. Beim Blick auf die Entwicklung wird deutlich, dass im Zeitraum zwischen 2002 und 2010, also während der Einführung des neuen, gestuften Studiensystems, überdurchschnittliche Zuwachsraten von 10% und mehr pro Jahr erreicht wurden. In diesem Zeitraum stieg der Anteil der Auslandsstudierenden an allen deutschen Studierenden von 3,3% auf 5,6%. Dies spricht dafür, dass von der nun bestehenden Vergleichbarkeit der Abschlüsse ein deutlicher Mobilitätsimpuls ausgegangen ist. Vor allem die durch das neue Studiensystem eröffnete Option, nach einem Bachelorstudium im Inland ein Masterstudium im Ausland anzuschließen, wurde und wird von vielen Studierenden genutzt. Seit die Einführung der neuen Abschlussarten aber vollendet ist, kann diese Mobilitätsexpansion als weitgehend abgeschlossen betrachtet werden. Die absolute Zahl der deutschen Auslandsstudierenden ist seitdem kaum weiter gestiegen, ihr Anteil an allen deutschen Studierenden v. a. aufgrund der bis 2015 stark steigenden Studierendenzahl im Inland seit 2011 sogar leicht gesunken. 2018 lag er bei 5,0%.

Der größte Teil der im Ausland studierenden Deutschen (ca. 90%), die durch die amtliche Statistik erfasst werden, strebt auch einen Abschluss im Ausland an (vgl. Informationen zur Datenbasis). Die Motive für diese Form der Mobilität unterscheiden sich grundlegend von den Motiven für temporäre studienbezogene Mobilität (vgl. hierzu Kapitel C2). Während abschlussbezogene Mobilität meist auf dem Bestreben beruht, durch einen ausländischen Hochschulabschluss die Chancen für die Realisierung der jeweiligen Lebens- und Berufsvorstellungen zu verbessern, dominieren bei der temporären studienbezogenen Mobilität eher Motive wie Horizonterweiterung, Sprach- und Karriereförderung. Die Mobilitätsmotive beeinflussen auch stark die Wahl der jeweiligen Gastländer bzw. Gasthochschulen. Knapp drei Viertel aller deutschen Studierenden im Ausland halten sich in westeuropäischen Ländern auf (71%). Mit deutlichem Abstand folgen die Regionen Mittel- und Südosteuropa (11%), Nordamerika sowie Asien und Pazifik (jeweils 8%). Die übrigen Weltregionen spielen für die abschlussbezogene Auslandsmobilität deutscher Studierender kaum eine Rolle, auf sie entfallen jeweils weniger als 1%.

> **Datenbasis**
>
> Die auf den Seiten 64–67 aufgeführten Daten zu den deutschen Studierenden im Ausland stammen in erster Linie vom Statistischen Bundesamt. Dieses führt in ca. 40 wichtigen Gastländern deutscher Studierender jährlich eine Befragung jener Institutionen durch, die für die Bildungsstatistik verantwortlich sind. Die Abfrage wird vom Statistischen Bundesamt zudem um UNESCO- und Eurostat-Daten zu weiteren Gastländern ergänzt, in denen im aktuellen Jahr mindestens 125 deutsche Studierende gemeldet wurden. Bei diesen Studierenden handelt es sich überwiegend, aber nicht ausschließlich um Studierende, die einen Abschluss im Ausland anstreben. Bei einigen Ländern sind auch Erasmus-Studierende und weitere Studierende mit temporären Studienaufenthalten in den Daten enthalten (siehe hierzu auch die entsprechenden Fußnoten zu den Abbildungen). Nur ein Teil dieser Länder ist jedoch in der Lage, die genaue Zahl bzw. den Anteil dieser temporär mobilen Studierenden zu beziffern. In diesen Ländern liegt ihr Anteil allerdings jeweils unter 10%. Die hier dargestellten Daten werden daher hier in erster Linie als Daten zur abschlussbezogenen Studierendenmobilität interpretiert.

C1.1 Deutsche Studierende im Ausland seit 1991[1]

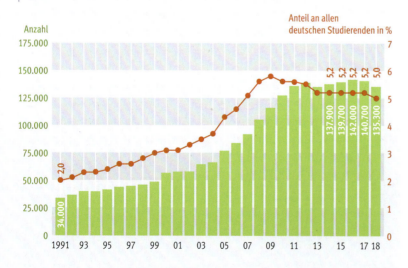

Quelle: Statistisches Bundesamt, Deutsche Studierende im Ausland; länderspezifische Berichtszeiträume

> **Fußnoten**
>
> 1 Ab 2010: inkl. Ergebnissen der Promovierendenerhebung, einer gesonderten Umfrage des Statistischen Bundesamtes zu Promovierenden in Deutschland, die anders als die Immatrikulationsstatistik auch nicht eingeschriebene Promovierende erfasst.
>
> 2 Zusätzlich zu den vom Statistischen Bundesamt erfassten Gastländern werden hier diejenigen Länder berücksichtigt, in denen laut UNESCO-Studierendenstatistik im Jahr 2017 oder 2018 mehr als zehn deutsche Studierende eingeschrieben waren.
>
> 3 2018: Bruch in der Zeitreihe im Vergleich zum Vorjahr.
>
> 4 Zahl von 2017 statt von 2018, da noch keine Daten für 2018 vorhanden.
>
> 5 Zahlen wurden der amtlichen Statistik der Higher Education Statistics Agency (HESA) entnommen, da im Bericht des Statistischen Bundesamtes keine aktuelleren Studienanfängerzahlen enthalten sind.
>
> 6 2015: Daten aus dem Jahr 2013, da zum Jahr 2015 keine Daten vorliegen.
>
> 7 2015: Daten aus dem Jahr 2014, da zum Jahr 2015 keine Daten vorliegen.

Die vier beliebtesten Gastländer sind nach wie vor Österreich, die Niederlande, das Vereinigte Königreich und die Schweiz. Während jedoch die Zahlen deutscher Studierender in den Niederlanden, im Vereinigten Königreich (jeweils −1%) und v. a. in der Schweiz (−22%) seit 2015 zurückgegangen sind, ist für Österreich (+5%) im selben Zeitraum eine steigende Tendenz zu beobachten. Unter den wichtigen Gastländern mit einer besonders deutlichen Zunahme deutscher Studierender zwischen 2015 und 2016 sind außer Portugal (+22%) vor allem mittel- und osteuropäische Staaten vertreten, wie z. B. Polen (+12%), Rumänien (+57%), Bulgarien (+94%) und insbesondere die Türkei (+445%). Mit Ausnahme von Polen sind diese Anstiege allerdings in erster Linie auf die Umstellung der Studierendenstatistiken in diesen Ländern zurückzuführen.

Das gilt in ähnlicher Weise auch für die wichtigen Gastländer mit einer auffälligen Abnahme der Zahl deutscher Studierender. Sowohl in Schweden (−61%) als auch in Kanada (−39%) und Frankreich (−34%) sind die jeweiligen Rückgänge v. a. statistisch bedingt. In Gastländern ohne Brüche in der Erfassungsweise zeigen sich demgegenüber deutlich gemäßigtere Entwicklungen.

Bei einer Betrachtung der Studienanfängerzahlen in den zehn wichtigsten Gastländern, die solche Zahlen bereitstellen können, zeigen sich für das Vereinigte Königreich und die Niederlande entgegengesetzte Trends. Während das Vereinigte Königreich zwischen 2015 und 2018 bei der Zahl der Studienanfänger/innen einen Rückgang von 1% verzeichnet, nahm in den Niederlanden die Zahl der Studienanfänger/innen um 8% zu. Möglicherweise deutet sich hier bereits eine Verlagerung der Studierendenmobilität aus Deutschland an, die insbesondere durch die stark steigenden Studiengebühren und Lebenshaltungskosten im Vereinigten Königreich zu erklären sein könnte. Es ist zu vermuten, dass sich dieser Trend in den folgenden Jahren auch durch den zusätzlichen Effekt des Brexit-Referendums im Jahr 2016 weiter verstärken wird.

C1.2 Deutsche Studierende im Ausland nach Gastregion 2018[2]

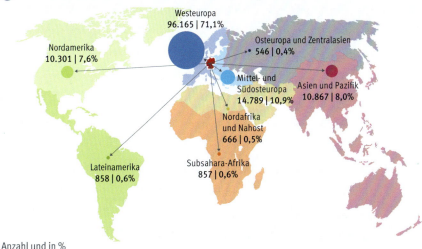

Anzahl und in %

Quellen: Statistisches Bundesamt, Deutsche Studierende im Ausland; UNESCO, Studierendenstatistik; länderspezifische Berichtszeiträume; DAAD-Berechnungen

C1.3 Deutsche Studierende im Ausland nach wichtigsten Gastländern 2015 und 2018 sowie Entwicklung 2015–2018

Gastland	Anzahl 2015	Anzahl 2018	Entwicklung 2015–2018 in %
Österreich	27.563	29.053	5
Niederlande	21.530	21.314	−1
Ver. Königreich	15.410	15.300	−1
Schweiz[3]	14.647	11.459	−22
USA	10.145	9.191	−9
China	7.536	8.079	7
Frankreich	6.406	4.231	−34
Türkei	706	3.850	445
Ungarn	3.106	3.428	10
Dänemark[4]	3.554	3.018	−15
Spanien	2.497	1.878	−25
Schweden[4]	4.620	1.781	−61
Portugal	1.422	1.737	22
Italien[4]	1.412	1.626	15
Rumänien	898	1.409	57
Griechenland[4]	1.637	1.402	−14
Bulgarien	722	1.402	94
Polen	1.090	1.221	12
Australien	1.147	1.166	2
Kanada[4]	1.827	1.110	−39

Quelle: Statistisches Bundesamt, Deutsche Studierende im Ausland; länderspezifische Berichtszeiträume; DAAD-Berechnungen

C1.4 Deutsche Studienanfänger/innen im Ausland nach wichtigsten Gastländern 2015 und 2018 sowie Entwicklung 2015–2018

Gastland	Anzahl 2015	Anzahl 2018	Entwicklung 2015–2018 in %
Österreich	7.505	8.228	10
Ver. Königreich[5]	7.330	7.245	−1
Niederlande	5.899	6.397	8
Schweiz	4.464	3.232	−28
Portugal	1.087	1.405	29
Spanien[6]	407	848	108
Türkei[7]	188	820	336
Australien	421	453	8
Frankreich	1.704	373	−78
Polen	283	295	4

Quelle: Statistisches Bundesamt, Deutsche Studierende im Ausland; länderspezifische Berichtszeiträume; DAAD-Berechnungen

C DEUTSCHE STUDIERENDE IM AUSLAND

1 Abschlussbezogene Mobilität

1.2 Fächergruppen und Abschlussarten

Der größte Teil der deutschen Studierenden im Ausland ist in den Fächergruppen Wirtschaft, Verwaltung und Recht (24%) sowie Sozialwissenschaften, Journalismus und Informationswesen (21%) eingeschrieben.[1] Dahinter folgen Geisteswissenschaften und Kunst, Gesundheit und Sozialwesen (jeweils 12%), Naturwissenschaften, Mathematik und Statistik sowie Ingenieurwesen, verarbeitendes Gewerbe und Baugewerbe (jeweils 9%). Im Vergleich zu den deutschen Studierenden an deutschen Hochschulen ist somit die Fächergruppe Sozialwissenschaften, Journalismus und Informationswesen im Ausland deutlich überrepräsentiert, die Fächergruppe Ingenieurwesen, verarbeitendes Gewerbe und Baugewerbe hingegen merklich unterrepräsentiert.

Ein Vergleich der einzelnen Gastländer miteinander zeigt teilweise starke Unterschiede in der Verteilung der Fächergruppen. Insbesondere in den beiden angelsächsischen Gastländern Irland und Australien sowie in den Niederlanden, Portugal und Spanien dominiert deutlich die Fächergruppe Wirtschaft, Verwaltung und Recht. Auffällig sind zudem die hohen Anteile der Fächergruppe Gesundheit und Sozialwesen in den drei osteuropäischen Gastländern Ungarn, Polen und Tschechien. Dies ist möglicherweise eine Folge der Zulassungsbeschränkungen bei den deutschen Medizinstudiengängen, die nicht wenige Studienbewerber/innen nach Alternativen im Ausland suchen lassen. Länder wie Ungarn, Polen und Tschechien werben zudem mit dem guten Ruf ihrer medizinischen Ausbildung gezielt um Studierende aus dem Ausland, im Fall von Polen und Tschechien mit englischsprachigen, im Fall von Ungarn sogar mit deutschsprachigen Studiengängen. Zudem ähnelt der Aufbau des Medizinstudiums in diesen Ländern sehr stark dem deutschen Medizinstudium und endet in Tschechien und Ungarn auch mit dem Erwerb eines Staatsexamens.

> Insbesondere in mittel- und osteuropäischen Ländern wie Ungarn, Rumänien, Bulgarien, Polen und Lettland studieren jeweils mehr als drei Viertel der Deutschen in Masterstudiengängen.

Knapp die Hälfte der deutschen Studierenden im Ausland (49%) strebt dort einen Bachelorabschluss an, mehr als ein Drittel (38%) einen Masterabschluss.[2] Weitere 12% promovieren im Ausland, auf sonstige Abschlussarten (inklusive Abschlussart unbekannt) entfällt 1% der Studierenden. Im Vergleich zu den deutschen Studierenden an deutschen Hochschulen sind somit die Masterstudierenden im Ausland deutlich überrepräsentiert, die Bachelorstudierenden hingegen merklich unterrepräsentiert.

Auch bei den angestrebten Abschlussarten zeigen sich teilweise sehr unterschiedliche Verteilungen in den Gastländern. So streben beispielsweise in den Niederlanden, der Türkei, in Griechenland, Kanada und Japan jeweils deutlich über 50% der deutschen Studierenden einen Bachelorabschluss an. Insbesondere in mittel- und osteuropäischen Ländern wie Ungarn, Rumänien, Bulgarien, Polen und Lettland studieren hingegen jeweils mehr als drei Viertel der Deutschen in Masterstudiengängen. Promovierende stellen v. a. in angelsächsischen und skandinavischen Gastländern wie dem Vereinigten Königreich, Irland, Australien, Kanada, Dänemark, Schweden, Finnland und Norwegen bedeutende Anteile unter den Studierenden aus Deutschland. Dies gilt ebenfalls für die Schweiz, Spanien, Tschechien und die USA.

> Im Vergleich zu den deutschen Studierenden an deutschen Hochschulen ist die Fächergruppe Sozialwissenschaften, Journalismus und Informationswesen im Ausland deutlich überrepräsentiert, die Fächergruppe Ingenieurwesen, verarbeitendes Gewerbe und Baugewerbe hingegen merklich unterrepräsentiert.

✱ Fußnoten

1. Basis: Länder, die nach Fächergruppen differenzierte Daten zu deutschen Studierenden und Promovierenden im Ausland an das Statistische Bundesamt liefern. Diese Länder stellen etwa 86% der deutschen Studierenden im Ausland. Die entsprechenden Länder umfassen mit Ausnahme von China auch sämtliche der 20 wichtigsten Gastländer deutscher Auslandsstudierender.
2. Basis: Länder, zu denen Daten deutscher Studierender nach Abschlussart des Statistischen Bundesamtes oder der OECD vorliegen. Diese Länder stellen jedoch etwa 82% der deutschen Studierenden im Ausland und umfassen mit Ausnahme von China auch sämtliche der 20 wichtigsten Gastländer deutscher Auslandsstudierender.
3. Die Fächergruppen werden seit der Ausgabe 2018 von „Deutsche Studierende im Ausland" nach ISCED-Standards eingeteilt und weichen daher von der sonst verwendeten Systematik des Statistischen Bundesamtes ab.
4. Abweichungen von 100% sind rundungsbedingt.
5. Die Daten zu den deutschen Studierenden an deutschen Hochschulen beziehen sich auf das Wintersemester 2017/18.
6. OECD-Daten, da vollständiger, aktueller oder genauer als Daten des Statistischen Bundesamtes.
7. OECD-Daten, da in Daten des Statistischen Bundesamtes nicht enthalten.
8. Daten zu Promovierenden aus Datenbank des Student and Exchange Visitor Information System (SEVIS), da in OECD-Daten nicht enthalten.

C1.5 Deutsche Studierende in ausgewählten Gastländern nach Fächergruppe[3,4]

Anteil an allen deutschen Studierenden in diesem Land im jeweiligen Studienjahr nach Fächergruppe in %

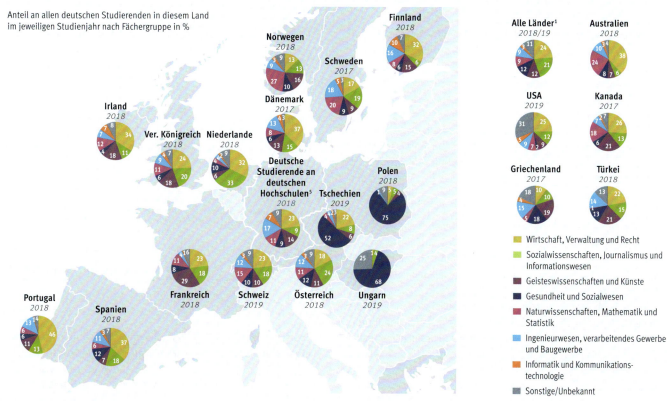

Quelle: Statistisches Bundesamt, Deutsche Studierende im Ausland; länderspezifische Berichtszeiträume

C1.6 Deutsche Studierende in ausgewählten Gastländern nach Abschlussart[4]

Anteil an allen deutschen Studierenden in diesem Land im jeweiligen Studienjahr nach Abschlussart in %

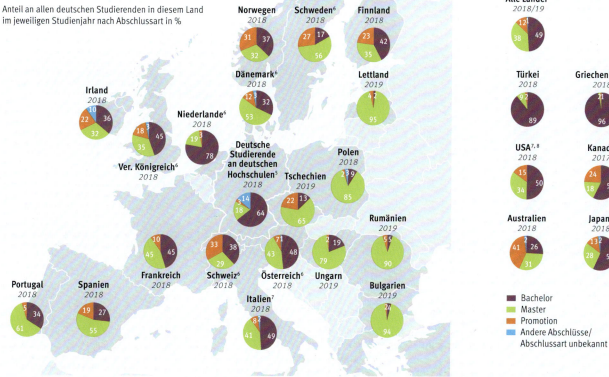

Quellen: Statistisches Bundesamt, Deutsche Studierende im Ausland; OECD, Studierendenstatistik; länderspezifische Berichtszeiträume

C DEUTSCHE STUDIERENDE IM AUSLAND

2 Temporäre studienbezogene Auslandsaufenthalte

2.1 Mobilitätsentwicklung

Die Befunde der bisherigen Sozialerhebungen des Deutschen Studentenwerks (DSW) zeigen, dass zwischen 1991 und 2000 der Anteil der Studierenden in höheren Semestern mit Auslandsaufenthalten stark anstieg (von 20% auf 32%) und sich bis 2006 auf diesem Niveau stabilisierte.[1] 2009 und 2012 fiel der Wert dann mit jeweils 30% etwas niedriger aus und sank im Jahr 2016 noch einmal weiter auf 28%. Diese Entwicklung ist – auf jeweils unterschiedlichem Niveau – sowohl an Universitäten als auch an Fachhochschulen zu beobachten. Anders als bei der abschlussbezogenen Mobilität (vgl. S. 64) war im Verlauf der Einführung des zweigliedrigen Studiensystems mit Bachelor- und Masterstudiengängen bei der temporären studienbezogenen Mobilität also kein Anstieg der Mobilitätsquote zu verzeichnen. Stattdessen kam es in diesem Zeitraum sogar zu einem gewissen Rückgang der temporären Studierendenmobilität.

> Zwischen 2006 und 2016 sank der Anteil der Studierenden mit temporären studienbezogenen Auslandsaufenthalten von 32% auf 28%.

Mögliche Gründe hierfür sind das im Zuge der Bologna-Reform stärker strukturierte Studien- und Prüfungssystem sowie die Verkürzung der Regelstudienzeiten. Beide Aspekte dürften aus Sicht der Studierenden dazu geführt haben, dass in den neu eingeführten Studiengängen weniger Spielräume für studienbezogene Auslandsaufenthalte während des Studiums bestehen, als dies früher der Fall war. Ob sich an dieser Situation mittlerweile etwas geändert hat – zum Beispiel dadurch, dass viele Hochschulen insbesondere ihre Bachelorstudiengänge nach der Einführung noch einmal überarbeiteten und dabei vielfach auch flexibler gestalteten –, wird sich erst sagen lassen, wenn neue,

Datenbasis

Die Datenlage zur temporären studienbezogenen Mobilität von Studierenden deutscher Hochschulen muss zum aktuellen Zeitpunkt – gerade auch im Vergleich zu anderen Ländern – als unbefriedigend bezeichnet werden. Erst 2017 wurde mit dem reformierten Hochschulstatistikgesetz die verpflichtende Erhebung studienbezogener Auslandsaufenthalte der Studierenden in Deutschland eingeführt. Diese Vorgabe des neuen Hochschulstatistikgesetzes stellt viele Hochschulen noch vor große Herausforderungen. Zwar veröffentlicht das Statistische Bundesamt inzwischen hochschulspezifische Daten zur temporären studienbezogenen Auslandsmobilität von Absolventen. Dabei zeigt sich jedoch, dass eine Reihe von Universitäten und Fachhochschulen derzeit noch nicht in der Lage sind, diese Mobilitätswerte zu erfassen. Hierbei ist auch zu beachten, dass diese Daten der Definition des EU-Mobilitätsbenchmarks folgen (vgl. hierzu auch die Seiten 70/71). Dies wird dazu führen, dass sich auf dieser Basis deutlich niedrigere Mobilitätsquoten ergeben werden als die bislang auf der Basis von Umfragedaten erhobenen Mobilitätsquoten. Aufgrund der noch unzulänglichen amtlichen Statistik stellen die Daten der Sozialerhebungen, die gemeinsam vom Deutschen Studentenwerk (DSW) und vom Deutschen Zentrum für Hochschul- und Wissenschaftsforschung (DZHW) durchgeführt wurden, die verlässlichste Datenquelle dar, um die Entwicklung der temporären studienbezogenen Mobilität von Studierenden deutscher Hochschulen zu analysieren. Keine andere repräsentative Befragung von Studierenden oder Absolvent/innen ermöglicht die repräsentative Betrachtung der Mobilitätsentwicklung über einen vergleichbar langen Zeitraum.[4]

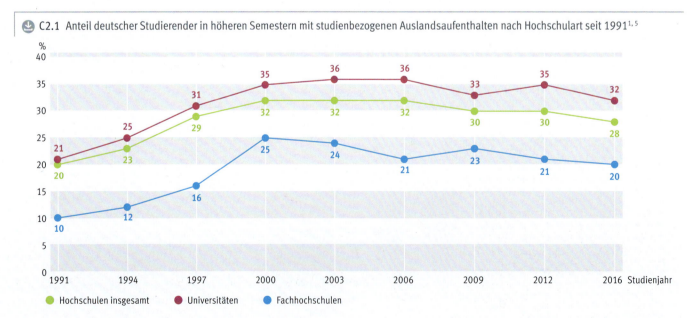

C2.1 Anteil deutscher Studierender in höheren Semestern mit studienbezogenen Auslandsaufenthalten nach Hochschulart seit 1991[1, 5]

- Hochschulen insgesamt
- Universitäten
- Fachhochschulen

Anteil an allen deutschen Studierenden in höheren Semestern in %
Quellen: DSW-Sozialerhebungen 1991–2016

vergleichbare Daten zur aktuellen Studierendenmobilität vorliegen. Hiermit ist jedoch frühestens Ende 2021 zu rechnen, da die neue, integrierte Studierendenbefragung von DZHW, DSW und Universität Konstanz aufgrund der Covid-19-Pandemie erst Mitte 2021 durchgeführt werden konnte.[2]

Betrachtet man die Entwicklung der Sozialerhebungsdaten zwischen 2012 und 2016 etwas genauer, so fällt auf, dass insbesondere die temporäre studienbezogene Mobilität in den Sprach- und Kulturwissenschaften sowie im Medizinstudium zurückgegangen ist. Bei der Entwicklung nach Abschlussart sind demgegenüber keine auffälligen Unterschiede festzustellen. Die deutliche Diskrepanz zwischen den Mobilitätsquoten im Bachelor- und Masterstudium 2016 weist jedoch auf einen weiteren Grund für die gesunkene Gesamtquote hin: Nur bei den Masterstudierenden wird letztlich eine Mobilitätsquote erreicht, die oberhalb des Niveaus der traditionellen Abschlussarten liegt, während die Mobilitätsquote bei den Bachelorstudierenden deutlich niedriger ausfällt.[3] Der zwischen 2006 und 2016 erfolgte Rückgang der temporären Studierendenmobilität dürfte somit nicht zuletzt auch auf den in diesem Zeitraum stark gestiegenen Anteil der Bachelorstudierenden an deutschen Hochschulen zurückzuführen sein (WS 2006/07: 20%, WS 2016/17: 64%).

✱ Fußnoten

1. Die Mobilitätsquote der Studierenden in höheren Semestern bzw. am Ende des Studiums ermöglicht eine Abschätzung der studienbezogenen Auslandsmobilität im Verlauf eines gesamten Studienzyklus. Sie ist somit aussagekräftiger als Mobilitätsquoten in Bezug auf alle Studierenden. Als Studierende in höheren Semester gelten dabei von 1991 bis 1994: Studierende ab 8. Hochschulsemester (Uni) bzw. ab 6. Hochschulsemester (FH) (1991: nur Westdeutschland); ab 1997: Studierende vom 9. bis 14. Hochschulsemester (Uni) bzw. vom 7. bis 11. Hochschulsemester (FH).

2. Die Durchführung dieser deutschlandweit repräsentativen Studierendenbefragung, in der sowohl die bisherige DSW-Sozialerhebung als auch das Konstanzer Studierendensurvey aufgeht, war ursprünglich für Mitte 2020 vorgesehen, sie musste aufgrund der Covid-19-Pandemie jedoch um ein Jahr verschoben werden.

3. Dies liegt daran, dass in die hier erfasste Mobilität der Masterstudierenden auch Auslandsaufenthalte im Bachelorstudium eingehen. Es handelt sich also um die kumulierte Auslandsmobilität im Bachelor- und Masterstudium.

4. Die DAAD/DZHW-Mobilitätsstudie, die zwischen 2007 und 2017 alle zwei Jahre durchgeführt wurde, ist inzwischen eingestellt worden. Der DAAD arbeitet derzeit an einer Neuauflage mit überarbeitetem methodischem Konzept.

5. Inkl. Bildungsinländer/innen.

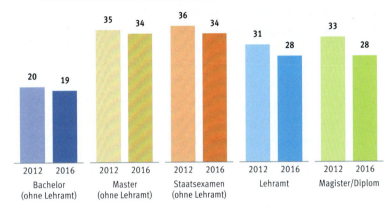

C2.2 Anteil deutscher Studierender in höheren Semestern mit studienbezogenen Auslandsaufenthalten nach Abschlussart 2012 und 2016[1,5]

Anteil an allen deutschen Studierenden in höheren Semestern in %
Quellen: DSW-Sozialerhebungen 2012, 2016

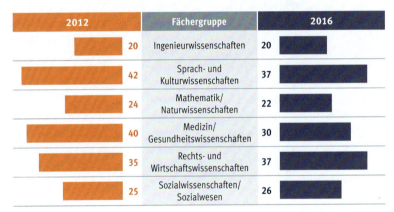

C2.3 Anteil deutscher Studierender in höheren Semestern mit studienbezogenen Auslandsaufenthalten nach Fächergruppe 2012 und 2016[1,5]

2012	Fächergruppe	2016
20	Ingenieurwissenschaften	20
42	Sprach- und Kulturwissenschaften	37
24	Mathematik/Naturwissenschaften	22
40	Medizin/Gesundheitswissenschaften	30
35	Rechts- und Wirtschaftswissenschaften	37
25	Sozialwissenschaften/Sozialwesen	26

Anteil an allen deutschen Studierenden in höheren Semestern in %
Quellen: DSW-Sozialerhebungen 2012, 2016

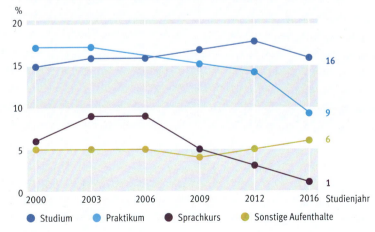

C2.4 Anteil deutscher Studierender in höheren Semestern mit studienbezogenen Auslandsaufenthalten nach Aufenthaltsart seit 2000

Anteil an allen deutschen Studierenden in höheren Semestern in %; Mehrfachnennungen möglich
Quellen: DSW-Sozialerhebungen 2000–2016

C DEUTSCHE STUDIERENDE IM AUSLAND

2 Temporäre studienbezogene Auslandsaufenthalte

2.2 Stand der Zielerreichung

Sowohl auf europäischer als auch auf der Ebene der einzelnen Hochschulsysteme existieren Zielmarken zur studentischen Auslandsmobilität. Ein konkretes Mobilitätsziel wurde im Jahr 2011 in den „Council conclusions on a benchmark for learning mobility" für alle EU-Staaten vorgegeben und ein Jahr später auch im Rahmen des Bologna-Prozesses für alle Staaten des Europäischen Hochschulraums (EHR) im „Bukarester Kommuniqué" übernommen. Bis zum Jahr 2020 sollten demnach in den EU- bzw. EHR-Ländern mindestens 20% aller Hochschulgraduierten eines Jahrgangs einen Abschluss im Ausland erworben oder temporäre studienbezogene Mobilitätserfahrungen in einem bestimmten Umfang gesammelt haben. Als temporäre studienbezogene Mobilität gelten dabei anerkannte Studiums- und Praktikumsaufenthalte im Ausland von mindestens drei Monaten Dauer oder mit mindestens 15 erworbenen ECTS-Punkten. In Deutschland haben Bund und Länder in der Internationalisierungsstrategie der Gemeinsamen Wissenschaftskonferenz von 2013 zwei abgestufte Ziele definiert: Bis 2020 sollte demnach jede/r zweite Hochschulabsolvent/in studienbezogene Auslandserfahrung gesammelt haben (50%-Ziel) und jede/r dritte Absolvent/in sollte einen studienbezogenen Auslandsaufenthalt von mindestens drei Monaten und/oder 15 ECTS-Punkten vorweisen können (33%-Ziel).

Deutsche und europäische Zielquoten sind jedoch nicht direkt miteinander vergleichbar, da zur Berechnung sehr unterschiedliche Mobilitätsdefinitionen verwendet werden. So werden für die Berechnung des europäischen Mobilitätsbenchmarks nur von der Heimathochschule angerechnete Studiums- und Praktikumsaufenthalte berücksichtigt. Diese Definition führt dazu, dass ein bestimmter Teil der studienbezogenen Auslandsmobilität (genauer: nicht angerechnete Aufenthalte sowie Aufenthalte unter drei Monaten) bei der Berechnung der Mobilitätsrate unberücksichtigt bleibt. Außerdem werden bei der Berechnung des europäischen Benchmarks nur Auslandsaufenthalte im jeweils aktuellen Studienzyklus berücksichtigt. Das bedeutet, dass beispielsweise eine Masterabsolventin, die nur während des Bachelorstudiums studienbezogen im Ausland war, in die Berechnung der Rate als Masterabsolventin ohne Auslandserfahrung eingeht. Dasselbe Prinzip gilt für Absolvent/innen mit erfolgreicher Promotion.

> Die unterschiedlichen Mobilitätsdefinitionen der vorhandenen Zielmarken führen im Ergebnis zu unterschiedlich hohen und inhaltlich nicht direkt vergleichbaren Mobilitätsraten.

Im Gegensatz dazu wird bei den deutschen Mobilitätszielen von einem breiteren Mobilitätsverständnis ausgegangen. So bezieht der DAAD für die Hochrechnung zum deutschen 50%-Ziel sämtliche studienbezogenen Auslandsaufenthalte ab einer Dauer von einem Monat in die Berechnung ein, unabhängig von deren Anrechnung an der Heimathochschule. Zudem werden auch Auslandserfahrungen in früheren Studienzyklen berücksichtigt, d. h., eine Masterstudentin mit studienbezogener Auslandsmobilität nur während des Bachelorstudiums wird beispielsweise trotzdem als auslandsmobil gezählt.

Die verschiedenen Mobilitätsdefinitionen der vorhandenen Zielmarken führen im Ergebnis zu unterschiedlich hohen und inhaltlich nicht direkt vergleichbaren Mobilitätsraten. Diese mangelnde Vergleichbarkeit

C2.5 Europäische und deutsche Mobilitätsziele

Europäische Mobilitätsziele der EU- und EHR-Länder	
„Council conclusions on a benchmark for learning mobility" der EU (von 2011) sowie Bukarester Kommuniqué der zuständigen Ministerinnen und Minister aller EHR-Staaten (von 2012)	Bis 2020 sollen mindestens 20% aller Graduierten in der EU bzw. im Europäischen Hochschulraum (EHR) abschlussbezogene oder temporäre Mobilitätserfahrungen gesammelt haben. Als temporäre Mobilität gelten Studiums- und Praktikumsaufenthalte von mindestens drei Monaten und/oder 15 erworbenen ECTS-Punkten.

Deutsche Mobilitätsziele	
Internationalisierungsstrategie der Gemeinsamen Wissenschaftskonferenz (von 2013)	**Ziel A:** Bis 2020 soll jede/r zweite Hochschulabsolvent/in studienbezogene Auslandserfahrung gesammelt haben. **Ziel B:** Bis 2020 soll jede/r dritte Hochschulabsolvent/in einen Auslandsaufenthalt von mindestens drei Monaten und/oder 15 ECTS-Punkten vorweisen können.

Quellen: genannte Dokumente

✱ Fußnoten

1. Zwar erhebt das Statistische Bundesamt inzwischen hochschulspezifische Daten zur temporären studienbezogenen Auslandsmobilität von Absolvent/innen. Dabei zeigt sich jedoch, dass eine Reihe von Universitäten und Fachhochschulen derzeit noch nicht in der Lage ist, aussagekräftige Mobilitätswerte zu erfassen.

2. Die Sozialerhebung von DSW und DZHW wurde bislang alle vier Jahre durchgeführt, die aktuellsten Daten stammen derzeit aus dem Jahr 2016. Die aktuellsten Daten der Erhebung „Deutsche Studierende im Ausland" des Statistischen Bundesamtes beziehen sich auf das Jahr 2018.

3. In der Sozialerhebung stehen für die Berechnung des 33%-Ziels nur geeignete Daten zur Dauer der Aufenthalte zur Verfügung. Das bedeutet, dass jene Studierende, die zwar kürzer als drei Monate im Ausland waren, aber trotzdem 15 ECTS-Punkte und mehr erworben und angerechnet bekommen haben, in dieser Quote keine Berücksichtigung finden. Dies dürfte jedoch nur einen sehr kleinen Teil der mobilen Studierenden betreffen.

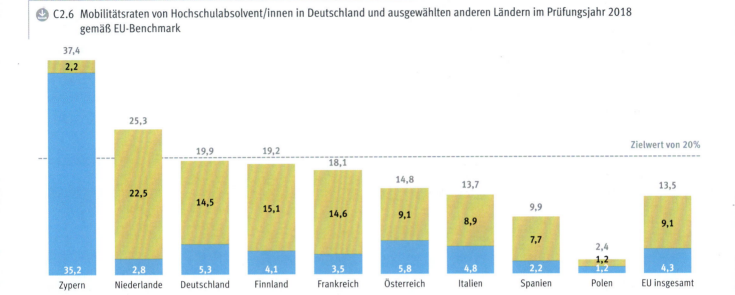

C2.6 Mobilitätsraten von Hochschulabsolvent/innen in Deutschland und ausgewählten anderen Ländern im Prüfungsjahr 2018 gemäß EU-Benchmark

Quelle: Europäische Kommission, Education and Training Monitor 2020

der Quoten wird noch durch den Umstand verstärkt, dass für die Berechnung unterschiedliche Datenquellen herangezogen werden. So soll der europäische Mobilitätsbenchmark zukünftig auf der Grundlage hochschulstatistischer Daten berechnet werden, was derzeit jedoch noch nicht in allen Ländern möglich ist. Auch in Deutschland wurde erst 2017 auf Basis des reformierten Hochschulstatistikgesetzes begonnen, solche Daten zu erheben. Für die Quotenberechnung wird daher derzeit noch auf die Ergebnisse von Absolventenbefragungen zurückgegriffen.[1] Für die Hochrechnung der deutschen Mobilitätsraten greift der DAAD als Basis bisher zum einen (temporäre studienbezogene Auslandsaufenthalte) auf die repräsentativen Daten (zu den Studierenden in höheren Semestern) aus der 21. Sozialerhebung von Deutschem Studentenwerk und DZHW zurück, zum anderen (abschlussbezogene Auslandsmobilität) auf die Erhebung „Deutsche Studierende im Ausland" des Statistischen Bundesamtes.[2]

Betrachtet man die Mobilitätsraten, die sich auf der Grundlage der beschriebenen Mobilitätsdefinitionen ergeben, so zeigt sich, dass Deutschland im Jahr 2018 das 20%-Ziel des EU-Benchmarks mit 19,9% fast erreicht hat und deutlich über dem EU-Durchschnitt von rund 14% liegt. Nur die deutlich kleineren Länder Zypern und Niederlande erzielen höhere Mobilitätsraten als Deutschland und liegen über dem Zielwert von 20%. Finnland (19%) und Frankreich (18%) liegen knapp hinter Deutschland, andere große Länder wie Italien (14%), Spanien (10%) und insbesondere Polen (2%) verzeichnen deutlich niedrigere Raten (vgl. hierzu auch Abb. A1.8 auf S. 19). Auch eine Erreichung der deutschen Mobilitätsziele für 2020 steht – bezogen auf das Jahr 2018 – noch aus. Die entsprechenden Werte liegen bei 33% (50%-Ziel) und 25% (33%-Ziel).

C2.7 Hochrechnung zur Mobilitätsquote deutscher Hochschulabsolvent/innen 2016/17[2,3]

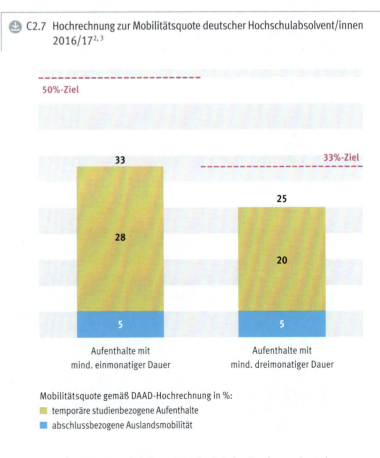

Quellen: DSW/DZHW, 21. Sozialerhebung 2016; Statistisches Bundesamt, Deutsche Studierende im Ausland 2018; DAAD-Berechnungen

C DEUTSCHE STUDIERENDE IM AUSLAND

2 Temporäre studienbezogene Auslandsaufenthalte

2.3 Gastregionen und Gastländer

Die regionalen Präferenzen deutscher Studierender im Ausland sind stark abhängig von der jeweiligen Art der Auslandsmobilität. Dies zeigt sich bei einem direkten Vergleich von Studierenden mit und ohne Abschlussabsicht im Ausland (vgl. hierzu auch S. 64/65). Zwar dominiert sowohl bei den temporären studienbezogenen Auslandsaufenthalten als auch bei der abschlussbezogenen Auslandsmobilität die Gastregion Westeuropa. Diese Dominanz fällt bei den temporären Auslandsaufenthalten jedoch wesentlich geringer aus (50%) als bei der abschlussbezogenen Auslandsmobilität (71%). Ein weiterer Unterschied: Bei den temporären Auslandsaufenthalten spielen auch diejenigen Gastregionen eine gewisse Rolle, auf die bei der abschlussbezogenen Mobilität jeweils nicht einmal 1% der Studierenden entfällt. Dies sind Nordafrika und Nahost (2%), Osteuropa und Zentralasien (3%), Subsahara-Afrika (4%) und insbesondere Lateinamerika (6%). Offensichtlich sind Studierende bei diesen kürzeren Aufenthalten im Ausland eher bereit, das engere kulturelle Umfeld zu verlassen. Der wichtigste Grund hierfür dürfte die unterschiedliche Motivlage bei beiden Aufenthaltsarten sein: Insbesondere Motive wie Horizonterweiterung, Sprachförderung und interkulturelle Erfahrungen, die üblicherweise bei den temporären studienbezogenen Auslandsaufenthalten dominieren, veranlassen Studierende zu Aufenthalten außerhalb Westeuropas.[1]

Der Befund, der sich auf der Ebene der Gastregionen bereits zeigte, bestätigt sich auch auf der Ebene der Gastländer. Während bei den temporären studienbezogenen Aufenthalten die USA und das Vereinigte Königreich die beliebtesten Gastländer darstellen, gilt dies im Falle der abschlussbezogenen Auslandsmobilität für Österreich und die Niederlande. Auf die (ganz oder teilweise) deutschsprachigen Gastländer Österreich und Schweiz entfallen zudem lediglich 4% der temporären Aufenthalte, bei der abschlussbezogenen Mobilität hingegen 30% (vgl. Abb. C1.3 auf S. 65). Die geografische, kulturelle und auch sprachliche Nähe der Gastländer scheint demnach bei der abschlussbezogenen Mobilität eine sehr viel wichtigere Rolle als Wahlmotiv zu spielen. Auch den Gastländern Frankreich und Spanien kommt bei der temporären Auslandsmobilität eine deutlich größere Bedeutung zu (jeweils 8%) als bei den abschlussbezogenen Auslandsaufenthalten (3% bzw. 1%). Eine naheliegende Erklärung hierfür stellt die häufig auch an kulturellen Interessen orientierte Gastlandwahl bei temporären Auslandsaufenthalten dar, während bei abschlussbezogener Mobilität sehr viel stärker berufs- und karrierebezogene Motive (wie z. B. der Ruf der jeweiligen ausländischen Hochschule und die Passung der Abschlüsse zum deutschen Arbeitsmarkt) im Vordergrund stehen.

Auch innerhalb der temporären studienbezogenen Auslandsaufenthalte zeigen sich unterschiedliche Gastlandpräferenzen, je nachdem, ob man Studiums- oder Praktikumsaufenthalte betrachtet. Die beiden bevorzugten Gastländer für Praktikumsaufenthalte sind das Vereinigte Königreich (10%) und die USA (9%), bei den Studiumsauf-

> Auf Österreich und die Schweiz entfallen lediglich 4% der temporären studienbezogenen Aufenthalte, bei der abschlussbezogenen Mobilität hingegen 30%.

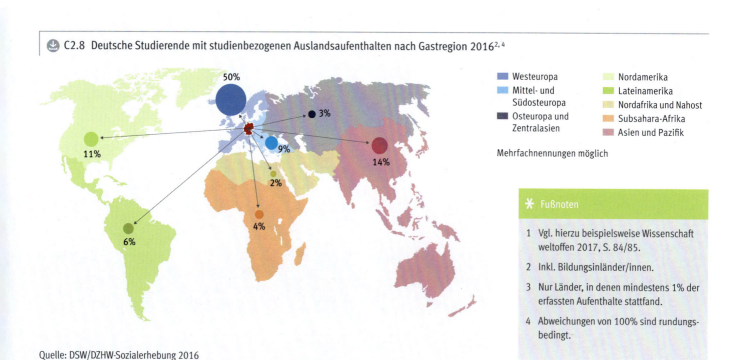

C2.8 Deutsche Studierende mit studienbezogenen Auslandsaufenthalten nach Gastregion 2016[2,4]

Mehrfachnennungen möglich

Fußnoten

1 Vgl. hierzu beispielsweise Wissenschaft weltoffen 2017, S. 84/85.
2 Inkl. Bildungsinländer/innen.
3 Nur Länder, in denen mindestens 1% der erfassten Aufenthalte stattfand.
4 Abweichungen von 100% sind rundungsbedingt.

Quelle: DSW/DZHW-Sozialerhebung 2016

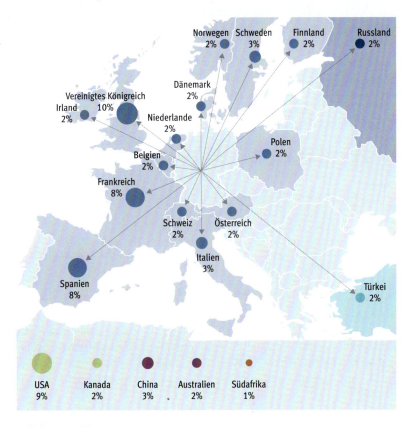

C2.9 Deutsche Studierende mit studienbezogenen Auslandsaufenthalten nach wichtigen Gastländern 2016[2,3]

Mehrfachnennungen möglich
Quelle: DSW/DZHW-Sozialerhebung 2016

enthalten hingegen liegen Spanien (11%) und Frankreich (10%) auf den beiden vordersten Plätzen. Andere Länder finden sich zudem nur für eine der beiden Aufenthaltsarten unter den zehn beliebtesten Gastländern. Im Falle der Studiumsaufenthalte sind dies Schweden, Finnland, Italien, die Türkei und Australien, im Falle der Praktikumsaufenthalte hingegen die Schweiz, Belgien, Indien, Südafrika und Österreich.

Über 80% der temporären studienbezogenen Aufenthalte dauern nicht länger als sechs Monate, die durchschnittliche Dauer liegt bei 4,7 Monaten. Am häufigsten werden dabei Aufenthalte von mehr als drei bis sechs Monaten (43%) durchgeführt, aber auch auf Kurzaufenthalte von bis zu einem Monat entfallen knapp ein Viertel aller Aufenthalte (23%). Die Dauer der Aufenthalte variiert dabei aber sehr deutlich zwischen den Aufenthaltsarten. Studiumsaufenthalte dauern im Schnitt 2 ½ Monate länger (6,1 Monate) als Praktikumsaufenthalte (3,6 Monate). Dies liegt v. a. daran, dass die Mehrheit der Praktikumsaufenthalte maximal drei Monate dauert (60%). Beim Auslandsstudium stellen Aufenthalte von mehr als drei Monaten hingegen den Normalfall dar (97%).

C2.10 Deutsche Studierende mit studienbezogenen Auslandsaufenthalten nach Aufenthaltsart und wichtigsten Gastländern 2016[2]

Studiumsaufenthalte		Praktikumsaufenthalte	
Top-10-Gastländer	Anteil in %	Top-10-Gastländer	Anteil in %
Spanien	11	Vereinigtes Königreich	10
Frankreich	10	USA	9
Vereinigtes Königreich	9	Frankreich	6
USA	9	Schweiz	5
Schweden	5	Spanien	4
China	3	China	4
Finnland	3	Belgien	3
Italien	3	Indien	3
Türkei	3	Südafrika	3
Australien	3	Österreich	2
Sonstige Länder	50	Sonstige Länder	51

Mehrfachnennungen möglich
Quelle: DSW/DZHW-Sozialerhebung 2016

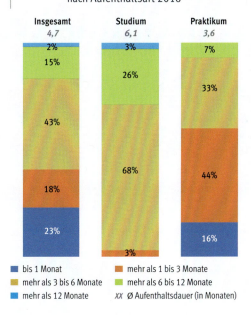

C2.11 Dauer studienbezogener Auslandsaufenthalte deutscher Studierender nach Aufenthaltsart 2016[2,4]

Quelle: DSW/DZHW-Sozialerhebung 2016

C DEUTSCHE STUDIERENDE IM AUSLAND

2 Temporäre studienbezogene Auslandsaufenthalte

2.4 Mobilitätsmotive und Mobilisierungsfaktoren

Welche Gründe sprechen aus Studierendensicht am stärksten für studienbezogene Auslandsaufenthalte? Dieser Frage war bereits die DAAD/DZHW-Mobilitätsstudie 2015 nachgegangen.[1] Wie sich hierbei zeigte, lassen sich die Mobilitätsmotive sechs Dimensionen oder Bereichen zuordnen: Persönlichkeitsbildung, Erleben, Sprachenlernen, akademische Bildung, Karriereförderung und soziale Anerkennung. Als besonders relevant für die Mobilitätsabsichten der befragten Studierenden erwiesen sich die drei Dimensionen Persönlichkeitsbildung, Erleben und Sprachenlernen.

Diese Befunde konnten auch durch das DAAD-Projekt „Benchmark internationale Hochschule" (BintHo) bestätigt werden, in dessen Rahmen rund 100.000 einheimische Studierende (Deutsche und Bildungsinländer/innen) im Wintersemester 2020/21 zu ihrer studienbezogenen Auslandsmobilität befragt wurden.[2] Jeweils mehr als die Hälfte der einheimischen Studierenden mit studienbezogenen Auslandsaufenthalten bewerteten für sich Mobilitätsmotive als besonders wichtig, die sich einem der drei oben genannten Bereiche zuordnen lassen: Persönlichkeitsentwicklung (74%), kulturelles Interesse (64%), spannende und aufregende Erfahrungen im Gastland außerhalb der Hochschule (58%) sowie die Verbesserung von Sprachkenntnissen (57%).[3,4] Fünf weitere, ebenfalls relevante Mobilitätsmotive lassen sich den beiden Dimensionen akademische Bildung und Karriereförderung zuordnen: bessere Chancen auf dem Arbeitsmarkt (40%), Knüpfen von Kontakten bzw. Erweiterung meines Netzwerks (33%), Erlangung fachbezogener Kenntnisse (30%), Kennenlernen eines anderen Hochschulsystems und anderer Lehrmethoden (30%) sowie Sammeln praxisbezogener Erfahrungen (23%). Alle übrigen Motive und somit insbesondere der Bereich soziale Anerkennung spielen laut der Selbstauskunft der befragten Studierenden für das Mobilitätsinteresse nur eine untergeordnete Rolle.

In der BintHo-Befragung des DAAD wurden nicht nur auslandsmobile Studierende zu ihren Mobilitätsmotiven befragt, sondern auch Studierende, die noch keinen studienbezogenen Auslandsaufenthalt absolviert hatten, dies jedoch in Erwägung zogen. Hier zeigen sich ganz ähnliche Befunde: Die Persönlichkeitsentwicklung wird mit Abstand am häufigsten als zentrales Motiv genannt (79%). Von den weiteren

> **Benchmark internationale Hochschule (BintHo)**
>
> Im Wintersemester 2020/21 lud der DAAD zum ersten Mal alle HRK-Mitgliedshochschulen zur Teilnahme am Projekt „Benchmark internationale Hochschule" (BintHo) ein. Unter den 74 teilnehmenden Hochschulen aus 14 Bundesländern waren 34 Fachhochschulen bzw. Hochschulen für angewandte Wissenschaften, 33 Universitäten, vier Pädagogische Hochschulen und drei Kunst- und Musikhochschulen vertreten. Die Mehrheit dieser Hochschulen lud alle Studierenden per Mail zur Teilnahme an der Online-Befragung ein (einzelne Hochschulen versendeten die Einladungen nur an einen Teil ihrer Studierenden). Die Feldphase der Befragung lief vom 30. November 2020 bis 28. Februar 2021. Insgesamt nahmen knapp 100.000 einheimische Studierende (Deutsche und Bildungsinländer/innen) sowie gut 20.000 internationale Studierende an der Befragung teil, die Rücklaufquote lag bei gut 12%. Zur Erhöhung der Aussagekraft der hier vorgestellten Befunde wurden die Daten anhand relevanter Merkmale aus der amtlichen Studierendenstatistik gewichtet.

C2.12 Motive für studienbezogene Auslandsaufenthalte bei einheimischen Studierenden nach Mobilitätserfahrung 2020/21[3]

Motive für studienbezogene Auslandsaufenthalte	Auslandsmobile Studierende[4] Anteil in %	Nicht auslandsmobile Studierende[5] Anteil in %
Persönlichkeitsentwicklung		
Persönlichkeitsentwicklung (z. B. selbstbewusster, unabhängiger werden)	74	79
Erleben		
Kulturelles Interesse	64	49
Spannende und aufregende Erfahrungen im Gastland außerhalb der Hochschule	58	45
Sprachlernen		
Verbesserung von Sprachkenntnissen	57	64
Karriereförderung		
Bessere Chancen auf dem Arbeitsmarkt	40	45
Knüpfen von Kontakten bzw. Erweiterung meines Netzwerks	33	38
Sammeln praxisbezogener Erfahrungen	23	24
Akademische Bildung		
Kennenlernen eines anderen Hochschulsystems und anderer Lehrmethoden	30	20
Erlangung fachbezogener Kenntnisse	30	23
Lehrende bzw. besondere Lehrangebote der Gasthochschule	9	6
Soziale Anerkennung		
Befolgen von Ratschlägen aus meinem Umfeld	8	2
Erfüllung Erwartung anderer	2	2

Quelle: DAAD-Befragung „Benchmark internationale Hochschule" (BintHo) 2020/21; DAAD-Berechnung, gewichtete Werte

✱ Fußnoten

1. Vgl. hierzu Woisch/Willige (2015), S. 70 ff., sowie DAAD/DZHW (2017), S. 50/51.
2. Siehe hierzu auch: www.daad.de/bintho.
3. Die Befragten wurden hierbei um die Auswahl von bis zu drei besonders relevanten Motiven aus einer vorgegebenen Liste gebeten.
4. Bezugsgruppe: Deutsche und Bildungsinländer/innen mit studienbezogenen Auslandsaufenthalten.
5. Bezugsgruppe: Deutsche und Bildungsinländer/innen ohne studienbezogenen Auslandsaufenthalt, die solch einen Auslandsaufenthalt aber in Erwägung ziehen.
6. Bezugsgruppe: Deutsche und Bildungsinländer/innen mit und ohne studienbezogene Auslandsaufenthalte.
7. Anteile der Skalen-Ausprägungen 4+5 auf einer Skala von 1 = „überhaupt nicht" bis 5 = „in sehr hohem Maße".

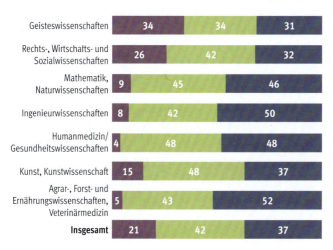

C2.13 Verbindlichkeit studienbezogener Auslandsaufenthalte aus studentischer Sicht nach Fächergruppe 2020/21[4]

Anteil in %
- Vorgeschrieben (Pflichtaufenthalt)
- Nicht vorgeschrieben, aber durch die Studiengangsstruktur unterstützt
- Nicht vorgeschrieben und durch die Studiengangsstruktur auch nicht unterstützt

Quelle: DAAD-Befragung „Benchmark internationale Hochschule" (BintHo) 2020/21; DAAD-Berechnung, gewichtete Werte

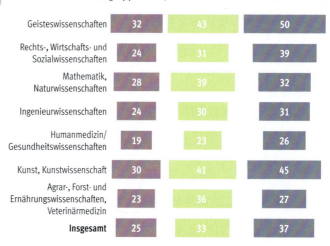

C2.14 Unterstützung studienbezogener Auslandsaufenthalte durch Lehrende an deutschen Hochschulen aus studentischer Sicht nach Fächergruppe 2020/21[6]

Anteil in %
- Die Lehrenden weisen auf Forschungs- und Arbeitsmöglichkeiten im Ausland hin.
- Die Lehrenden beziehen eigene Auslandserfahrungen in die Lehre ein.
- Die Lehrenden ermutigen die Studierenden zu studienbezogenen Auslandsaufenthalten.

Quelle: DAAD-Befragung „Benchmark internationale Hochschule" (BintHo) 2020/21; DAAD-Berechnung, gewichtete Werte

wichtigen Motiven werden die Verbesserung der Sprachkenntnisse (64%) und der Chancen auf dem Arbeitsmarkt (45%) etwas häufiger genannt als bei den auslandsmobilen Befragten, kulturelles Interesse (49%) sowie spannende und aufregende Erfahrungen im Gastland außerhalb der Universität (45%) hingegen deutlich seltener.

Neben den individuellen Motiven der Studierenden spielen auch institutionelle und organisatorische Rahmenbedingungen als Mobilisierungsfaktoren eine wichtige Rolle. Diese sind je nach Fächergruppe der einheimischen Studierenden teilweise sehr unterschiedlich ausgeprägt.[6] So zeigt sich beispielsweise, dass in den Fächergruppen Geisteswissenschaften sowie Rechts-, Wirtschafts- und Sozialwissenschaften ein deutlich größerer Anteil der auslandsmobilen Studierenden angibt, dass es sich bei ihrem Auslandsaufenthalt um ein verpflichtendes Element des Studienplans handelte. Auch die Anregung und Ermutigung von Auslandsaufenthalten durch das Lehrpersonal ist je nach Fächergruppe unterschiedlich ausgeprägt. Am häufigsten berichten auch hier wieder Studierende der Geisteswissenschaften von solchen Bemühungen der Lehrenden, deutlich seltener wird dies hingegen v. a. von Studierenden im Bereich Humanmedizin und Gesundheitswissenschaften angegeben.

C2.15 Mögliche digitale Angebote und ihr Potenzial zur Erhöhung der Mobilitätsbereitschaft nicht auslandsmobiler einheimischer Studierender 2020/21[5]

Mögliche digitale Angebote	Erhöhung der Mobilitätsbereitschaft[7] Anteil in %
Während des Auslandsaufenthaltes können Prüfungen an der Heimathochschule abgelegt werden.	62
Während des Auslandsaufenthaltes können weiterhin Betreuungsleistungen der Heimathochschule in Anspruch genommen werden.	60
Während des Auslandsaufenthaltes kann weiterhin an Veranstaltungen der Hochschule in Deutschland teilgenommen werden.	59
Sämtliche Leistungen im Ausland können in digitaler bzw. virtueller Form erbracht werden, ohne Deutschland zu verlassen.	24

Quelle: DAAD-Befragung „Benchmark internationale Hochschule" (BintHo) 2020/21; DAAD-Berechnung, gewichtete Werte

Einen weiteren potenziellen Mobilisierungsfaktor stellen digitale Angebote im Rahmen von studienbezogenen Auslandsaufenthalten dar. Hierzu zählen die Möglichkeiten, während des Auslandsaufenthaltes über Online-Formate weiterhin an Veranstaltungen und Prüfungen der Heimathochschule teilnehmen oder deren Betreuungsleistungen in Anspruch nehmen zu können. Von den einheimischen BintHo-Befragten, die noch keinen studienbezogenen Auslandsaufenthalt absolviert hatten, dies jedoch noch in Erwägung zogen, stimmten jeweils ca. 60% der Einschätzung zu, dass solche Angebote ihre Bereitschaft erhöhen würden, einen studienbezogenen Auslandsaufenthalt durchzuführen. Die Möglichkeit zu rein digitalen bzw. virtuellen Auslandsaufenthalten bewertete hingegen nur ein knappes Viertel (24%) dieser Befragten als förderlich für ihr Interesse an internationalen Studienerfahrungen.

C DEUTSCHE STUDIERENDE IM AUSLAND

2 Temporäre studienbezogene Auslandsaufenthalte

2.5 Mobilitätshürden und Umsetzungsprobleme

Die Planung und Realisierung studienbezogener Auslandsaufenthalte kann bildhaft mit einem Hürdenlauf verglichen werden, in dessen Verlauf zwei entscheidende Hürden überwunden werden müssen: die Entscheidungshürde (Entscheidung für oder gegen einen Auslandsaufenthalt) und die Realisierungshürde (erfolgreiche oder erfolglose Planung eines Auslandsaufenthalts).[1] Dabei gilt: Wird die Entscheidungshürde nicht überwunden, kommt es erst gar nicht zu einem Versuch, die Realisierungshürde zu überwinden. Und: Auch während eines realisierten Auslandsaufenthalts können noch Probleme auftreten, die im schlimmsten Fall sogar zu einem Abbruch des Aufenthalts führen.

Im Rahmen des DAAD-Projekts „Benchmark internationale Hochschule" (BintHo) wurden rund 100.000 einheimische Studierende (Deutsche und Bildungsinländer/innen) im Wintersemester 2020/21 zu ihrer studienbezogenen Auslandsmobilität befragt.[2] Unter den Befragten, die noch keinen Auslandsaufenthalt durchgeführt hatten und dies im weiteren Studienverlauf auch nicht planten, wurde am häufigsten die Trennung vom sozialen Umfeld in Deutschland (53%) als wichtiger Grund für den Verzicht auf Auslandsmobilität genannt.[3] Weitere wichtige Mobilitätshürden waren der zu hohe organisatorische Aufwand (40%), zu hohe Kosten (38%), sowie ein möglicher Zeitverlust im Studium (32%). Alle übrigen abgefragten Hinderungsgründe wurden hingegen jeweils von weniger als einem Viertel der Befragten als wichtig angeführt. Zwischen den verschiedenen Abschlussarten ist hierbei eine sehr hohe Übereinstimmung der Bewertungen festzustellen. Nur in wenigen Fällen, z. B. bezüglich der Hürde Zeitverlust, zeigen sich signifikante Unterschiede zwischen den Abschlussarten.

Ein Teil der befragten Studierenden hatte ursprünglich einen Auslandsaufenthalt geplant, konnte diese Pläne jedoch letztlich aus bestimmten Gründen nicht umsetzen. Ein gutes Drittel dieser Befragten bewertete v. a. zwei Gründe als wichtig für die nicht erfolgreiche Umsetzung des geplanten Aufenthalts: Finanzierungsschwierigkeiten (36%) und befürchtete Zeitverluste im Studium (35%). Zwischen 20% und 30% der Befragten führten zudem Reisebeschränkungen durch die Corona-Pandemie (29%), den zu hohen Organisationsaufwand des Auslandsaufenthalts (25%), die schwierige Vereinbarkeit des Aufenthalts mit den Vorgaben und Anforderungen des Studiengangs (24%) sowie gesundheitliche

C2.16 Wichtige Gründe für fehlendes Interesse an studienbezogenen Auslandsaufenthalten bei einheimischen Studierenden in Deutschland nach Abschlussart 2020/21[3, 4, 5, 6]

Gründe für Entscheidung gegen studienbezogenen Auslandsaufenthalte		Anteil in %	Anteil in % insgesamt
Trennung von meinem sozialen Umfeld in Deutschland (z. B. Freund/innen, Familie, Partner/in)	Bachelor	53	53
	Master	49	
	Dipl./Mag./StEx.	46	
Zu hoher organisatorischer Aufwand	Bachelor	40	40
	Master	44	
	Dipl./Mag./StEx.	38	
Zu hohe Kosten	Bachelor	37	38
	Master	36	
	Dipl./Mag./StEx.	39	
Zeitverlust	Bachelor	28	32
	Master	32	
	Dipl./Mag./StEx.	48	
Kein Interesse am Ausland	Bachelor	24	23
	Master	19	
	Dipl./Mag./StEx.	23	
Mangelnde Fremdsprachenkenntnisse	Bachelor	21	20
	Master	15	
	Dipl./Mag./StEx.	18	
Keine Verbesserung der Chancen auf einen Arbeitsplatz	Bachelor	10	14
	Master	12	
	Dipl./Mag./StEx.	19	
Angst vor der Fremde	Bachelor	15	14
	Master	12	
	Dipl./Mag./StEx.	11	
Verpflichtungen gegenüber dem Arbeitgeber	Bachelor	13	13
	Master	17	
	Dipl./Mag./StEx.	7	
Krankheitsrisiken (z. B. durch Corona-Pandemie)	Bachelor	13	13
	Master	13	
	Dipl./Mag./StEx.	10	
Sonstiger Grund	Bachelor	11	11
	Master	14	
	Dipl./Mag./StEx.	12	
Kein wissenschaftlicher Erkenntnisgewinn	Bachelor	9	11
	Master	12	
	Dipl./Mag./StEx.	17	

Quelle: DAAD-Befragung „Benchmark internationale Hochschule" (BintHo) 2020/21; DAAD-Berechnung, gewichtete Werte

Fußnoten

1. Vgl. hierzu Netz (2015).
2. Siehe hierzu auch die Info-Box auf S. 74 sowie www.daad.de/bintho.
3. Die Befragten wurden jeweils um die Auswahl von bis zu drei besonders wichtigen Gründen bzw. Problemen aus einer vorgegebenen Liste gebeten.
4. Bachelor- und Masterstudierende jeweils ohne Lehramtsstudierende.
5. Nur Gründe bzw. Probleme, die von mindestens 10% aller Befragten angegeben wurden.
6. Bezugsgruppe: Deutsche und Bildungsinländer/innen, die keinen studienbezogenen Auslandsaufenthalt durchgeführt haben und dies auch nicht vorhaben.
7. Bezugsgruppe: Deutsche und Bildungsinländer/innen, deren geplanter studienbezogener Auslandsaufenthalt nicht zustande kam.
8. Bezugsgruppe: Deutsche und Bildungsinländer/innen mit studienbezogenen Auslandsaufenthalten.

WISSENSCHAFT WELTOFFEN 2021

C2.17 Wichtige Gründe für das Nichtzustandekommen geplanter studienbezogener Auslandsaufenthalte bei Studierenden in Deutschland nach Abschlussart 2020/21 [3, 4, 5, 7]

Gründe für Nichtzustandekommen geplanter studienbezogener Auslandsaufenthalte		Anteil in %	Anteil in % insgesamt
Finanzierungsschwierigkeiten	Bachelor	36	36
	Master	34	
	Dipl./Mag./StEx.	38	
Zeitverluste im Studium	Bachelor	31	35
	Master	33	
	Dipl./Mag./StEx.	52	
Reisebeschränkungen durch die Corona-Pandemie	Bachelor	31	29
	Master	32	
	Dipl./Mag./StEx.	20	
Zu hoher organisatorischer Aufwand	Bachelor	25	25
	Master	26	
	Dipl./Mag./StEx.	23	
Schwierige Vereinbarkeit des Aufenthalts mit den Vorgaben und Anforderungen meines Studienganges	Bachelor	20	24
	Master	23	
	Dipl./Mag./StEx.	39	
Sorgen in Bezug auf Krankheiten (z. B. Corona-Pandemie)	Bachelor	23	21
	Master	22	
	Dipl./Mag./StEx.	13	
Eigene Trägheit	Bachelor	18	19
	Master	21	
	Dipl./Mag./StEx.	17	
Trennung von meinem sozialen Umfeld in Deutschland (z. B. Freund/innen, Familie, Partner/in)	Bachelor	18	18
	Master	18	
	Dipl./Mag./StEx.	16	
Sonstiger Grund	Bachelor	15	15
	Master	15	
	Dipl./Mag./StEx.	12	
Wahrscheinliche Probleme bei der Anerkennung der Studienleistungen im Ausland	Bachelor	11	13
	Master	13	
	Dipl./Mag./StEx.	22	
Schwierigkeiten, passgenaue und zielführende Informationen zu finden	Bachelor	11	11
	Master	10	
	Dipl./Mag./StEx.	10	

Quelle: DAAD-Befragung „Benchmark internationale Hochschule" (BintHo) 2020/21; DAAD-Berechnung, gewichtete Werte

C2.18 Wichtige Probleme bei studienbezogenen Auslandsaufenthalten von Studierenden aus Deutschland nach Abschlussart 2020/21 [3, 4, 5, 8]

Probleme bei studienbezogenen Auslandsaufenthalten		Anteil in %	Anteil in % insgesamt
Wohnungssuche im Gastland	Bachelor	25	26
	Master	27	
	Dipl./Mag./StEx.	24	
Einschränkungen meiner geplanten Aktivitäten aufgrund der Corona-Pandemie	Bachelor	29	22
	Master	17	
	Dipl./Mag./StEx.	20	
Keines der angegebenen Probleme trat auf.	Bachelor	17	19
	Master	19	
	Dipl./Mag./StEx.	17	
Zeitverluste im Studium	Bachelor	13	16
	Master	16	
	Dipl./Mag./StEx.	19	
Sprachschwierigkeiten	Bachelor	16	16
	Master	16	
	Dipl./Mag./StEx.	20	
Außerplanmäßige Änderungen im Curriculum (z. B. ausgefallene Kurse)	Bachelor	15	14
	Master	15	
	Dipl./Mag./StEx.	12	
Schwierigkeiten, die An-/Abreise möglichst klimafreundlich zu gestalten	Bachelor	13	13
	Master	13	
	Dipl./Mag./StEx.	12	
Organisatorische Probleme an der Hochschule im Gastland	Bachelor	14	13
	Master	13	
	Dipl./Mag./StEx.	16	
Anerkennungsprobleme bei den Studienleistungen aus dem Ausland	Bachelor	12	13
	Master	13	
	Dipl./Mag./StEx.	16	
Finanzierungsschwierigkeiten	Bachelor	11	11
	Master	11	
	Dipl./Mag./StEx.	11	
Einsamkeit, Kontaktschwierigkeiten	Bachelor	11	10
	Master	9	
	Dipl./Mag./StEx.	8	

Quelle: DAAD-Befragung „Benchmark internationale Hochschule" (BintHo) 2020/21; DAAD-Berechnung, gewichtete Werte

Bedenken vor dem Hintergrund der Corona-Pandemie (21%) als Gründe für das Nichtzustandekommen des Aufenthalts an. Unterschiede zwischen den Abschlussarten zeigen sich v. a. zwischen Bachelor- und Masterstudierenden auf der einen und Studierenden in sonstigen Studiengängen (Magister, Diplom, Staatsexamen) auf der anderen Seite, z. B. bei den Corona-bedingten Hinderungsgründen, sowie den Aspekten des Zeitverlusts und der schwierigen Vereinbarkeit mit den Vorgaben und Anforderungen des Studiengangs. Die häufigere Nennung Corona-bezogener Realisierungshürden durch Bachelor- und Masterstudierende dürfte hierbei v. a. dadurch zu erklären sein, dass bei diesen Befragten aufgrund ihrer kürzeren Regelstudienzeit ein größerer Teil der geplanten Aufenthalte in die Zeit der Corona-Pandemie fiel als bei den Studierenden in den sonstigen Abschlussarten.

Die Studierenden mit studienbezogenen Auslandserfahrungen wurden im Rahmen des BintHo-Projekts des DAAD schließlich gefragt, welches die wichtigsten Probleme waren, mit denen sie während ihrer Aufenthalte konfrontiert wurden. Nur zwei Probleme wurden hierbei von mehr als einem Fünftel der Befragten genannt: die Wohnungssuche im Gastland (26%) und die Einschränkungen der geplanten Aktivitäten im Ausland aufgrund der Corona-Pandemie (22%). Während die schwierige Wohnungssuche im Ausland Studierende aller Abschlussarten in ähnlicher Weise betraf, wurden die Corona-bedingten Einschränkungen der geplanten Aktivitäten deutlich häufiger von Bachelorstudierenden als zentrales Problem wahrgenommen (29%) als von den Studierenden der anderen Abschlussarten (Master: 17%, traditionelle Abschlussarten: 20%).

C DEUTSCHE STUDIERENDE IM AUSLAND

2 Temporäre studienbezogene Auslandsaufenthalte

2.6 Erasmus-Aufenthalte

Seit dem Beginn des Bologna-Prozesses im Jahr 1999 hat sich die Zahl der jährlichen Erasmus-Aufenthalte von Studierenden deutscher Hochschulen von rund 14.700 auf rund 42.300 im Erasmusjahr 2019 nahezu verdreifacht.[1] Die Zahl aller Erasmus-Teilnehmer/innen aus Deutschland stieg demnach seit 1999 deutlich stärker an (+188%) als die Zahl der Studierenden in Deutschland im selben Zeitraum (+59%). An Fachhochschulen nahm die Zahl der Erasmus-Teilnehmer/innen dabei in den letzten zehn Jahren stärker zu (+60%) als an Universitäten (+42%).[2,3] Auch ist an Fachhochschulen die Zahl der Erasmus-Teilnehmer/innen 2019 im Vergleich zum Vorjahr stärker gestiegen (+2%) als an Universitäten (+0,3%). Die Fachhochschulen stellen inzwischen einen Anteil von 29% aller Erasmus-Teilnehmer/innen.

> „Im Vergleich zum Vorjahr steigt die Zahl der Erasmus-Teilnehmer/innen v. a. in der Türkei, in Norwegen, Österreich und Italien."

Wie schon in den Vorjahren war Spanien bei den Erasmus-Teilnehmer/innen aus Deutschland auch im Erasmusjahr 2019 wieder am beliebtesten, gefolgt von Frankreich und dem Vereinigten Königreich. Allerdings hat die Zahl der Erasmus-Aufenthalte in allen drei Ländern abgenommen – in Frankreich und Spanien jeweils um 2% und im Vereinigten Königreich sogar um 6%. Rückgänge sind unter den zehn wichtigsten Gastländern außerdem noch in den Niederlanden (-1%) und Schweden (-3%) zu verzeichnen.

Datenbasis

Die auf den Seiten 78/79 aufgeführten Daten zur temporären Auslandsmobilität beziehen sich ausschließlich auf Aufenthalte, die im Rahmen des EU-Mobilitätsprogramms Erasmus+ durchgeführt wurden. Grundlage hierfür ist die Erasmus-Statistik des DAAD. Rund 40% aller temporären studienbezogenen Auslandsaufenthalte deutscher Studierender werden nach den Befunden der Mobilitätsstudie von DAAD und DZHW über Erasmus+ durchgeführt. Sowohl deutsche als auch internationale Studierende können gefördert werden, wenn sie einen Studiums- oder Praktikumsaufenthalt in einem der 34 teilnehmenden Programmländer absolvieren wollen, an einer deutschen Hochschule regulär immatrikuliert sind, das erste Studienjahr abgeschlossen haben, ihre Hochschule an Erasmus+ teilnimmt und die Heimathochschule und die gewünschte Gasthochschule einen Erasmus-Kooperationsvertrag abgeschlossen haben. Die vorliegenden Analysen beziehen sich somit auf alle Erasmus-Teilnehmer/innen aus Deutschland – oder genauer: von deutschen Hochschulen – und nicht nur auf deutsche Erasmus-Teilnehmer/innen.

Innerhalb der wichtigsten zehn Gastländer von Erasmus-Teilnehmer/innen aus Deutschland gibt es sechs Länder, die im Vergleich zum Vorjahr Zuwächse verzeichnen. Dies sind Irland (+1%), Finnland (+3%), Italien (+4%), Österreich (+8%), Norwegen (+10%) und insbesondere die Türkei (+22%). Die Zahl der Erasmus-Teilnehmer/innen in der Türkei war zwischen 2015 und 2018 stark gesunken, liegt nun aber mit rund 1.200 Aufenthalten wieder etwa auf dem Niveau von 2017.

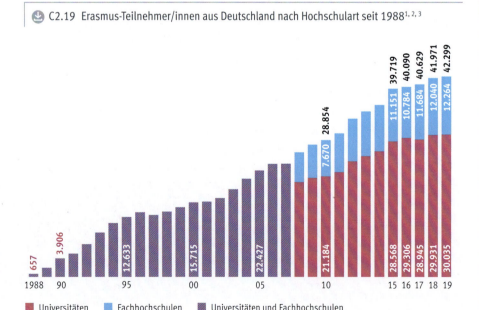

C2.19 Erasmus-Teilnehmer/innen aus Deutschland nach Hochschulart seit 1988[1,2,3]

Quelle: DAAD, Erasmus-Statistik

Fußnoten

1. Erasmus-Statistik bis 2014: Ein Erasmusjahr beginnt im Winter- und endet im Sommersemester des Folgejahres. 2014 = WS 2013/14 + SS 2014. Neue Erasmus-Statistik seit 2015: Ein Erasmusjahr beginnt am 1. Juni des Vorjahres und endet am 31. Mai des Folgejahres. 2019 = 1.6.2018 bis 31.5.2020.

2. Eine Aufschlüsselung der Aufenthalte nach Hochschulart ist erst ab dem Erasmusjahr 2008 möglich.

3. Kunst- und Musikhochschulen sowie sonstige Hochschulen wurden den Universitäten hinzugerechnet. Auf diese Hochschulen entfallen weniger als 2% aller Erasmus-Aufenthalte.

4. Fächergruppenverteilung bei allen Studierenden in Deutschland im Studienjahr 2018 laut Eurostat. Die Fächergruppen werden in der Erasmus-Statistik nach ISCED-Standards eingeteilt und weichen daher von der sonst verwendeten Systematik des Statistischen Bundesamtes ab.

5. Die Anteile an allen Studierenden in Deutschland beziehen sich auf das Wintersemester 2018/19.

6. Aus Übersichtlichkeitsgründen wurden Norwegen, Österreich und Irland im unteren Teil der Abbildung nicht mit aufgenommen.

C2.20 Erasmus-Teilnehmer/innen aus Deutschland nach wichtigen Gastländern 2019 und seit 2009[1, 6]

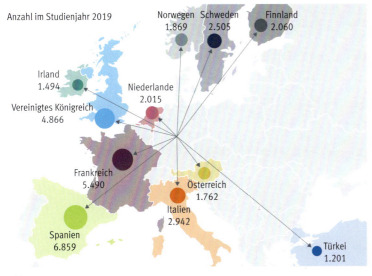

Anzahl im Studienjahr 2019

- Norwegen 1.869
- Schweden 2.505
- Finnland 2.060
- Irland 1.494
- Niederlande 2.015
- Vereinigtes Königreich 4.866
- Frankreich 5.490
- Österreich 1.762
- Italien 2.942
- Spanien 6.859
- Türkei 1.201

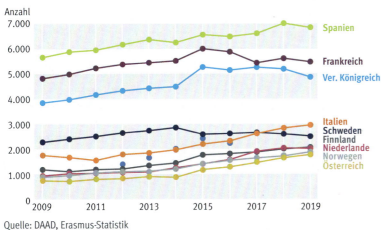

Quelle: DAAD, Erasmus-Statistik

Betrachtet man die Verteilung der Erasmus-Teilnehmer/innen aus Deutschland nach Fächergruppen, so zeigt sich, dass insbesondere die Studierenden aus der Fächergruppe Sozialwissenschaften, Journalismus und Informationswesen überdurchschnittlich vertreten sind.[4] Ihr Anteil fällt unter den Erasmus-Teilnehmer/innen fast doppelt so hoch aus (15%) wie ihr Anteil an allen Studierenden in Deutschland (8%).[5] Ebenfalls deutlich überrepräsentiert sind die Fächergruppen Geisteswissenschaften und Künste sowie Wirtschaft, Verwaltung und Recht. Stark unterdurchschnittlich vertreten sind hingegen v. a. die Fächergruppen Pädagogik, Ingenieurwesen, verarbeitendes Gewerbe und Baugewerbe sowie Informations- und Kommunikationstechnologien. Bei Letzterer fällt ihr Anteil an allen Erasmus-Teilnehmer/innen mit 3% nur knapp halb so hoch aus wie ihr Anteil an den Studierenden insgesamt (7%).

79% aller Erasmus-Aufenthalte von Studierenden aus Deutschland entfielen im Erasmusjahr 2019 auf Studiumsaufenthalte, 21% auf Praktikumsaufenthalte. An den Fachhochschulen fällt der Anteil der Praktikumsaufenthalte mit 31% jedoch deutlich höher aus als an den Universitäten (17%). Auf Bachelorstudierende entfielen dabei 67% der Erasmus-Aufenthalte, auf Masterstudierende 29%. Vergleicht man diese Verteilung mit der Verteilung aller Studierenden in Deutschland, so sind beide Abschlussarten unter den Erasmus-Teilnehmer/innen überrepräsentiert. Staatsexamen, Promotion und sonstige Abschlussarten sind hingegen stark unterrepräsentiert.

C2.21 Erasmus-Teilnehmer/innen aus Deutschland und alle Studierenden in Deutschland nach Fächergruppe 2019[1, 4, 5]

Anteil an allen Studierenden in Deutschland in %	Fächergruppe	Anteil an allen ausreisenden Erasmus-Teilnehmer/innen in %
8,0	Pädagogik	4,5
13,2	Geisteswissenschaften und Künste	17,7
8,1	Sozialwissenschaften, Journalismus und Informationswesen	14,9
22,1	Wirtschaft, Verwaltung und Recht	28,7
10,2	Naturwissenschaften, Mathematik und Statistik	8,2
7,1	Informatik und Kommunikationstechnologie	3,0
19,9	Ingenieurwesen, verarbeitendes Gewerbe und Baugewerbe	12,7
1,5	Landwirtschaft, Forstwirtschaft, Fischerei und Tiermedizin	1,3
7,6	Gesundheit und Sozialwesen	6,9
2,1	Dienstleistungen	2,0

Quellen: DAAD, Erasmus-Statistik; Statistisches Bundesamt, Studierendenstatistik; DAAD-Berechnungen

C2.22 Erasmus-Teilnehmer/innen aus Deutschland nach Hochschul-, Aufenthalts- und Abschlussart 2019[1, 3]

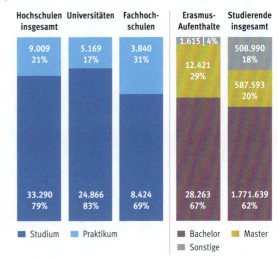

Anzahl und in %
Quelle: DAAD, Erasmus-Statistik; DAAD-Berechnungen

SCHLAGLICHT Auslandsmobilität deutscher Studierender in Zeiten von Corona

Wie hat sich die Auslandsmobilität deutscher Studierender seit Beginn der Covid-19-Pandemie entwickelt? Zu dieser Frage lassen sich mittlerweile erste Aussagen treffen, allerdings nur in Bezug auf die temporären studienbezogenen Auslandsaufenthalte (sog. *credit mobility*), nicht in Bezug auf die abschlussbezogene Mobilität (sog. *degree mobility*). In den wichtigsten Gastländern deutscher Studierender werden – wie auch in Deutschland – die jeweiligen Studierendenstatistiken meistens erst mit etwa einjähriger Verzögerung veröffentlicht. So lagen bis zur Druckfreigabe dieser Ausgabe von *Wissenschaft weltoffen* von den zehn wichtigsten Gastländern deutscher Studierender (vgl. Abb. C1.3 auf S. 65) nur für die Schweiz bereits Studierendendaten zum Wintersemester 2020/21 vor. Das Beispiel der Schweiz zeigt jedoch, dass keineswegs davon ausgegangen werden kann, dass es aufgrund der Covid-19-Pandemie generell zu einem deutlichen Rückgang der Zahl deutscher Studierender (mit Abschlussabsicht) in den relevanten Gastländern gekommen ist. Im Wintersemester 2020/21 waren an den schweizerischen Hochschulen 12.566 deutsche Studierende eingeschrieben, was einem Anstieg von über 400 Studierenden bzw. rund 4% im Vergleich zum Vorjahr entspricht. Anzunehmen ist also eher, dass es je nach Gastland zu sehr unterschiedlichen Entwicklungen der abschlussbezogenen Studierendenmobilität deutscher Studierender gekommen ist. Belastbare Aussagen hierzu werden aber erst in der nächsten Ausgabe von *Wissenschaft weltoffen* möglich sein.

Anders stellt sich dies – wie eingangs bereits erwähnt – für die temporären studienbezogenen Auslandsaufenthalte deutscher Studierender dar. Für eine erste Abschätzung der Entwicklung seit Beginn der Covid-19-Pandemie kann nicht nur auf die entsprechenden Erasmus-Daten zurückgegriffen werden, sondern auch auf die Ergebnisse zweier Corona-Umfragen des DAAD unter den Leitungen der International Offices und Akademischen Auslandsämter deutscher Hochschulen sowie auf die Befunde einer Studierendenbefragung im Rahmen des DAAD-Projekts „Benchmark internationale Hochschule" (BintHo).

Vergleicht man zunächst die Entwicklung der Erasmus-Aufenthalte von Studierenden aus Deutschland in den Jahren 2019 und 2020, so ist festzustellen, dass die Zahl der regulär bzw. vollständig in Präsenzform durchgeführten Aufenthalte im Jahr 2019 bei rund 41.000 lag. Im Jahr 2020 konnten rund 21.000 reguläre Aufenthalte realisiert werden, d.h. rund 50% der Präsenz-Aufenthalte im Vergleich zum Vor-Corona-Jahr 2019.[1] Dabei ist zu berücksichtigen, dass sich die Erasmus-Aufenthalte im Jahresverlauf sehr ungleich verteilen und die mit Abstand meisten Aufenthalte in der zweiten Jahreshälfte begonnen werden. Wie die Darstellung in Abb. CS1 verdeutlicht, kam es gerade in diesem Teil des Jahres zu einem deutlich stärkeren Rückgang der Erasmus-Mobilität. So betrug die Abnahme der regulär durchgeführten Erasmus-Aufenthalte, die zwischen Januar und Juni 2020 begonnen wurden, im Vergleich zum Vorjahr nur 34%. Bei den Aufenthalten, die zwischen Juli und Dezember begonnen wurden, war hingegen ein Rückgang von 57% zu verzeichnen. Auch für die ersten fünf Monate des Jahres 2021 liegen bereits Erasmus-Daten vor. Vergleicht man die ersten fünf Monate des Vor-Corona-Jahres 2019 mit diesen ersten fünf Monaten des Jahres 2021, so ergibt sich bei den regulär durchgeführten Aufenthalten ein Rückgang von 35%. Die Zahl der Erasmus-Aufenthalte in den ersten fünf Monaten des Jahres 2021 (rund 8.100) lag somit nur geringfügig unter der im entsprechenden Zeitraum des Jahr 2020 (rund 8.400).

Differenziert man bei den regulär durchgeführten Aufenthalten nach Aufenthaltsart (Studium bzw. Praktikum), so zeigt sich für das gesamte Jahr 2020 eine Abnahme bei beiden Aufenthaltsarten um

> Die Zahl der regulär durchgeführten und nicht vorzeitig beendeten Erasmus-Aufenthalte lag im Jahr 2019 bei rund 41.000. Im Jahr 2020 konnten rund 21.000 reguläre Aufenthalte realisiert werden.

✱ Fußnoten

1. Als regulär durchgeführte Aufenthalte gelten hier – anders als in der offiziellen Erasmus-Statistik – nur diejenigen Aufenthalte, die vollständig in Präsenzform durchgeführt wurden. In der offiziellen Erasmus-Statistik werden ab Juni 2020 auch Aufenthalte im Hybrid-Format (d. h. kombiniert virtuell und physisch) als reguläre Aufenthalte gezählt.

2. Vgl. hierzu die Info-Box zum BintHo-Projekt auf Seite 74 sowie www.daad.de/bintho.

3. Da der Zeitraum des geplanten Aufenthalts nicht abgefragt wurde, ist eine solche Auswertung aber nicht möglich.

4. Die Ergebnisberichte zu beiden Corona-Umfragen des DAAD (vgl. DAAD 2020b, 2021) finden sich auf der DAAD-Website unter www.daad.de/analysen-studien.

5. Da in der Erasmus-Statistik erst ab Juli 2020 zwischen regulären, virtuellen, hybriden und verkürzten bzw. abgesagten Aufenthalten unterschieden wird, liegen für die erste Jahreshälfte 2020 noch keine entsprechend differenzierten Daten vor.

6. Einschätzungen der befragten Leiterinnen und Leiter von International Offices und Akademischen Auslandsämtern.

7. Abweichungen von 100% sind rundungsbedingt.

8. Befragungszeitraum: April/Mai 2020.

9. Befragungszeitraum: Februar 2021.

50% im Vergleich zu 2019. Betrachtet man aber den Verlauf der Entwicklungen in beiden Fällen etwas genauer, so ist festzustellen, dass sich die Corona-bedingte Abnahme bei den Praktikumsaufenthalten im Jahresverlauf sehr viel gleichmäßiger vollzog als bei den Studiumsaufenthalten. Während der Rückgang bei den Praktikumsaufenthalten in beiden Jahreshälften etwa gleich hoch ausfiel (–51% bzw. –48%), zeigt sich bei den Studiumsaufenthalten in der zweiten Jahreshälfte (Juli bis Dezember) mit –59% eine mehr als doppelt so hohe Abnahme wie in der ersten Jahreshälfte (Januar bis Juni) mit –25%. Der Grund hierfür dürften die in der zweiten Jahreshälfte zunehmenden Einschränkungen des Erasmus-Austauschs an vielen Partnerhochschulen im Ausland gewesen sein. Ein großer Teil dieser Hochschulen setzte im zweiten Halbjahr 2020 – wie auch die Hochschulen in Deutschland – die Präsenzaufenthalte bzw. die Präsenzlehre aufgrund der Covid-19-Pandemie aus. Im Gegensatz dazu war die Durchführung von Erasmus-Praktikumsaufenthalten in beiden Jahreshälften offensichtlich ähnlich stark eingeschränkt. Für die ersten fünf Monate des Jahres 2021 ergibt sich ein Rückgang von 25% bei den Studiumsaufenthalten und von 56% bei den Praktikumsaufenthalten im Vergleich zum Jahr 2019. Auch hier gibt es also nur geringfügige Veränderungen im Vergleich zum ersten Halbjahr 2020.

> Reisebeschränkungen und gesundheitliche Bedenken vor dem Hintergrund der Covid-19-Pandemie zählten bei den im Wintersemester 2021/22 befragten Studierenden zu den wichtigsten Mobilitätshürden.

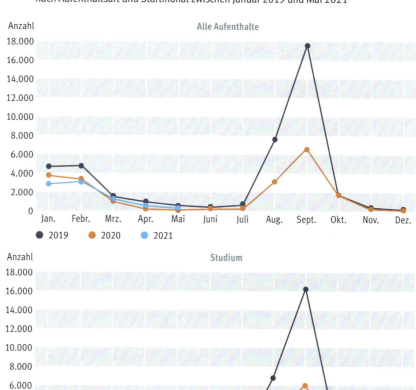

CS1 Anzahl der regulär durchgeführten Erasmus-Aufenthalte von Studierenden aus Deutschland nach Aufenthaltsart und Startmonat zwischen Januar 2019 und Mai 2021[1]

Quelle: DAAD, Erasmus-Statistik; DAAD-Berechnung

SCHLAGLICHT: Auslandsmobilität deutscher Studierender in Zeiten von Corona

Seit Juli 2020 werden in der Erasmus-Statistik auch die Aufenthalte erfasst und differenziert, die aufgrund der Covid-19-Pandemie nicht regulär, d. h. nicht in der bislang üblichen Präsenzform durchgeführt werden konnten. Es handelt sich dabei zum einen um Aufenthalte, die teilweise oder vollständig digital durchgeführt werden (vom Heimat- oder Gastland aus), zum anderen um Aufenthalte, die abgebrochen bzw. verkürzt werden müssen oder gar nicht stattfinden können bzw. verschoben werden. Mithilfe dieser Daten lässt sich der Corona-Effekt auf die Erasmus-Mobilität noch etwas genauer analysieren. Demnach fanden zwischen Juli 2020 und Mai 2021 trotz der Covid-19-Pandemie über 20.000 reguläre Aufenthalte statt. Das sind 55% der Aufenthalte, die in diesem Zeitraum bewilligt worden waren. Rund 15.000 bewilligte Aufenthalte in diesem Zeitraum (41%) konnten nicht stattfinden oder mussten verkürzt bzw. abgebrochen werden. Knapp 900 Aufenthalte (1,5%) wurden rein virtuell, d. h. ohne physischen Aufenthalt im jeweiligen Gastland durchgeführt, bei gut 500 Fällen handelte es sich um Aufenthalte im Hybrid-Format, d. h., die Erasmus-Phase fand teilweise digital (vom Heimat- oder Gastland aus) und teilweise vor Ort an der Gastinstitution im Ausland statt.

Zwischen Praktikums- und Studiumsaufenthalten zeigen sich dabei deutliche Unterschiede. Der Anteil der regulär durchgeführten Aufenthalte an allen bewilligten Aufenthalten liegt bei den Studiumsaufenthalten bei gut der Hälfte (51%), bei den Praktikumsaufenthalten hingegen bei weit über drei Vierteln (84%). Ausschließlich virtuelle Praktikumsaufenthalte sind zudem deutlich seltener (0,7%) als rein virtuelle Studiumsaufenthalte (1,6%). Auch die Aufenthalte im Hybrid-Format sind bei Studiumsaufenthalten etwas häufiger (2,5%) als bei Praktikumsaufenthalten (1,7%). Offensichtlich kam es an den Partnerhochschulen also häufiger zu relativ kurzfristigen Einschränkungen des Erasmus-Austauschs als in den Praktikumsbetrieben. Praktikumsaufenthalte haben sich demnach als etwas weniger abhängig vom kurzfristig schwankenden Verlauf der Covid-19-Pandemie erwiesen als Studiumsaufenthalte.

> 43% der im Februar 2021 befragten Leitungen der International Offices und Akademischen Auslandsämter prognostizierten ein steigendes Interesse an studienbezogenen Auslandsaufenthalten im Wintersemester 2021/22, nur 15% erwarteten ein weiter sinkendes Interesse.

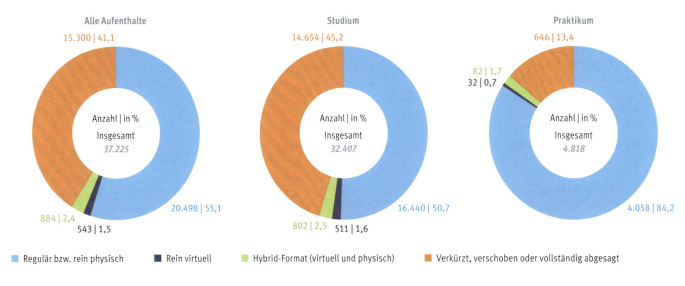

CS2 Regulär und nicht regulär durchgeführte Erasmus-Aufenthalte von Studierenden aus Deutschland nach Aufenthaltsart mit Beginn zwischen Juli 2020 und Mai 2021[1,5]

- Regulär bzw. rein physisch
- Rein virtuell
- Hybrid-Format (virtuell und physisch)
- Verkürzt, verschoben oder vollständig abgesagt

Quelle: DAAD, Erasmus-Statistik; DAAD-Berechnung

⬇ CS3 Geschätzter Anteil der Studierenden in Deutschland, die einen geplanten studienbezogenen Auslandsaufenthalt aufgrund der Covid-19-Pandemie abgesagt oder verschoben haben im Wintersemester 2020/21[4, 6, 7]

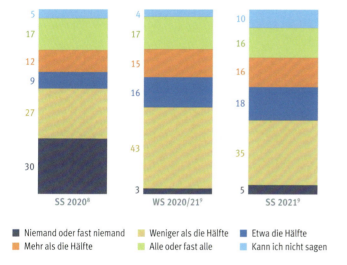

- Niemand oder fast niemand
- Mehr als die Hälfte
- Weniger als die Hälfte
- Alle oder fast alle
- Etwa die Hälfte
- Kann ich nicht sagen

Quellen: DAAD, Corona-Umfragen unter Leitungen von International Offices und Akademischen Auslandsämtern 2020, 2021

⬇ CS4 Prognostizierte Entwicklung des Interesses der Studierenden in Deutschland an einem studienbezogenen Auslandsaufenthalt im Wintersemester 2021/22 im Vergleich zum Wintersemester 2020/21[4, 6, 9]

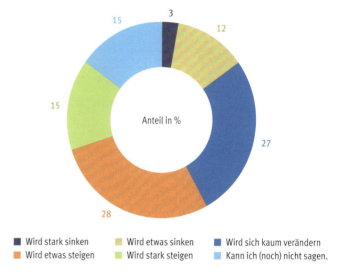

- Wird stark sinken
- Wird etwas steigen
- Wird etwas sinken
- Wird stark steigen
- Wird sich kaum verändern
- Kann ich (noch) nicht sagen.

Quellen: DAAD, Corona-Umfragen unter Leitungen von International Offices und Akademischen Auslandsämtern 2020, 2021

Auch die Befunde der BintHo-Umfrage[2] des DAAD, die im Wintersemester 2020/21 durchgeführt wurde und an der sich knapp 120.000 Studierende an 74 deutschen Hochschulen beteiligten, spiegeln die Auswirkungen der Covid-19-Pandemie auf die studentische Auslandsmobilität wider (vgl. hierzu auch Abb. C2.17 auf S. 77). Befragte, die einen Auslandsaufenthalt geplant hatten, diesen jedoch aus bestimmten Gründen nicht realisieren konnten, sollten bis zu drei Gründe nennen, die für das Scheitern ihres Aufenthalts besonders relevant waren. Bei 29% der Studierenden dieser Gruppe zählten Reisebeschränkungen durch die Covid-19-Pandemie zu den drei wichtigsten Hinderungsgründen und bei 21% gesundheitliche Bedenken vor dem Hintergrund der Covid-19-Pandemie. Zu berücksichtigen ist hierbei, dass diese Anteile vermutlich noch deutlich höher ausfallen würden, wenn nur diejenigen Befragten betrachtet worden wären, die den Aufenthalt für das Jahr 2020 oder 2021 geplant hatten.[3]

Eine weitere Perspektive bieten schließlich die beiden Corona-Umfragen des DAAD unter den Leitungen der International Offices (IO) und Akademischen Auslandsämter (AAA) deutscher Hochschulen im Sommersemester 2020 und im Wintersemester 2020/21.[4] An beiden Umfragen beteiligten sich über 170 bzw. gut zwei Drittel der 268 HRK-Mitgliedshochschulen. Bei der ersten Befragung im April und Mai 2020, d. h. zu Beginn des Sommersemesters, berichteten 38% der befragten IO/AAA-Leiterinnen und -Leiter, dass an ihrer Hochschule mindestens die Hälfte der Studierenden ihre im Sommersemester geplanten Auslandsaufenthalte pandemiebedingt abgesagt hat. Bei der zweiten Befragung stieg dieser Anteil auf 48% in Bezug auf das Wintersemester 2020/21 bzw. auf 50% in Bezug auf das Sommersemester 2021. Der Ausblick auf das Wintersemester 2021/22 fiel bei den befragten Leiterinnen und Leitern aber trotzdem recht optimistisch aus: 43% prognostizierten im Vergleich zum vorherigen Wintersemester wieder ein steigendes Interesse an studienbezogenen Auslandsaufenthalten unter den Studierenden, nur 15% erwarteten ein weiter sinkendes Interesse.

D INTERNATIONALE WISSENSCHAFTLER/INNEN IN DEUTSCHLAND

1 Internationale Wissenschaftler/innen an deutschen Hochschulen

1.1 Mobilitätsentwicklung, Herkunftsregionen und Herkunftsländer

Die Zahl des internationalen Wissenschaftspersonals[1] an deutschen Hochschulen belief sich im Jahr 2019[2] auf rund 51.800 wissenschaftliche und künstlerische Mitarbeiter/innen mit ausländischer Staatsbürgerschaft. Das sind 12,7% des gesamten Wissenschaftspersonals. Seit 2016 hat sich die Zahl der internationalen Mitarbeiter/innen dabei um 13% erhöht. Im Vergleich dazu ist im selben Zeitraum die Zahl der deutschen Wissenschaftler/innen nur um 4% gestiegen.

Diese Dynamik lässt sich allerdings nicht für alle Gruppen innerhalb des internationalen Wissenschaftspersonals feststellen. Insbesondere bei den internationalen Professor/innen scheint sich die Entwicklung langsamer zu vollziehen. 2019 waren insgesamt rund 3.500 Professor/innen mit ausländischer Staatsbürgerschaft an deutschen Hochschulen berufen. Ihre Zahl hat sich seit 2016 um 9% erhöht. Die im Vergleich zum weiteren internationalen Personal geringere Steigerungsquote erklärt sich auch daraus, dass die Berufung zum Professor bzw. zur Professorin auf Lebenszeit erfolgt. Entsprechende Stellen werden zumeist erst durch das Erreichen der Altersgrenze frei.

Internationale Professor/innen stellen nur 7,2% aller Professor/innen an deutschen Hochschulen. Das ist ein deutlich geringerer Anteil als der Anteil der internationalen Mitarbeiter/innen am gesamten Wissenschaftspersonal. Auch innerhalb des internationalen Wissenschaftspersonals sind lediglich rund 7% Professor/innen. Beim deutschen Wissenschaftspersonal liegt dieser Anteil jedoch bei rund 15%. Diese Situation kann sowohl auf „heimliche" Berufungshürden als auch auf eine niedrigere Zahl an internationalen Bewerber/innen zurückzuführen sein. Vor allem Fachhochschulprofessuren, die fast die Hälfte aller Professuren an deutschen Hochschulen ausmachen, könnten für internationale Bewerber/innen aufgrund mangelnder Bekanntheit und Reputation zu wenig attraktiv sein. Zudem ist es wahrscheinlich, dass internationale Bewerber/innen auch wegen mangelnder Deutschkenntnisse seltener berücksichtigt werden oder dass sie deshalb gleich ganz auf eine Bewerbung verzichten.

Diese Annahmen bestätigen sich beim Vergleich der Hochschularten: Während die internationalen Mitarbeiter/innen an Universitäten einen Anteil von 15,2% an allen wissenschaftlichen Mitarbeiter/innen und die internationalen Professor/innen einen Anteil von 10,6% an allen Professor/innen stellen, belaufen sich diese Werte an Fachhochschulen auf 5,7% bzw. 2,6%. An Kunst- und Musikhochschulen beträgt der Anteil des internationalen Wissenschaftspersonals 19,3% und der Anteil der internationalen Professor/innen sogar 21,2%.

Die wichtigsten Herkunftsländer des internationalen Wissenschaftspersonals an deutschen Hochschulen sind Italien, Indien, China, Österreich, die USA, Russland und Spanien. Während Italien, Österreich und die USA seit 2016 einen durchschnittlichen Zuwachs bei der Zahl des Wissenschaftspersonals verzeichnen, fällt diese Quote für Russland (+8%) und Spanien (+5%) unterdurchschnittlich sowie für Indien mit +51% und für China mit +29% deutlich überdurchschnittlich aus.[3]

Bei den internationalen Professor/innen ist Österreich mit großem Abstand das wichtigste Herkunftsland, gefolgt von der Schweiz, Italien und den USA. Die beiden deutschsprachigen Herkunftsländer Österreich und Schweiz stellen mit Anteilen von 20% bzw. 9% fast ein Drittel aller internationalen Professor/innen. Während aber die Zahl der

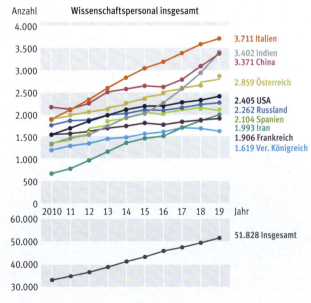
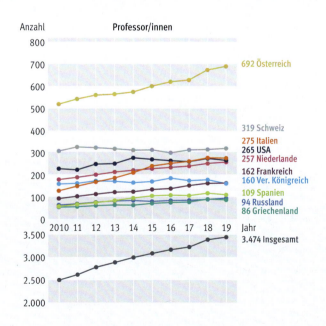

D1.1 Internationales Wissenschaftspersonal insgesamt sowie internationale Professor/innen nach wichtigsten Herkunftsländern seit 2010[2]

Quelle: Statistisches Bundesamt, Personalstatistik Hochschulen

WISSENSCHAFT WELTOFFEN 2021

österreichischen Professor/innen seit 2016 um 11% gewachsen ist, haben sich die schweizerischen Zahlen schon seit Längerem nicht wesentlich verändert. Die höchsten Steigerungen sind für Indien (+48%) und die Türkei (+47%) festzustellen. Die Zahl der Professor/innen aus Kanada und dem Vereinigten Königreich hat sich dagegen in den letzten Jahren deutlich verringert (jeweils −13%).[4]

Nach Regionen betrachtet zeichnet sich sowohl für das internationale Wissenschaftspersonal insgesamt als auch für internationale Professor/innen eine Dominanz der Herkunftsregion Westeuropa ab. Von allen internationalen Mitarbeiter/innen kommen 35% aus westeuropäischen Ländern, bei den Professor/innen sind es sogar 66%. Weitere wichtige Herkunftsregionen sind beim Wissenschaftspersonal Asien und Pazifik (19%), Mittel- und Südosteuropa (13%) sowie Nordafrika und Nahost (10%). Bei den internationalen Professor/innen sind dies Mittel- und Südosteuropa (10%) sowie Nordamerika (9%). Die große Bedeutung von Westeuropa zeigt sich auch bei anderen Gruppen international mobiler Wissenschaftler/innen, die nach Deutschland kommen (vgl. S. 94/95). Sie ergibt sich zum einen aus dem hohen Niveau des Wissenschafts- und Hochschulsystems in diesen Ländern, zum anderen aber auch aus entsprechenden Kooperationsbeziehungen der Hochschulen sowie historischen, ökonomischen und politischen Beziehungen z. B. im Rahmen der EU.

* Fußnoten

1. Das internationale Wissenschaftspersonal umfasst alle wissenschaftlichen und künstlerischen Mitarbeiter/innen an deutschen Hochschulen mit ausländischer Staatsbürgerschaft, einschließlich wissenschaftlicher und künstlerischer Mitarbeiter/innen ohne Angaben zur Staatsbürgerschaft.
Zu den wissenschaftlichen und künstlerischen Mitarbeiter/innen gehören folgende Personalgruppen: Professor/innen, Dozent/innen und Assistent/innen, wissenschaftliche und künstlerische Mitarbeiter/innen, Lehrkräfte für besondere Aufgaben, Gastprofessor/innen und Emeriti, Lehrbeauftragte, Honorarprofessor/innen, Privatdozent/innen sowie wissenschaftliche Hilfskräfte (d. h. mit Studienabschluss).
2. Die Daten des Statistischen Bundesamtes zum Wissenschaftspersonal an Hochschulen beziehen sich auf Berichtsjahre (Januar–Dezember) und nicht auf Studienjahre.
3. Ausschließlich Länder mit mindestens 50 wissenschaftlichen Mitarbeiter/innen an deutschen Hochschulen.
4. Ausschließlich Länder mit mindestens 20 Professor/innen an deutschen Hochschulen.
5. Für 337 wissenschaftliche und künstlerische Mitarbeiter/innen, darunter zwei Professor/innen, fehlen konkrete Angaben zur Staatsbürgerschaft. Sie stellen rund 1% des internationalen Wissenschaftspersonals.

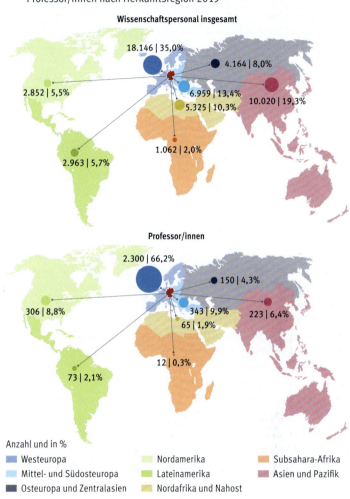

D1.2 Internationales Wissenschaftspersonal insgesamt sowie internationale Professor/innen nach Herkunftsregion 2019[5]

Wissenschaftspersonal insgesamt
- 18.146 | 35,0% (Westeuropa)
- 4.164 | 8,0% (Osteuropa und Zentralasien)
- 2.852 | 5,5% (Nordamerika)
- 6.959 | 13,4% (Mittel- und Südosteuropa)
- 5.325 | 10,3% (Nordafrika und Nahost)
- 10.020 | 19,3% (Asien und Pazifik)
- 2.963 | 5,7% (Lateinamerika)
- 1.062 | 2,0% (Subsahara-Afrika)

Professor/innen
- 2.300 | 66,2% (Westeuropa)
- 150 | 4,3% (Osteuropa und Zentralasien)
- 306 | 8,8% (Nordamerika)
- 343 | 9,9% (Mittel- und Südosteuropa)
- 65 | 1,9% (Nordafrika und Nahost)
- 223 | 6,4% (Asien und Pazifik)
- 73 | 2,1% (Lateinamerika)
- 12 | 0,3% (Subsahara-Afrika)

Anzahl und in %: Westeuropa, Mittel- und Südosteuropa, Osteuropa und Zentralasien, Nordamerika, Lateinamerika, Nordafrika und Nahost, Subsahara-Afrika, Asien und Pazifik

Quellen: Statistisches Bundesamt, Personalstatistik Hochschulen; DZHW-Berechnungen

D1.3 Anteil des internationalen Wissenschaftspersonals am gesamten Wissenschaftspersonal nach Hochschulart 2009, 2014 und 2019

Hochschulart	Personal	Jahr	in %
Universitäten	Internationales Wissenschaftspersonal	2009	11,3
		2014	12,7
		2019	15,2
	Internationale Professor/innen	2009	8,2
		2014	9,6
		2019	10,6
Fachhochschulen	Internationales Wissenschaftspersonal	2009	4,6
		2014	5,1
		2019	5,7
	Internationale Professor/innen	2009	1,9
		2014	2,3
		2019	2,6
Kunst- und Musikhochschulen	Internationales Wissenschaftspersonal	2009	14,2
		2014	16,3
		2019	19,3
	Internationale Professor/innen	2009	18,9
		2014	20,9
		2019	21,2

Quellen: Statistisches Bundesamt, Personalstatistik Hochschulen; DZHW-Berechnungen

D INTERNATIONALE WISSENSCHAFTLER/INNEN IN DEUTSCHLAND

1 Internationale Wissenschaftler/innen an deutschen Hochschulen

1.2 Bundesländer und Fächergruppen

Die meisten wissenschaftlichen und künstlerischen Mitarbeiter/innen mit ausländischer Staatsbürgerschaft arbeiten an den Hochschulen in Nordrhein-Westfalen (19%), Baden-Württemberg (18%) und Bayern (17%). Diese drei Bundesländer stellen allein über die Hälfte des internationalen Wissenschaftspersonals. Das trifft auch auf internationale Professor/innen zu. Die Zahl der ausländischen Mitarbeiter/innen ist dabei nicht nur von Zahl und Größe der Hochschulen in einem Bundesland abhängig, sondern auch von strukturellen Aspekten wie dem Anteil der verschiedenen Hochschularten, dem Fächerprofil oder auch von der Grenznähe zu anderen Ländern und der Attraktivität bestimmter Standorte. Besonders hohe Anteile an internationalen Mitarbeiter/innen verzeichnen daher die Hochschulen im Saarland (17,6%), in Berlin (15,8%) und Brandenburg (15,2%). Relativ niedrig ist dieser Wert für Mecklenburg-Vorpommern (9,5%) und Schleswig-Holstein (10,5%). Ein ähnliches Bild ergibt sich beim Anteil der internationalen Professor/innen an der gesamten Professorenschaft. Hier stehen die Berliner Hochschulen mit 11,4% an der Spitze, während in Mecklenburg-Vorpommern nur 3,7% der Professor/innen aus dem Ausland kommen.

Der quantitative Anstieg des internationalen Wissenschaftspersonals hat sich in den letzten zehn Jahren in den verschiedenen Bundesländern unterschiedlich vollzogen. Eine hohe Steigerung verzeichnet Sachsen-Anhalt (+129%), einen deutlich niedrigeren Wert dagegen das Saarland (+51%). Eine noch größere Spannweite ist allerdings bei der Entwicklung der Zahl internationaler Professor/innen zu konstatieren. Die höchsten Steigerungsquoten von 2009 bis 2019 verzeichnen Rheinland-Pfalz (+105%) und Sachsen-Anhalt (+76%), eine sehr niedrige hingegen Brandenburg (+15%) und Sachsen (+16%). Bei der Interpretation dieser Befunde darf nicht übersehen werden, dass die Differenzen auch mit dem jeweiligen landesspezifischen Ausbau von Personalstellen an den Hochschulen im Zusammenhang stehen.[1]

> In Mathematik und Naturwissenschaften kommt ein Fünftel des Wissenschaftspersonals aus dem Ausland.

In den verschiedenen Fächergruppen ist das internationale Wissenschaftspersonal in unterschiedlichem Umfang vertreten. Mit einem Anteil von 21% gehören die meisten ausländischen Mitarbeiter/innen zur Fächergruppe Mathematik und Naturwissenschaften. Ähnlich bedeutsam sind Ingenieurwissenschaften (20%) sowie Medizin und Gesundheitswissenschaften (19%). 12% des internationalen Wissenschaftspersonals arbeiten in den Geisteswissenschaften, 11% in den Rechts-, Wirtschafts- und Sozialwissenschaften und 10% in zentralen Einrichtungen der Hochschulen. Im Vergleich mit den deutschen Wissenschaftler/innen zeigen sich vor allem zwei wesentliche Unterschiede: Während der Anteil des ausländischen Wissenschaftspersonals in den Rechts-, Wirtschafts- und Sozialwissenschaften nur halb so hoch ausfällt wie beim deutschen Personal, erreicht er in Mathematik und Naturwissenschaften einen etwa doppelt so hohen Wert.

D1.4 Internationales Wissenschaftspersonal insgesamt sowie internationale Professor/innen nach Bundesland 2019 und Entwicklung seit 2009

Deutschland	Internationales Wissenschaftspersonal		Internationale Professor/innen		Entwicklung 2009–2019 in %	
	Anzahl	Anteil in %	Anzahl	Anteil in %	Wissenschaftspersonal	Professor/innen
Baden-Württemberg	9.356	12,6	578	7,7	65	52
Bayern	8.591	14,2	574	8,1	86	69
Berlin	4.186	15,8	426	11,4	84	69
Brandenburg	1.128	15,2	54	5,8	103	15
Bremen	588	13,2	53	7,6	65	33
Hamburg	1.688	11,0	120	6,9	102	36
Hessen	3.275	11,9	234	6,2	72	57
Mecklenburg-Vorpommern	600	9,5	30	3,7	79	58
Niedersachsen	3.469	12,1	208	5,6	71	46
Nordrhein-Westfalen	9.848	11,4	676	6,6	77	54
Rheinland-Pfalz	1.872	12,0	131	6,1	82	105
Saarland	776	17,6	33	6,5	51	27
Sachsen	2.822	12,9	138	6,1	74	16
Sachsen-Anhalt	1.052	12,1	65	6,3	129	76
Schleswig-Holstein	939	10,5	74	6,6	93	64
Thüringen	1.382	13,6	80	6,5	101	31
Insgesamt	**51.572**	**12,7**	**3.474**	**7,2**	**78**	**55**

Quellen: Statistisches Bundesamt, Personalstatistik Hochschulen; DZHW-Berechnungen

WISSENSCHAFT WELTOFFEN 2021

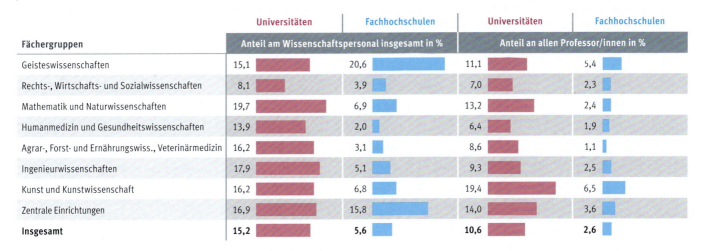

D1.5 Anteil des internationalen Wissenschaftspersonals am Wissenschaftspersonal insgesamt sowie der internationalen Professor/innen an allen Professor/innen nach Hochschulart und Fächergruppe 2019

Fächergruppen	Universitäten	Fachhochschulen	Universitäten	Fachhochschulen
	Anteil am Wissenschaftspersonal insgesamt in %		Anteil an allen Professor/innen in %	
Geisteswissenschaften	15,1	20,6	11,1	5,4
Rechts-, Wirtschafts- und Sozialwissenschaften	8,1	3,9	7,0	2,3
Mathematik und Naturwissenschaften	19,7	6,9	13,2	2,4
Humanmedizin und Gesundheitswissenschaften	13,9	2,0	6,4	1,9
Agrar-, Forst- und Ernährungswiss., Veterinärmedizin	16,2	3,1	8,6	1,1
Ingenieurwissenschaften	17,9	5,1	9,3	2,5
Kunst und Kunstwissenschaft	16,2	6,8	19,4	6,5
Zentrale Einrichtungen	16,9	15,8	14,0	3,6
Insgesamt	**15,2**	**5,6**	**10,6**	**2,6**

Quellen: Statistisches Bundesamt, Personalstatistik Hochschulen; DZHW-Berechnungen

D1.6 Internationales und deutsches Wissenschaftspersonal insgesamt sowie internationale und deutsche Professor/innen nach Fächergruppe 2019

Quellen: Statistisches Bundesamt, Personalstatistik Hochschulen; DZHW-Berechnungen

Für die internationalen Professor/innen erweisen sich neben Mathematik und Naturwissenschaften (22%) sowie Ingenieurwissenschaften (16%) auch die Fächergruppen Rechts-, Wirtschafts- und Sozialwissenschaften sowie Kunst und Kunstwissenschaft (jeweils 18%) als besonders relevant. Im Vergleich zur deutschen Professorenschaft sind internationale Professor/innen deutlich häufiger in künstlerisch-kunstwissenschaftlichen (Anteil dt.: 7%) sowie in mathematisch-naturwissenschaftlichen Fächern (Anteil dt.: 13%) vertreten, dafür seltener in Rechts-, Wirtschafts- und Sozialwissenschaften (Anteil dt.: 31%) sowie in Ingenieurwissenschaften (Anteil dt.: 27%).

Diesen Verteilungen entsprechend lassen sich an den Universitäten hohe Anteile des internationalen Wissenschaftspersonals am gesamten akademischen Personal vor allem in den mathematisch-naturwissenschaftlichen (20%) und ingenieurwissenschaftlichen (18%) Fächergruppen sowie in den zentralen Hochschuleinrichtungen (17%) feststellen. An den Fachhochschulen findet sich mit 21% ein hoher Wert vor allem in den Geisteswissenschaften, der sich aus deren starker Ausrichtung auf Fächer erklärt, in denen Fremdsprachen gelehrt werden und in denen deshalb Lehrende mit muttersprachlichem Hintergrund arbeiten. In Bezug auf internationale Professor/innen lassen sich überdurchschnittliche Anteile in Kunst und Kunstwissenschaft sowohl an den Universitäten (19%) als auch an den Fachhochschulen (7%) beobachten.

✱ Fußnote

1 Während die Zahl der Professuren von 2009 bis 2019 in Bayern um 27% stieg, erhöhte sie sich in Bremen nur um 9%.

D INTERNATIONALE WISSENSCHAFTLER/INNEN IN DEUTSCHLAND

2 Internationale Wissenschaftler/innen an außeruniversitären Forschungseinrichtungen

2.1 Mobilitätsentwicklung, Herkunftsregionen und Herkunftsländer

An den vier größten außeruniversitären Forschungseinrichtungen (AUFE) arbeiteten im Jahr 2019[1] rund 14.100 angestellte Wissenschaftler/innen mit ausländischer Staatsangehörigkeit.[2] Seit 2010 hat sich deren Zahl mehr als verdoppelt (+107%). Damit ist an den AUFE beim internationalen Wissenschaftspersonal eine dynamischere Entwicklung als an den Hochschulen festzustellen. Während an den Hochschulen die Zahl der internationalen Wissenschaftler/innen seit 2016 um 13% anstieg, betrug im gleichen Zeitraum die Steigerung an den AUFE 33%, im Vergleich zu 2018 allein 8% mehr.

Der stärkste Anstieg ist bei der Max-Planck-Gesellschaft zu registrieren. Innerhalb von neun Jahren hat die Zahl der internationalen Wissenschaftler/innen hier um 176% zugenommen. Dies resultiert unter anderem insbesondere aus der im Jahr 2015 getroffenen Entscheidung, Promovierende nicht mehr über Stipendien, sondern über befristete Arbeitsverträge zu finanzieren. In den Einrichtungen der Helmholtz- und der Leibniz-Gemeinschaft kommt es seit 2010 ebenfalls zu einem deutlichen Anstieg des internationalen Wissenschaftspersonals um 94% bzw. 132%. Lediglich die Fraunhofer-Gesellschaft stellt eine gewisse Ausnahme dar. Sie hat 2019 fast wieder das Niveau des Jahres 2011 (–3%) erreicht, in dem sie die bisher höchste Zahl an internationalen Wissenschaftler/innen verzeichnete. Aber nach einem deutlichen Rückgang wächst seit 2015 diese Zahl wieder kontinuierlich, von 2018 auf 2019 allein um 13%.

Das stetige Wachstum des internationalen Wissenschaftspersonals an den AUFE hat dazu geführt, dass im Jahr 2019 rund 28% aller Wissenschaftler/innen aus dem Ausland stammen. Im Jahr 2010 lag dieser Anteil noch bei 15%. Im Vergleich zu den Hochschulen fällt damit der aktuelle Anteil der internationalen Wissenschaftler/innen an den AUFE mehr als doppelt so hoch aus (vgl. S. 84/85). Das ist unter anderem ein Ergebnis des unterschiedlichen Fächerprofils. Die Mehrzahl der AUFE – mit Ausnahme der Fraunhofer-Institute – ist im Bereich der stark internationalisierten Naturwissenschaften angesiedelt. In diesen Fachdisziplinen beträgt der Anteil des internationalen Wissenschaftspersonals an allen wissenschaftlich Tätigen auch an den Hochschulen überdurchschnittliche 21% (vgl. S. 86/87). Darüber hinaus tragen auch die sehr guten Forschungsbedingungen und die geringeren sprachlichen Hürden – da keine Lehrverpflichtungen bestehen und in naturwissenschaftlichen Labors in der Regel Englisch gesprochen wird – zur internationalen Attraktivität der AUFE bei.

Der mit Abstand höchste Anteil der internationalen Wissenschaftler/innen an allen angestellten Wissenschaftler/innen lässt sich

> „ Die Zahl der internationalen Wissenschaftler/innen an den außeruniversitären Forschungseinrichtungen hat sich seit 2010 mehr als verdoppelt.

D2.1 Internationales Wissenschaftspersonal an den vier größten außeruniversitären Forschungseinrichtungen seit 2010[1]

Quelle: Statistisches Bundesamt, Statistik zu außeruniversitären Forschungseinrichtungen

Fußnoten

1. Die Daten des Statistischen Bundesamtes zum Personal an außeruniversitären Forschungseinrichtungen beziehen sich auf Berichtsjahre (Januar–Dezember) und nicht auf Studienjahre.

2. Die Daten und Aussagen beziehen sich ausschließlich auf die vier größten außeruniversitären deutschen Forschungseinrichtungen: Helmholtz-Gemeinschaft, Max-Planck-Gesellschaft, Leibniz-Gemeinschaft und Fraunhofer-Gesellschaft.

3. In der amtlichen Statistik zu außeruniversitären Forschungseinrichtungen erfolgt die Angabe der Herkunft des internationalen Personals nicht nach differenzierteren Regionen, sondern nach Kontinenten.

dabei mit rund 51% an den Instituten der Max-Planck-Gesellschaft feststellen. Etwa jede/r zweite Wissenschaftler/in hat damit eine ausländische Staatsangehörigkeit. Wie schon beschrieben, ist dieser hohe Wert auch die Folge der befristeten Einstellung aller Promovierenden. Demgegenüber kommt an den zumeist ingenieurwissenschaftlich ausgerichteten Instituten der Fraunhofer-Gesellschaft nur jede/r zehnte Wissenschaftler/in aus dem Ausland (11%). Für die Helmholtz- und Leibniz-Gemeinschaft liegt dieser Wert bei jeweils rund einem Viertel (27% bzw. 24%).

> **51% der Wissenschaftler/innen in der Max-Planck-Gesellschaft haben eine ausländische Staatsbürgerschaft.**

Das internationale Wissenschaftspersonal an den AUFE stammt vor allem aus europäischen Ländern. EU-Länder stellen dabei 42%, die übrigen europäischen Länder 13% der ausländischen Wissenschaftler/innen. Ein ebenfalls hoher Anteil von 29% kommt aus Asien. Die Dominanz von Wissenschaftler/innen aus europäischen Ländern an den AUFE korrespondiert mit der Herkunft des internationalen Wissenschaftspersonals an den Hochschulen, auch hier kommt mehr als jede/r zweite Wissenschaftler/in aus Europa. Zwischen den verschiedenen AUFE gibt es dabei nur geringfügige Differenzen. Der höchste Anteil an Wissenschaftler/innen aus europäischen Ländern findet sich in den Instituten der Helmholtz-Gemeinschaft (59%), die meisten Wissenschaftler/innen aus Nordamerika (9%) und aus Asien (32%) bei der Max-Planck-Gesellschaft.

Die wichtigsten Herkunftsländer sind China mit rund 1.300 sowie Italien und Indien mit jeweils rund 1.200 Wissenschaftler/innen, die im Jahr 2019 aus diesen Ländern an den AUFE tätig waren. Weitere wichtige Länder sind Russland (rund 700), Frankreich, Spanien und die USA (jeweils rund 600).

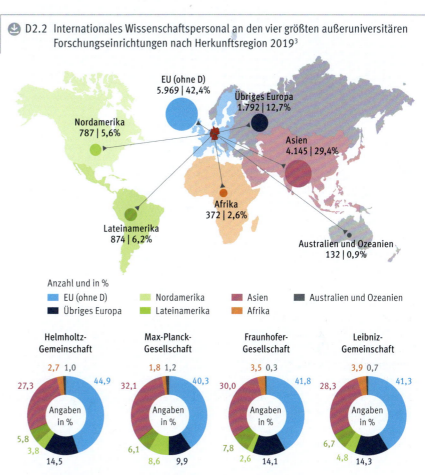

D2.2 Internationales Wissenschaftspersonal an den vier größten außeruniversitären Forschungseinrichtungen nach Herkunftsregion 2019[3]

Quellen: Statistisches Bundesamt, Statistik zu außeruniversitären Forschungseinrichtungen; DZHW-Berechnungen

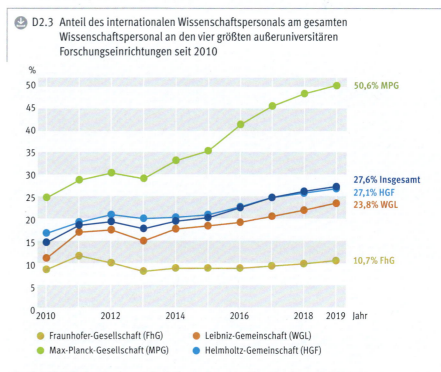

D2.3 Anteil des internationalen Wissenschaftspersonals am gesamten Wissenschaftspersonal an den vier größten außeruniversitären Forschungseinrichtungen seit 2010

Quellen: Statistisches Bundesamt, Statistik zu außeruniversitären Forschungseinrichtungen; DZHW-Berechnungen

D INTERNATIONALE WISSENSCHAFTLER/INNEN IN DEUTSCHLAND

2 Internationale Wissenschaftler/innen an außeruniversitären Forschungseinrichtungen

2.2 Fächergruppen und Qualifikation

Mit einem Anteil von rund 69% ist die Mehrzahl des internationalen Wissenschaftspersonals an außeruniversitären Forschungseinrichtungen (AUFE) der Fächergruppe Mathematik und Naturwissenschaften zuzurechnen. Dabei handelt es sich vor allem um Physiker/innen und Biolog/innen. 15% der internationalen Wissenschaftler/innen sind als Ingenieurwissenschaftler/innen, 8% als Sozial- und Geisteswissenschaftler/innen sowie 7% als Humanmediziner/innen tätig. Die große Bedeutung der naturwissenschaftlichen Disziplinen beim internationalen Wissenschaftspersonal entspricht der allgemeinen Ausrichtung der AUFE. Lediglich die Institute der Fraunhofer-Gesellschaft sind vorrangig ingenieurwissenschaftlich ausgerichtet.

Der Anteil der internationalen Wissenschaftler/innen, die im Bereich Mathematik und Naturwissenschaften arbeiten, fällt im Vergleich zum deutschen Personal deutlich größer (69% vs. 50%), in Bezug auf die Ingenieurwissenschaften hingegen deutlich kleiner aus (15% vs. 31%). Auf der Ebene der einzelnen Forschungseinrichtungen nivellieren sich allerdings diese Unterschiede, da ihnen vor allem der geringere Anteil der ausländischen Wissenschaftler/innen am Personal der Fraunhofer-Institute zugrunde liegt (s. 88/89). Nur bei der Helmholtz- und bei der Leibniz-Gemeinschaft arbeiten prozentual etwas mehr internationale als deutsche Wissenschaftler/innen in Mathematik und Naturwissenschaften.

> 9% der internationalen Wissenschaftler/innen in der Leibniz-Gemeinschaft arbeiten als Leiter/innen.

Das starke Interesse internationaler Wissenschaftler/innen an der naturwissenschaftlichen Forschung der AUFE zeigt sich nicht nur an der großen Zahl der in diesem Bereich Tätigen, sondern auch daran, dass in diesen Disziplinen ihr Anteil am gesamten Personal im Vergleich zu anderen Fächern mit 34% am höchsten ausfällt. Nur in der Humanmedizin wird mit 28% ein ähnlich hoher Wert erreicht. Der relativ geringe Anteil ausländischer Wissenschaftler/innen in den ingenieurwissenschaftlichen Bereichen (15%) ist dabei angesichts der hohen Zahl internationaler Bachelor-, Master- und Promotionsstudierender in ingenieurwissenschaftlichen Studiengängen an deutschen Hochschulen durchaus überraschend.

Das internationale Wissenschaftspersonal an den AUFE ist hoch qualifiziert, der Anteil der Promovierten liegt im Durchschnitt bei rund 49%. An den Instituten der Fraunhofer-Gesellschaft fällt der Anteil mit 25% jedoch deutlich geringer aus, von den deutschen Wissenschaftler/innen sind hier allerdings auch nur 23% promoviert. In den anderen drei AUFE korrespondieren die Anteile der promovierten internationalen und deutschen Wissenschaftler/innen in ähnlicher Weise. Dabei weisen die internationalen Wissenschaftler/innen jedoch bei der Max-Planck-Gesellschaft (53% vs. 44%) höhere Anteile an Promovierten auf. Bei der Helmholtz- und der Leibniz-Gemeinschaft gibt es in dieser Hinsicht kaum Unterschiede.

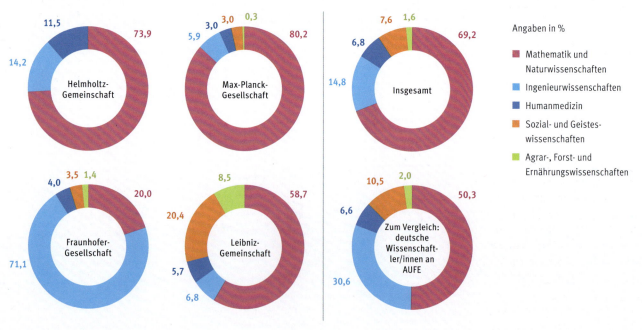

D2.4 Internationales Wissenschaftspersonal an den vier größten außeruniversitären Forschungseinrichtungen nach Fächergruppe 2019

Angaben in %
- Mathematik und Naturwissenschaften
- Ingenieurwissenschaften
- Humanmedizin
- Sozial- und Geisteswissenschaften
- Agrar-, Forst- und Ernährungswissenschaften

Quellen: Statistisches Bundesamt, Statistik zu außeruniversitären Forschungseinrichtungen; DZHW-Berechnungen

An den AUFE sind 4% des internationalen Wissenschaftspersonals als Forschungsgruppen- oder Institutsleiter/innen tätig, bei 27% handelt es sich um Mitarbeiter/innen mit Promotionsverpflichtung und 69% sind sonstige Wissenschaftler/innen. Beim deutschen Wissenschaftspersonal fällt im Vergleich dazu sowohl der Anteil der Forschungsgruppen- und Institutsleiter/innen (7%) als auch der sonstigen Wissenschaftler/innen (77%) höher, der Anteil der Mitarbeiter/innen mit Promotionsverpflichtung (16%) dagegen niedriger aus. Eine solche Situation zeigt sich in ähnlicher Weise in allen Forschungseinrichtungen. Bemerkenswert ist dabei ein überdurchschnittlich hoher Anteil internationaler Forschungsgruppen- und Institutsleiter/innen in der Leibniz-Gemeinschaft (9%), besonders niedrig ist dagegen dieser Anteil in der Fraunhofer-Gesellschaft (1%). In beiden Fällen korrespondieren diese Werte aber mit den entsprechenden Anteilen bei den deutschen Wissenschaftler/innen (17% bzw. 3%).

> Rund 50% des internationalen Wissenschaftspersonals an AUFE sind promoviert.

Betrachtet man die jeweiligen Anteile des internationalen Wissenschaftspersonals an allen Personalgruppen, so zeigt sich, dass jede/r fünfte Forschungsgruppen- oder Institutsleiter/in aus dem Ausland stammt (21%). Darüber hinaus verfügen 43% der Mitarbeiter/innen mit Promotionsverpflichtung und 28% der sonstigen Wissenschaftler/innen über eine ausländische Staatsangehörigkeit. An den Einrichtungen der Max-Planck-Gesellschaft fallen diese Werte in allen Personalgruppen höher aus: 40% der Leiter/innen, 55% der Mitarbeiter/innen mit Promotionsverpflichtung und 56% der sonstigen Wissenschaftler/innen kommen aus dem Ausland. In den Instituten der Fraunhofer-Gesellschaft verfügen dagegen nur 5% der Leiter/innen, 15% der Mitarbeiter/innen mit Promotionsverpflichtung und 11% der sonstigen Wissenschaftler/innen über eine ausländische Staatsbürgerschaft.

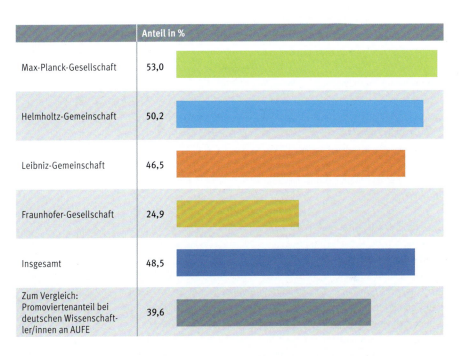

D2.5 Anteil des promovierten internationalen Wissenschaftspersonals am gesamten internationalen Wissenschaftspersonal an den vier größten außeruniversitären Forschungseinrichtungen 2019

	Anteil in %
Max-Planck-Gesellschaft	53,0
Helmholtz-Gemeinschaft	50,2
Leibniz-Gemeinschaft	46,5
Fraunhofer-Gesellschaft	24,9
Insgesamt	48,5
Zum Vergleich: Promoviertenanteil bei deutschen Wissenschaftler/innen an AUFE	39,6

Quellen: Statistisches Bundesamt, Statistik zu außeruniversitären Forschungseinrichtungen; DZHW-Berechnungen

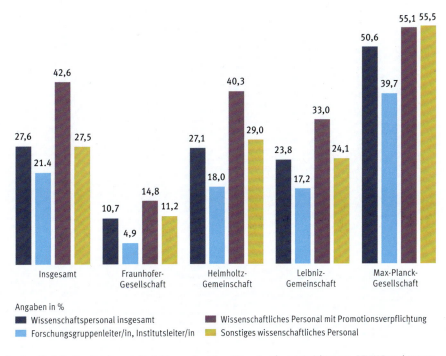

D2.6 Anteil des internationalen Wissenschaftspersonals am gesamten Wissenschaftspersonal an den vier größten außeruniversitären Forschungseinrichtungen nach beruflicher Stellung 2019

Angaben in %
- Wissenschaftspersonal insgesamt
- Forschungsgruppenleiter/in, Institutsleiter/in
- Wissenschaftliches Personal mit Promotionsverpflichtung
- Sonstiges wissenschaftliches Personal

	Insgesamt	Fraunhofer-Gesellschaft	Helmholtz-Gemeinschaft	Leibniz-Gemeinschaft	Max-Planck-Gesellschaft
Wissenschaftspersonal insgesamt	27,6	10,7	27,1	23,8	50,6
Forschungsgruppenleiter/in, Institutsleiter/in	21,4	4,9	18,0	17,2	39,7
Wissenschaftliches Personal mit Promotionsverpflichtung	42,6	14,8	40,3	33,0	55,1
Sonstiges wissenschaftliches Personal	27,5	11,2	29,0	24,1	55,5

Quellen: Statistisches Bundesamt, Statistik zu außeruniversitären Forschungseinrichtungen; DZHW-Berechnungen

D INTERNATIONALE WISSENSCHAFTLER/INNEN IN DEUTSCHLAND

3 Internationale Gastwissenschaftler/innen in Deutschland

3.1 Mobilitätsentwicklung, Förderorganisationen und Gefördertengruppen

Im Jahr 2019 wurden in Deutschland rund 32.800 Aufenthalte internationaler Gastwissenschaftler/innen von in- und ausländischen Organisationen gefördert.[1,2] Bei Gastwissenschaftler/innen handelt es sich dabei um Personen mit ausländischer Staatsbürgerschaft, die sich ohne Anstellung im Rahmen einer finanziellen Förderung für eine befristete Dauer in Deutschland aufhalten und dabei in Lehre und Forschung an Hochschulen oder anderen Forschungseinrichtungen tätig sind. Die erhobenen Daten zur Mobilitätsförderung stellen in Bezug auf deutsche Förderorganisationen zwar keine vollständige Erhebung dar, aber sie umfassen den wesentlichen Teil der geförderten Aufenthalte internationaler Gastwissenschaftler/innen.[3] Hinsichtlich der Förderungen, die von ausländischen Organisationen getragen werden, können die Daten allerdings bislang nur einen auf wenige Länder und die Marie-Sklodowska-Curie-Maßnahmen der EU beschränkten Ausschnitt der Förderaktivitäten abbilden.

> Seit 2016 werden jährlich zwischen 32.000 und 33.000 Aufenthalte internationaler Gastwissenschaftler/innen in Deutschland gefördert.

Im Vergleich zum Vorjahr hat sich die Zahl der geförderten Aufenthalte internationaler Gastwissenschaftler/innen kaum verändert. Schon seit 2016 ist keine größere Veränderung in den Förderzahlen zu erkennen, sie bewegen sich seit vier Jahren zwischen 32.000 und 33.000 geförderten Aufenthalten. Nach wie vor sind es vor allem drei große Förderorganisationen, von denen die überwiegende Mehrzahl der Aufenthalte von Gastwissenschaftler/innen in Deutschland unterstützt wird: Deutsche Forschungsgemeinschaft (DFG), DAAD und Alexander von Humboldt-Stiftung (AvH). Die DFG fördert allein 47% aller Gastaufenthalte, der DAAD 38% und die AvH 7%. Zusammen tragen sie zur Finanzierung von 92% aller Aufenthalte bei.[4] Während die DFG im Vergleich zu 2018 ihre Förderaktivitäten um rund 500 Aufenthalte bzw. 3% erweiterte, reduzierte der DAAD die Zahl seiner Förderungen um 600 bzw. 4%.

Von einer Vielzahl weiterer kleinerer deutscher Förderorganisationen wurden 2019 rund 5% der Aufenthalte internationaler Gastwissenschaftler/innen unterstützt. Auch wenn der Umfang der Förderaktivitäten dieser Organisationen nicht allzu groß erscheint, so sollte deren Beitrag zur internationalen Mobilität nicht unterschätzt werden. Zum einen verdeutlicht ihre Tätigkeit, dass die Förderung der internationalen Mobilität von Wissenschaftler/innen in Deutschland von vielen Institutionen getragen wird. Zum anderen fokussieren sich diese kleineren Einrichtungen in ihrer Unterstützungstätigkeit häufig auf spezielle Lehr- und Forschungsgebiete, die gerade auch dadurch einen starken Internationalisierungsimpuls erfahren. Die Zahl der Aufenthalte internationaler Gastwissenschaftler/innen, die durch diese Organisationen gefördert wurden, hat sich von 2018 auf 2019 um 3% vergrößert. Eine ganze Reihe von Organisationen hat ihre Förderaktivitäten ausgeweitet, vor allem Hans-Böckler-Stiftung und Baden-Württemberg Stiftung, aber auch Deutsche Bundesstiftung Umwelt, Einstein Stiftung Berlin und Klassik Stiftung Weimar. Andere Einrichtungen haben ihre Förderungen etwas reduziert, wie z. B.

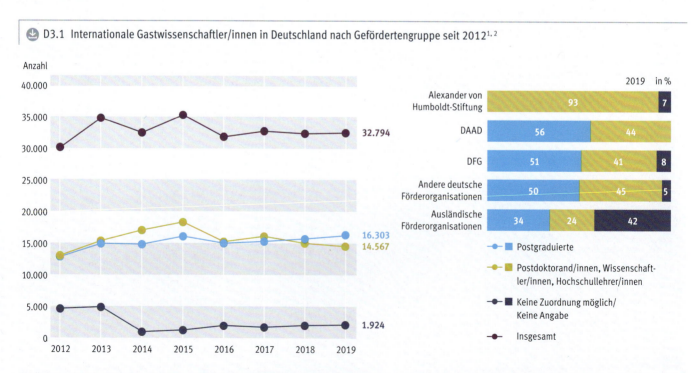

D3.1 Internationale Gastwissenschaftler/innen in Deutschland nach Gefördertengruppe seit 2012[1,2]

Quellen: Angaben der Förderorganisationen; DZHW-Umfrage; DZHW-Berechnungen

Konrad-Adenauer-Stiftung, Herzog August Bibliothek Wolfenbüttel, Friedrich-Naumann-Stiftung und Heinrich-Böll-Stiftung.

Die erfassten Förderaktivitäten ausländischer Einrichtungen umfassen rund 3% der hier dargestellten Aufenthalte internationaler Gastwissenschaftler/innen. Im Vergleich zum Vorjahr sind deren Förderungen um rund 100 Aufenthalte oder 12% gestiegen. Auffällig ist dabei vor allem, dass sich innerhalb eines Jahres die durch Marie-Sklodowska-Curie-Maßnahmen unterstützten Aufenthalte von 285 auf 355 erhöht haben.

Bei 44% aller geförderten internationalen Gastwissenschaftler/innen handelt es sich um promovierte Wissenschaftler/innen, einschließlich Professor/innen und erfahrener Wissenschaftler/innen, wie z. B. Forschungsgruppenleiter/innen. Weitere 50% der geförderten Aufenthalte wurden von Promovierenden und anderen Postgraduierten durchgeführt. Diese Verteilung der Förderaktivitäten auf die unterschiedlichen Statusgruppen von Wissenschaftler/innen besteht im Wesentlichen schon seit mehreren Jahren; sie verdeutlicht, dass der Fördertätigkeit der verschiedenen Organisationen eine längerfristige Strategie zugrunde liegt.

Die Alexander von Humboldt-Stiftung fördert dabei fast ausschließlich die Aufenthalte promovierter und erfahrener Wissenschaftler/innen (93%) an deutschen Hochschulen und Forschungseinrichtungen. Im Gegensatz dazu unterstützen DFG und DAAD zu jeweils ähnlichen Anteilen sowohl die Aufenthalte promovierter Gastwissenschaftler/innen (DFG: 41%, DAAD: 44%) als auch von Postgraduierten (DFG: 51%, DAAD: 56%). Auch die kleineren deutschen Organisationen fördern zu einem Anteil von 50% die Aufenthalte internationaler Postgraduierter.

Fußnoten

1. Die Zahlen zu den ausländischen Gastwissenschaftler/innen in Deutschland auf S. 92–95 enthalten keine Angaben zu den großen außeruniversitären Forschungseinrichtungen: Helmholtz-Gemeinschaft, Max-Planck-Gesellschaft, Leibniz-Gemeinschaft und Fraunhofer-Gesellschaft. Siehe dazu S. 96/97.
2. Ohne Erasmus-Aufenthalte internationaler Wissenschaftler/innen in Deutschland.
3. Es fehlen u. a. Angaben zur Förderung der Aufenthalte internationaler Gastwissenschaftler/innen durch die Hochschulen.
4. Hierbei ist zu berücksichtigen, dass es sich bei einem großen Teil der DAAD-Förderungen um Kurzzeitförderungen von wenigen Tagen handelt (z. B. Tagungsteilnahmen), während die von DFG und AvH geförderten Aufenthalte in der Regel deutlich länger dauern.
5. Geschätzte Zahl.
6. Ausschließlich Angaben zu den Antragsteller/innen auf eine Aufenthaltsförderung in Deutschland.

D3.2 Internationale Gastwissenschaftler/innen in Deutschland nach Förderorganisation 2019[2]

Förderorganisation	Anzahl
Wichtigste deutsche Förderorganisationen	
Deutsche Forschungsgemeinschaft	15.506
Deutscher Akademischer Austauschdienst	12.546
Alexander von Humboldt-Stiftung	2.371
Weitere deutsche Förderorganisationen	
Konrad-Adenauer-Stiftung	240
Katholischer Akademischer Ausländerdienst	226
Gerda Henkel Stiftung[5]	160
Hanns-Seidel-Stiftung	94
Baden-Württemberg Stiftung	94
Hans-Böckler-Stiftung	74
Boehringer Ingelheim Fonds	68
Friedrich-Ebert-Stiftung	63
Deutsche Bundesstiftung Umwelt	59
Akademie Schloss Solitude	54
Einstein Stiftung Berlin	49
Herzog August Bibliothek Wolfenbüttel	42
Schneider-Sasakawa-Fonds – WWU Münster	37
Evangelisches Studienwerk	35
Fritz Thyssen Stiftung	29
Friedrich-Naumann-Stiftung	28
Rosa-Luxemburg-Stiftung	23
Deutsches Nationalkomitee des Lutherischen Weltbundes	20
Studienstiftung des Abgeordnetenhauses in Berlin	18
Stiftung Charité	12
Klassik Stiftung Weimar	10
Zeit-Stiftung Ebelin und Gerd Bucerius	8
Stiftung DECHEMA-Forschungsinstitut	5
Heinrich-Böll-Stiftung	4
Heinrich Hertz-Stiftung – MKW NRW	4
Alfred Toepfer Stiftung F.V.S.	3
Ausländische Förderorganisationen	
Japan Society for the Promotion of Science	367
Marie-Sklodowska-Curie-Maßnahmen	355
Schweizerischer Nationalfonds zur Förderung der wissenschaftlichen Forschung[6]	136
Fulbright-Kommission	37
Fonds zur Förderung der wissenschaftlichen Forschung (Österreich)	8
Insgesamt	**32.785**

Quellen: Angaben der Förderorganisationen; DZHW-Umfrage; DZHW-Berechnungen

D INTERNATIONALE WISSENSCHAFTLER/INNEN IN DEUTSCHLAND

3 Internationale Gastwissenschaftler/innen in Deutschland

3.2 Herkunftsregionen, Herkunftsländer und Fächergruppen

Westeuropa sowie Asien und Pazifik sind die wichtigsten Herkunftsregionen internationaler Gastwissenschaftler/innen, deren Aufenthalt in Deutschland von in- und ausländischen Förderorganisationen unterstützt wurde. 22% bzw. 20% der geförderten Wissenschaftler/innen kommen aus diesen Regionen. Weiterhin bedeutsame Herkunftsregionen sind Mittel- und Südosteuropa (13%), Nordafrika und Nahost (11%) sowie Osteuropa und Zentralasien (10%). Die Anteile von Lateinamerika (9%), Nordamerika und Subsahara-Afrika (jeweils 6%) fallen geringer aus. Die häufigen Aufenthalte von Wissenschaftler/innen aus dem westeuropäischen sowie asiatisch-pazifischen Raum zu Forschungs- und Lehrzwecken in Deutschland korrespondieren mit der Dominanz dieser Herkunftsregionen bei den internationalen Wissenschaftler/innen, die an deutschen Hochschulen oder auch an außeruniversitären Forschungseinrichtungen angestellt sind (vgl. S. 84/85 und 88/89). Die Mobilitätsströme westeuropäischer und asiatischer Gastwissenschaftler/innen nach Deutschland sind nicht nur ein Resultat der demografischen Situation, d. h. der hohen Zahl an akademisch ausgebildeten Wissenschaftler/innen in diesen Regionen, sondern ebenfalls ein Ergebnis langjähriger ökonomischer und wissenschaftlicher Zusammenarbeit, einschließlich der Kooperationsbeziehungen deutscher Hochschulen und Forschungseinrichtungen. Die Anteile der unterschiedlichen Herkunftsregionen haben sich dabei im Vergleich zum Vorjahr kaum verändert.

> Mit jeweils über 2.000 geförderten Aufenthalten waren noch nie so viele chinesische und indische Wissenschaftler/innen in Deutschland.

Die einzelnen Förderorganisationen zeichnen sich durch regionale Schwerpunkte aus.[1] Bei der DFG sind die Anteile der geförderten Gastwissenschaftler/innen aus Westeuropa (35%) sowie Asien und Pazifik (25%) besonders hoch. Die Alexander von Humboldt-Stiftung fördert darüber hinaus nicht nur einen überdurchschnittlich hohen Anteil an Wissenschaftler/innen aus der Region Asien und Pazifik (30%), sondern auch aus Nordamerika (13%). Die Förderung des DAAD und der kleineren deutschen Förderorganisationen erfolgt demgegenüber relativ ausgeglichen über die verschiedenen Herkunftsregionen.

Die vier wichtigsten Herkunftsländer für internationale Gastwissenschaftler/innen in Deutschland sind China, Indien, Italien und Russland. Aus diesen Ländern kommen zwischen 1.800 und 2.200 geförderte Wissenschaftler/innen. Im Vergleich zu 2018 ist die Zahl der Gastwissenschaftler/innen aus China (+6%) und Indien (+8%) weiter angestiegen, noch nie sind so viele Aufenthalte von Wissenschaftler/innen aus diesen Ländern in Deutschland gefördert worden. Im Gegensatz dazu hat sich die Zahl der geförderten Aufenthalte russischer Wissenschaftler/innen um 6% verringert. Weitere wichtige Herkunftsländer sind die USA, Polen, der Iran und Spanien. Diese Länder verzeichnen relativ unveränderte (USA, Iran) oder sogar gestiegene Förderzahlen (Polen, Spanien).

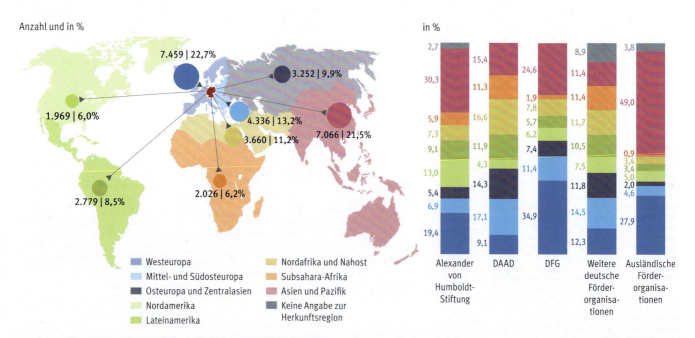

D3.3 Internationale Gastwissenschaftler/innen in Deutschland nach Herkunftsregion und Förderorganisation 2019[1,2]

Quellen: Angaben der Förderorganisationen; DZHW-Umfrage; DZHW-Berechnungen

Die größte Gruppe der internationalen Gastwissenschaftler/innen ist mit einem Anteil von 45 % dem Fachgebiet Mathematik und Naturwissenschaften zuzuordnen. Mit großem Abstand folgen die Geisteswissenschaften (15 %), die Ingenieurwissenschaften (14 %) sowie die Rechts-, Wirtschafts- und Sozialwissenschaften (10 %). Geringere Bedeutung kommt der Humanmedizin (7 %), den Agrar-, Forst- und Ernährungswissenschaften (3 %) sowie Kunst und Kunstwissenschaft (2 %) zu. Die Dominanz der Naturwissenschaften unter den internationalen Gastwissenschaftler/innen korrespondiert mit der Bedeutung dieses Fachgebietes bei den angestellten ausländischen Wissenschaftler/innen sowohl an deutschen Hochschulen als auch an außeruniversitären Forschungseinrichtungen. Auffällig ist lediglich der im Vergleich überdurchschnittlich hohe Anteil an Vertreter/innen der Geisteswissenschaften unter den Gastwissenschaftler/innen.

In Bezug auf die Fachgebiete der geförderten Wissenschaftler/innen zeigen sich zwischen den verschiedenen Förderorganisationen deutliche Unterschiede. Bei der DFG und der Alexander von Humboldt-Stiftung fällt der Anteil der Naturwissenschaftler/innen mit 63 % bzw. 48 % besonders hoch aus. Dagegen ist für die kleineren deutschen Förderorganisationen in höherem Maße die Unterstützung von Geisteswissenschaftler/innen (36 %) sowie Rechts-, Wirtschafts- und Sozialwissenschaftler/innen (21 %) kennzeichnend. Der DAAD weist mit 18 % den höchsten Anteil an geförderten Ingenieurwissenschaftler/innen auf.

* Fußnoten
1 Die ausländischen Förderorganisationen, mit Ausnahme der EU-Förderung im Rahmen der Marie-Skłodowska-Curie-Maßnahmen, unterstützen in der Regel den Aufenthalt von Gastwissenschaftler/innen aus ihren jeweiligen Sitzländern in Deutschland.
2 Geförderte internationale Gastwissenschaftler/innen in Deutschland insgesamt: 32.794 (einschließlich 65 Gastwissenschaftler/innen, die keiner Herkunftsregion zugeordnet werden können).

D3.4 Internationale Gastwissenschaftler/innen in Deutschland nach den wichtigsten Herkunftsländern seit 2012

Quellen: Angaben der Förderorganisationen; DZHW-Umfrage; DZHW-Berechnungen

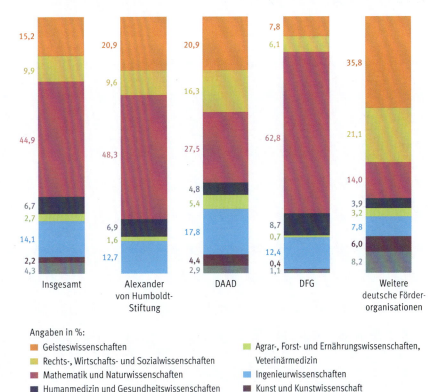

D3.5 Internationale Gastwissenschaftler/innen in Deutschland nach Förderorganisation und Fächergruppe 2019

Angaben in %:
- Geisteswissenschaften
- Rechts-, Wirtschafts- und Sozialwissenschaften
- Mathematik und Naturwissenschaften
- Humanmedizin und Gesundheitswissenschaften
- Agrar-, Forst- und Ernährungswissenschaften, Veterinärmedizin
- Ingenieurwissenschaften
- Kunst und Kunstwissenschaft
- Sonstige Fächer/Keine Angabe

Quellen: Angaben der Förderorganisationen; DZHW-Umfrage; DZHW-Berechnungen

D INTERNATIONALE WISSENSCHAFTLER/INNEN IN DEUTSCHLAND

3 Internationale Gastwissenschaftler/innen in Deutschland

3.3 Internationale Gastwissenschaftler/innen an außeruniversitären Forschungseinrichtungen

Die Internationalisierungsprozesse an den außeruniversitären Forschungseinrichtungen (AUFE) beschränken sich nicht auf die Anstellung von ausländischen Wissenschaftler/innen, sondern schließen auch temporäre Forschungsaufenthalte von Gastwissenschaftler/innen aus anderen Ländern mit ein. Zum Teil erfolgt deren Förderung durch andere Institutionen außerhalb der AUFE, zu einem weiteren, wesentlichen Teil werden diese temporären Gastaufenthalte aber von den AUFE selbst durch Stipendienvergabe oder anderweitige Förderungen ermöglicht. Die Erfassung der internationalen Gastwissenschaftler/innen, deren Aufenthalte durch die AUFE finanziert werden, hat sich in den letzten Jahren deutlich verbessert. Inzwischen verfügen die Helmholtz-Gemeinschaft, die Max-Planck-Gesellschaft und die Leibniz-Gemeinschaft über fundierte Daten zu den von ihnen geförderten Aufenthalten internationaler Gastwissenschaftler/innen an ihren Instituten bzw. in den von ihnen durchgeführten Projekten. Lediglich für die Fraunhofer-Gesellschaft stehen solche Angaben noch aus.

Im Jahr 2019 haben Max-Planck-Gesellschaft sowie Helmholtz- und Leibniz-Gemeinschaft zusammen die Aufenthalte von rund 11.300 internationalen Gastwissenschaftler/innen in Deutschland gefördert. Das sind rund 8% oder 900 Gastwissenschaftler/innen mehr als im vorangegangenen Jahr.[1] Auf die Helmholtz-Gemeinschaft entfallen dabei rund 4.600, auf die Leibniz-Gemeinschaft sogar 5.300 und auf die Max-Planck-Gesellschaft rund 1.500 Gastwissenschaftler/innen. Bezogen auf das angestellte Wissenschaftspersonal bedeutet dies,

> Außeruniversitäre Forschungseinrichtungen förderten 2018 die Deutschlandaufenthalte von 11.300 internationalen Gastwissenschaftler/innen.

dass 2019 bei der Max-Planck-Gesellschaft auf sieben, bei der Helmholtz-Gemeinschaft auf vier angestellte Wissenschaftler/innen jeweils ein/e Gastwissenschaftler/in kam, die bzw. der durch die jeweilige Institution unterstützt wurde.[2] Bei der Leibniz-Gemeinschaft ist das Verhältnis sogar zwei zu eins.

Jede der drei Forschungseinrichtungen weist in Bezug auf die regionale Herkunft ihrer internationalen Gastwissenschaftler/innen ein eigenes Profil auf. Die Helmholtz-Gemeinschaft fördert insbesondere Wissenschaftler/innen aus europäischen Ländern. Bei ihr kamen 2019 insgesamt 42% der Gastwissenschaftler/innen aus EU-Staaten und 13% aus weiteren europäischen Ländern. Ebenfalls eine große Rolle spielen Wissenschaftler/innen aus Asien, sie stellen 29% aller von der Helmholtz-Gemeinschaft Geförderten. Wissenschaftler/innen aus Europa und Asien nehmen damit zusammen einen Anteil von 84% aller Gäste ein. An der Spitze der Länder steht bei der Helmholtz-Gemeinschaft China, allein 15% aller Gastaufenthalte werden von chinesischen Wissenschaftler/innen durchgeführt. Auf dem zweiten Platz folgt Russland mit einem Anteil von 8%, gefolgt von Schweden (6%) sowie Italien und Frankreich (jeweils 5%).

Auch bei der Leibniz-Gemeinschaft kommen die meisten der von ihr geförderten Gastwissenschaftler/innen aus europäischen Ländern, 29% aus EU-Staaten und 7% aus weiteren europäischen Ländern. Häufiger als bei anderen AUFE werden aber die Aufenthalte von nord-

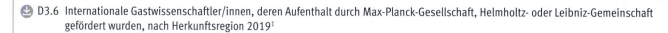

D3.6 Internationale Gastwissenschaftler/innen, deren Aufenthalt durch Max-Planck-Gesellschaft, Helmholtz- oder Leibniz-Gemeinschaft gefördert wurden, nach Herkunftsregion 2019[1]

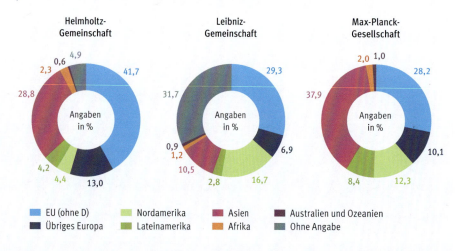

Fußnoten

1 Auf die Darstellung von Daten zu den Gastwissenschaftler/innen, die vor 2018 von den außeruniversitären Forschungseinrichtungen gefördert wurden, wird verzichtet, da sich die Art und Weise der Erfassung geändert hat.

2 Bei der Bewertung dieser Daten ist zu beachten, dass bei der Max-Planck-Gesellschaft die Promovierenden (und damit auch die internationalen Promovierenden) seit 2015 eine befristete Anstellung erhalten und nicht mehr über Stipendien finanziert werden.

Quellen: Angaben der außeruniversitären Forschungseinrichtungen; DZHW-Umfrage; DZHW-Berechnungen

D3.7 Internationale Gastwissenschaftler/innen, deren Aufenthalt durch Max-Planck-Gesellschaft, Helmholtz- oder Leibniz-Gemeinschaft gefördert wurden, nach wichtigsten Herkunftsländern 2019[1]

Helmholtz-Gemeinschaft			Leibniz-Gemeinschaft			Max-Planck-Gesellschaft		
Herkunftsländer	Anzahl	in %	Herkunftsländer	Anzahl	in %	Herkunftsländer	Anzahl	in %
China	668	14,6	USA	789	14,9	China	222	15,2
Russland	362	7,9	Frankreich	337	6,4	USA	150	10,3
Schweden	248	5,4	Vereinigtes Königreich	333	6,3	Indien	147	10,1
Italien	242	5,3	Italien	179	3,4	Italien	97	6,7
Frankreich	217	4,7	Schweiz	142	2,7	Russland	68	4,7
Insgesamt	4.588	100,0	Insgesamt	5.285	100,0	Insgesamt	1.458	100,0

Quellen: Angaben der außeruniversitären Forschungseinrichtungen; DZHW-Umfrage; DZHW-Berechnungen

amerikanischen Wissenschaftler/innen gefördert. Sie stellen einen Anteil von 17%. Sehr hoch fällt die Zahl der geförderten Wissenschaftler/innen aus Asien aus, sie beträgt 32%. Bei den Herkunftsländern der von der Leibniz-Gesellschaft Geförderten stehen mit Abstand die USA an der Spitze (15%), gefolgt von Frankreich und dem Vereinigten Königreich (jeweils 6%), Italien (5%) und der Schweiz (jeweils 3%).

Die Max-Planck-Gesellschaft fördert ebenfalls häufig temporäre Aufenthalte von Gastwissenschaftler/innen aus europäischen Ländern. 28% kommen aus EU-Staaten, 10% aus weiteren europäischen Ländern. Ebenso bedeutsam ist jedoch die Förderung von Wissenschaftler/innen aus Asien. Sie stellen einen Anteil von 38%. 12% der Gäste kommen aus Nordamerika und 8% aus Lateinamerika. China steht mit einem Anteil von 15% aller Gäste an der Spitze der Herkunftsländer, gefolgt von den USA und Indien mit jeweils 10%. Italien (7%) und Russland (5%) sind weitere wichtige Herkunftsländer.

Für die Max-Planck-Gesellschaft und die Helmholtz-Gemeinschaft liegen auch Angaben zur Aufenthaltsdauer vor. Es zeigt sich, dass kürzere Aufenthalte bis zu sechs Monaten eine wichtige Rolle spielen. Ihr Anteil liegt bei 53% für die Max-Planck-Gesellschaft und bei 56% für die Helmholtz-Gemeinschaft, bei der die kurzen Aufenthalte von einem Monat und weniger bereits über ein Drittel aller Förderungen ausmachen. Aufenthalte von über zwei Jahren absolvieren 8% der Gastwissenschaftler/innen bei der Max-Planck-Gesellschaft und 22% bei der Helmholtz-Gemeinschaft.

D3.8 Internationale Gastwissenschaftler/innen, deren Aufenthalt durch Max-Planck-Gesellschaft oder Helmholtz-Gemeinschaft gefördert wurden, nach Aufenthaltsdauer 2019

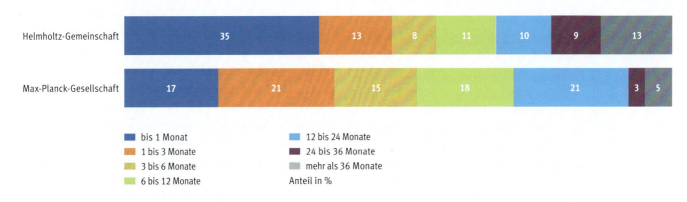

	bis 1 Monat	1 bis 3 Monate	3 bis 6 Monate	6 bis 12 Monate	12 bis 24 Monate	24 bis 36 Monate	mehr als 36 Monate
Helmholtz-Gemeinschaft	35	13	8	11	10	9	13
Max-Planck-Gesellschaft	17	21	15	18	21	3	5

Anteil in %

Quellen: Angaben der außeruniversitären Forschungseinrichtungen; DZHW-Umfrage; DZHW-Berechnungen

D INTERNATIONALE WISSENSCHAFTLER/INNEN IN DEUTSCHLAND

3 Internationale Gastwissenschaftler/innen in Deutschland

3.4 Erasmus-Gastdozent/innen

Im Rahmen des Erasmus-Programms der Europäischen Union werden auch temporäre Auslandsaufenthalte von Gastdozent/innen gefördert. Diese Gastdozenturen innerhalb Europas können zwischen zwei und 60 Tagen dauern. Die Förderung umfasst dabei Lehraufenthalte sowohl von wissenschaftlichen Mitarbeiter/innen und Professor/innen von Universitäten und Forschungseinrichtungen als auch von Angestellten in Unternehmen. Die Teilnehmer/innen an diesem Programm müssen dabei nicht zwingend über die Staatsangehörigkeit des Entsendelandes verfügen. Auch ausländische Mitarbeiter/innen an den Hochschulen des Entsendelandes können sich daran beteiligen. Deshalb ist es nicht ausgeschlossen, dass einige der Erasmus-Gastdozent/innen in Deutschland über die deutsche Staatsbürgerschaft verfügen. Allerdings dürfte dieser Anteil sehr gering ausfallen.

Im Erasmusjahr 2019[1] kamen insgesamt 2.500 Erasmus-Gastdozent/innen zu einem Lehraufenthalt nach Deutschland. Das sind 8% weniger als im Vorjahr. In den letzten fünf Jahren ist die Zahl der Gastdozenturen in Deutschland im Wesentlichen allerdings relativ konstant geblieben, sie lag jeweils zwischen 2.500 und 2.800.

> *Das mit Abstand wichtigste Herkunftsland für Erasmus-Gastdozent/innen in Deutschland ist Polen.*

Die größte Gruppe der Erasmus-Gastdozent/innen stammt mit einem Anteil von 30% aus Ländern Mittelosteuropas. 23% von ihnen kommen aus westeuropäischen und 16% aus südeuropäischen Ländern. Der Anteil der Gastdozent/innen aus Südosteuropa liegt bei 13%, der Anteil der nordeuropäischen Gastdozent/innen bei 11%. 7% stammen aus Mittelwesteuropa. In Bezug auf die Größe dieser Herkunftsgruppen und ihren jeweiligen Anteil haben sich dabei in den letzten fünf Jahren keine wesentlichen Änderungen ergeben. Das wichtigste Herkunftsland für Erasmus-Gastdozent/innen in Deutschland ist Polen. Sein Anteil beträgt allein 13%. An zweiter und dritter Stelle stehen mit deutlichem Abstand das Vereinigte Königreich und Spanien (jeweils 8%). Weiterhin spielen Österreich, Frankreich, Italien und Finnland (jeweils 7%) eine wichtige Rolle. Während die Teilnehmerzahlen aus Polen, dem Vereinigten Königreich, Spanien und Österreich in den letzten fünf Jahren größeren Schwankungen unterworfen waren, sind die Zahlen der anderen wichtigen Länder im Wesentlichen konstant geblieben.

Mit einem Anteil von 33% sind die meisten ausländischen Erasmus-Gastdozent/innen in Deutschland der Fächergruppe Geisteswissenschaften und Künste zuzurechnen.[2] 16% von ihnen

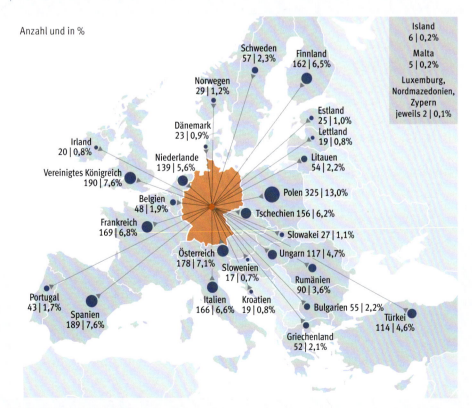

D3.9 Erasmus-Gastdozent/innen in Deutschland nach Herkunftsregion und Herkunftsland 2019[1]

Anzahl und in %

Island 6 | 0,2%
Malta 5 | 0,2%
Luxemburg, Nordmazedonien, Zypern jeweils 2 | 0,1%
Schweden 57 | 2,3%
Finnland 162 | 6,5%
Norwegen 29 | 1,2%
Estland 25 | 1,0%
Dänemark 23 | 0,9%
Lettland 19 | 0,8%
Irland 20 | 0,8%
Niederlande 139 | 5,6%
Litauen 54 | 2,2%
Vereinigtes Königreich 190 | 7,6%
Polen 325 | 13,0%
Belgien 48 | 1,9%
Tschechien 156 | 6,2%
Frankreich 169 | 6,8%
Slowakei 27 | 1,1%
Österreich 178 | 7,1%
Ungarn 117 | 4,7%
Slowenien 17 | 0,7%
Rumänien 90 | 3,6%
Portugal 43 | 1,7%
Italien 166 | 6,6%
Kroatien 19 | 0,8%
Bulgarien 55 | 2,2%
Türkei 114 | 4,6%
Spanien 189 | 7,6%
Griechenland 52 | 2,1%

Herkunftsregion	Anzahl	in %
Mittelosteuropa	759	30,4
Westeuropa	566	22,6
Südeuropa	403	16,1
Südosteuropa	315	12,6
Nordeuropa	277	11,1
Mittelwesteuropa	180	7,2
Insgesamt	2.500	100,0

Fußnoten

1 Erasmus-Statistik bis 2014: Studienjahr beginnt im Wintersemester und endet im Sommersemester des Folgejahres. 2014 = WS 2013/14 + SS 2014. Neue Erasmus-Statistik seit 2015: Studienjahr beginnt am 1. Juni des Vorjahres und endet am 31. Mai des Folgejahres. 2019 = 1.6.2018 bis 31.5.2020.

2 Die Angaben zu den Erasmus-Gastdozent/innen nach Fächergruppen liegen nur in der ISCED-Systematik vor.

Quelle: DAAD, Erasmus-Statistik

gehören zum Bereich Ingenieurwesen, verarbeitendes Gewerbe und Baugewerbe, weitere 15% vertreten die Fächergruppe Wirtschaft, Verwaltung und Recht. Dem Bereich Sozialwissenschaften, Journalismus und Informationswesen sind 9% zuzurechnen, 8% dem Bereich Pädagogik und 6% dem Bereich Gesundheit und Sozialwesen. Ebenfalls eine geringe Rolle spielen jeweils Naturwissenschaften, Mathematik und Statistik (6%), Informatik und Kommunikationstechnologie (4%), Dienstleistungen (3%) sowie Landwirtschaft, Forstwirtschaft, Fischerei und Tiermedizin (1%). Im Vergleich zu den deutschen Erasmus-Gastdozent/innen, die zu einem temporären Aufenthalt ins Ausland fahren, zeigen sich in der Verteilung der Fächergruppen keine wesentlichen Unterschiede (vgl. S. 110/111).

Obwohl eine Erasmus-Gastdozentur bis zu zwei Monate dauern kann, halten sich die Dozent/innen in Deutschland im Durchschnitt nur 4,9 Tage auf. Dieser Wert entspricht dem des Vorjahres. Zwischen den einzelnen Herkunftsländern kommt es dabei zu Unterschieden. Erasmus-Gastdozent/innen aus Luxemburg und Slowenien verbrachten im Durchschnitt zwischen zehn und zwölf Tage in Deutschland. Dagegen weilten Gastdozent/innen aus Zypern, Österreich, Portugal und den Niederlanden durchschnittlich nur zwischen drei und vier Tage in Deutschland.

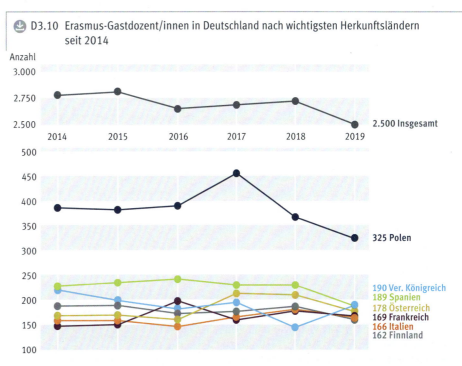

D3.10 Erasmus-Gastdozent/innen in Deutschland nach wichtigsten Herkunftsländern seit 2014

Quelle: DAAD, Erasmus-Statistik

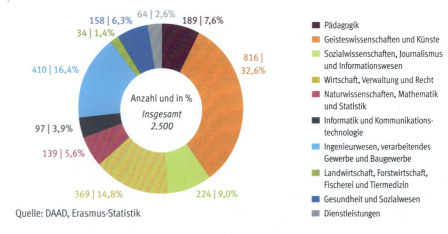

D3.11 Erasmus-Gastdozent/innen in Deutschland nach Fächergruppe 2019[2]

Quelle: DAAD, Erasmus-Statistik

D3.12 Erasmus-Gastdozent/innen in Deutschland nach Herkunftsland und durchschnittlicher Aufenthaltsdauer 2019

Herkunftsland	Dauer Ø Tage	Herkunftsland	Dauer Ø Tage	Herkunftsland	Dauer Ø Tage
Luxemburg	11,5	Tschechien	5,2	Norwegen	4,5
Slowenien	9,6	Estland	5,2	Slowakei	4,4
Schweden	6,5	Italien	5,1	Malta	4,4
Rumänien	5,9	Nordmazedonien	5,0	Lettland	4,2
Türkei	5,7	Polen	4,9	Litauen	4,2
Island	5,5	Belgien	4,8	Portugal	3,9
Griechenland	5,5	Kroatien	4,8	Österreich	3,7
Spanien	5,5	Dänemark	4,8	Niederlande	3,5
Ungarn	5,4	Finnland	4,7	Zypern	2,5
Vereinigtes Königreich	5,3	Frankreich	4,6	**Insgesamt**	**4,9**
Bulgarien	5,3	Irland	4,6		

Quelle: DAAD, Erasmus-Statistik

E DEUTSCHE WISSENSCHAFTLER/INNEN IM AUSLAND

1 Deutsche Wissenschaftler/innen an ausländischen Hochschulen

1.1 Angestelltes Wissenschaftspersonal

Nur sehr wenige Länder erfassen derzeit Zahl, Herkunft und Status der an ihren Hochschulen angestellten internationalen Wissenschaftler/innen. Aktuell liegen solche Daten lediglich für das Vereinigte Königreich, die Niederlande, Österreich und die Schweiz vor. Für Länder wie Schweden, Frankreich, Australien oder auch Spanien, die USA und Kanada, in denen schon angesichts einer hohen Zahl an Promovierenden aus Deutschland auch viele deutsche Wissenschaftler/innen zu vermuten sind (vgl. S. 102/103), fehlt es an solchen Angaben. Darüber hinaus bestehen auch zwischen den genannten Ländern beträchtliche Differenzen bei der Art und Weise der Datenerfassung.[1]

> An den Schweizer Hochschulen arbeiten 8.600 deutsche Wissenschaftler/innen.

Ob in einem Land viele oder wenige internationale Wissenschaftler/innen arbeiten, ist von vielen Faktoren abhängig. Nicht nur Größe, Attraktivität und Struktur des Wissenschafts- und Hochschulsystems, Zugangs- und Arbeitsmöglichkeiten, einschließlich der Entwicklung der akademischen Arbeitsmärkte, spielen eine Rolle, sondern auch kulturelle und sprachliche Aspekte. Im Rahmen der hier erfassten Länder sind die meisten deutschen Wissenschaftler/innen an Hochschulen des Nachbarlandes Schweiz angestellt. 2018 betrug ihre Zahl rund 8.600. Die überwiegende Mehrzahl von 88% ist dabei an Hochschulen in den deutschsprachigen Kantonen tätig. An zweiter Stelle steht das Vereinigte Königreich mit 5.700 deutschen Wissenschaftler/innen (2019). Nicht wesentlich geringer fällt diese Zahl mit rund 5.400 deutschen Wissenschaftler/innen (2019) für die Universitäten in Österreich aus. Unmittelbare Nachbarschaft und gleiche Sprache dürften dabei wichtige Attraktivitätsfaktoren für Österreich sein. In den Niederlanden arbeiteten 2018 rund 1.200 deutsche Wissenschaftler/innen an Universitäten.

Während an den Schweizer Hochschulen die Zahl der deutschen Wissenschaftler/innen zwischen 2013 und 2018 nur geringfügig schwankte, allerdings seit 2016 mit leichtem Rückgang, kam es in diesem Zeitraum in Österreich (+41%) und den Niederlanden (+38%) zu deutlichen Steigerungen. Auch im Vereinigten Königreich ist von 2013 bis 2018 die Zahl der deutschen Wissenschaftler/innen um 21% gestiegen. 2019 ist deren Zahl jedoch erstmals leicht rückläufig (−2%). Unter Umständen ist dies eine erste Folge des Ausstiegs des Vereinigten Königreichs aus der Europäischen Union.

Neben der Anzahl der deutschen Wissenschaftler/innen an Hochschulen in anderen Ländern ist auch ihr Anteil an allen internationalen Wissenschaftler/innen ein aufschlussreiches Kriterium für ihren Erfolg auf akademischen Arbeitsmärkten. Den höchsten Anteil erreichen die deutschen Wissenschaftler/innen mit 43% an österreichischen Universitäten. Damit stellen sie insgesamt 13% aller Wissenschaftler/innen an diesen Einrichtungen. Allerdings hat sich ihr Anteil an allen internationalen Wissenschaft-

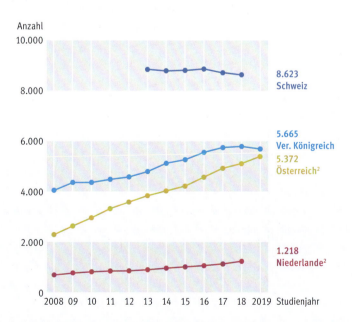

E1.1 Deutsches Wissenschaftspersonal an Hochschulen ausgewählter Gastländer seit 2008

8.623 Schweiz
5.665 Ver. Königreich
5.372 Österreich[2]
1.218 Niederlande[2]

Quellen: Daten der jeweiligen statistischen Ämter

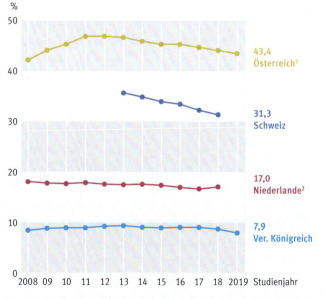

E1.2 Anteil des deutschen Wissenschaftspersonals am gesamten internationalen Wissenschaftspersonal an Hochschulen ausgewählter Gastländer seit 2008

43,4 Österreich[2]
31,3 Schweiz
17,0 Niederlande[2]
7,9 Ver. Königreich

Quellen: Daten der jeweiligen statistischen Ämter

ler/innen seit 2013 um drei Prozentpunkte verringert. Auch in der Schweiz erreichen sie mit 31% einen hohen Anteil, der seit 2013 jedoch ebenfalls gesunken ist (um vier Prozentpunkte). Wie in Österreich nehmen sie damit einen Anteil von 13% an allen Wissenschaftler/innen an Schweizer Hochschulen ein. An niederländischen Universitäten sind 17% und an Hochschulen im Vereinigten Königreich 8% aller internationalen Wissenschaftler/innen deutscher Herkunft.

Die Zahl der deutschen Professor/innen im Ausland korrespondiert mit der Zahl der deutschen Wissenschaftler/innen. An der Spitze steht 2018 die Schweiz mit 1.291, gefolgt von Österreich mit 827 (2019) und dem Vereinigten Königreich mit 820 deutschen Professor/innen (2018). An den niederländischen Hochschulen lehren und forschen 188 deutsche Professor/innen (2018). In allen betrachteten Ländern ist dabei seit 2013 eine Zunahme zu verzeichnen. Besonders stark stieg die Zahl der deutschen Professor/innen in Österreich mit +51% und im Vereinigten Königreich mit +36%. In den Niederlanden beträgt die Steigerung +29% und in der Schweiz +15%.

> Die Zahl der deutschen Professor/innen in Österreich stieg von 2013 bis 2019 um 51%.

Für die genannten Länder gilt ebenfalls, dass der Anteil der deutschen Professor/innen jeweils den Anteil der deutschen Wissenschaftler/innen übertrifft. Dort ausgeschriebene Professuren sind für deutsche Wissenschaftler/innen offensichtlich sehr attraktiv, und sie können sich in internationaler Konkurrenz gut behaupten. Den höchsten Anteil an allen internationalen Professor/innen erreichen die deutschen Professor/innen dabei in Österreich mit 71%. In der Schweiz stellen sie einen Anteil von 46%. Niedrigere Werte verzeichnen die Niederlande (29%) und das Vereinigte Königreich (15%). Diese Werte waren in den letzten fünf Jahren keinen großen Veränderungen unterworfen.

✱ Fußnoten

1 So liegen die Werte zum Teil nur für Universitäten, nicht aber für andere Hochschularten vor, und es gibt Unterschiede hinsichtlich der Definition von Wissenschaftler/innen.

2 Die Daten aus den Niederlanden und Österreich beziehen sich nur auf Universitäten.

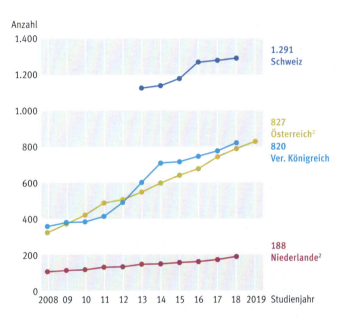

E1.3 Deutsche Professor/innen an Hochschulen ausgewählter Gastländer seit 2008

Quellen: Daten der jeweiligen statistischen Ämter

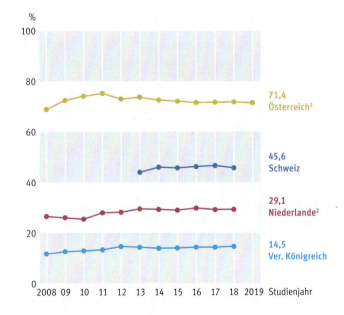

E1.4 Anteil deutscher Professor/innen an allen internationalen Professor/innen an Hochschulen ausgewählter Gastländer seit 2008

Quellen: Daten der jeweiligen statistischen Ämter

E DEUTSCHE WISSENSCHAFTLER/INNEN IM AUSLAND

1 Deutsche Wissenschaftler/innen an ausländischen Hochschulen

1.2 Promovierende

Für das Jahr 2018 konnten insgesamt rund 13.700 deutsche Promovierende an ausländischen Hochschulen erfasst werden.[1] Dabei handelt es sich zwar nicht um alle deutschen Doktorand/innen, aber um den größten Teil. Von den ausschlaggebenden Ländern, an deren Hochschulen sich eine nennenswerte Zahl deutscher Studierender eingeschrieben hat, fehlen entsprechende Angaben lediglich aus China und Russland. Die meisten deutschen Promovierenden waren an Hochschulen in der Schweiz (2019: rund 3.400), in Österreich (2018: rund 2.200), im Vereinigten Königreich (2018: rund 2.000) und in den USA (2019: rund 1.200) immatrikuliert. Dabei stellen die deutschen Doktorand/innen in der Schweiz allein einen Anteil von 24% an allen deutschen Promovierenden im Ausland. Die regionale und sprachliche Nähe zu Deutschland, hervorragende Bedingungen für die Forschung an exzellenten Hochschulen sowie eine attraktive Vergütung dürften die wichtigsten Faktoren für die Beliebtheit der Schweiz als Gastland deutscher Promovierender sein. Die vier Länder an der Spitze der Promovierenden-Rangliste stellen zusammen fast zwei Drittel (64%) aller deutschen Doktorand/innen im Ausland. Ebenfalls von nicht geringer Bedeutung sind die Niederlande mit rund 600, Schweden und Australien mit rund 500 sowie Frankreich mit rund 400 deutschen Promovierenden. In diesen acht Ländern sind insgesamt 75% der deutschen Doktorand/innen im Ausland tätig. Die verbleibenden 25% verteilen sich auf weitere 26 Länder.

> Die deutschen Promovierenden in der Schweiz stellen einen Anteil von 24% aller deutschen Doktorand/innen im Ausland.

Nach Regionen betrachtet, forscht mit einem Anteil von 76% die überwiegende Mehrzahl der Promovierenden aus Deutschland in Westeuropa, 11% in Nordamerika, 6% in Mittel- und Südosteuropa sowie 4% in Australien und Ozeanien. Die regionale Verteilung der deutschen Doktorand/innen im Ausland ähnelt damit stark der Verteilung aller deutschen Studierenden im Ausland. Auch bei ihnen stehen die Länder Schweiz, Österreich, Vereinigtes Königreich und USA mit an der Spitze der Beliebtheit (vgl. S. 64/65). Es ist deshalb davon auszugehen, dass nicht wenige deutsche Studierende, die im Ausland einen Masterabschluss erwerben, an ihren dortigen Hochschulen oder zumindest im Land verbleiben, um zu promovieren. Eine Ausnahme stellen die Niederlande dar, an deren

E1.5 Deutsche Promovierende an Hochschulen ausgewählter Gastländer in den Jahren 2018 oder 2019[1]

Studienland	Berichtsjahr	Anzahl	Anteil an allen Promovierenden in %	Anteil an allen deutschen Stud. im Land in %
Schweiz	2019	3.368	24,3	29,2
Österreich	2018	2.160	15,6	7,4
Ver. Königreich	2018	2.040	14,7	13,3
USA	2019	1.240	8,9	15,7
Niederlande	2017	563	4,1	2,5
Schweden	2017	502	3,6	28,2
Australien	2018	482	3,5	41,3
Frankreich	2018	436	3,1	10,3
Dänemark	2017	390	2,8	12,9
Spanien	2018	354	2,6	18,8
Kanada	2017	270	1,9	24,3
Norwegen	2018	201	1,4	31,0
Slowakei	2017	196	1,4	30,9
Tschechien	2019	194	1,4	22,1
Finnland	2018	157	1,1	23,0
Italien	2017	134	1,0	9,1
Irland	2018	121	0,9	22,1
Neuseeland	2019	113	0,8	28,4
Türkei	2018	90	0,6	2,3
Japan	2017	89	0,6	11,3
Rumänien	2019	79	0,6	4,9
Portugal	2018	79	0,6	4,5
Ungarn	2019	71	0,5	2,1
Liechtenstein	2018	61	0,4	29,5
Israel	2018	49	0,3	20,6
Lettland	2019	37	0,3	3,7
Belgien (fläm.)	2018	33	0,2	7,9
Bulgarien	2019	32	0,2	2,2
Polen	2018	27	0,2	2,2
Island	2019	27	0,2	21,3
Brasilien	2017	20	0,1	6,8
Estland	2017	20	0,1	36,4
Griechenland	2017	19	0,1	1,4
Litauen	2019	5	0,1	1,1
Insgesamt		**13.659**	**100,0**	**9,5**

Quellen: Statistisches Bundesamt, Deutsche Studierende im Ausland; OECD; Student and Exchange Visitor Information System (SEVIS) des Department of Homeland Security (USA)

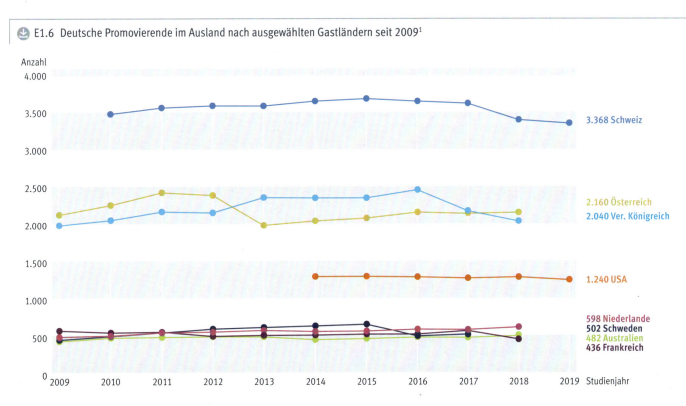

E1.6 Deutsche Promovierende im Ausland nach ausgewählten Gastländern seit 2009[1]

Quellen: Statistisches Bundesamt, Deutsche Studierende im Ausland; Student and Exchange Visitor Information System (SEVIS) des Department of Homeland Security (USA)

Hochschulen sich zwar sehr viele deutsche Studierende einschreiben, aber nicht zur Promotion. Eine Ursache dafür dürfte sein, dass es sich dabei vor allem um Studierende in Bachelorstudiengängen handelt, während deutsche Masterstudierende dort nur einen vergleichsweise geringen Anteil stellen (vgl. Abb. C1.6 auf S. 67).

Neben der Zahl der deutschen Promovierenden an Hochschulen in anderen Ländern gibt auch der Anteil, den diese Doktorand/innen an allen deutschen Studierenden und Promovierenden in dem jeweiligen Land einnehmen, Auskunft über deren länderspezifische Orientierungen. Dabei stehen andere Länder an der Spitze: an erster Stelle Australien (41%), gefolgt von Estland (36%), der Slowakei und Norwegen (jeweils 31%) sowie Liechtenstein (30%). Demgegenüber nimmt die relativ hohe Zahl der deutschen Promovierenden in Österreich, bezogen auf alle deutschen Studierenden und Promovierenden, nur einen Anteil von 7% ein.

Im Vergleich zum Vorjahr hat sich die Zahl der deutschen Promovierenden im Ausland nur geringfügig von rund 13.900 auf 13.700 verringert. Allerdings zeigen sich zwischen den verschiedenen Ländern in der Entwicklung der Promovierendenzahlen zum Teil beträchtliche Unterschiede. Ein starker Rückgang ist in Polen (−44%), in Frankreich (−21%), in Irland und in Bulgarien (jeweils −18%) zu verzeichnen. Auch in Neuseeland, Kanada und im Vereinigten Königreich verringerte sich die Zahl der deutschen Promovierenden. Demgegenüber verzeichneten vor allem Israel (+158%), Ungarn (+31%), Belgien (flämischer Teil, +22%) und Portugal (+13%) deutliche Zuwächse an Doktorand/innen aus Deutschland. Beim Blick auf die langfristige Entwicklung der Zahl deutscher Promovierender in wichtigen Gastländern fällt auf, dass es in der Schweiz seit 2015 und in Österreich seit 2016 zu einem Rückgang gekommen ist. In Frankreich hat sich die Zahl der deutschen Promovierenden innerhalb eines Jahres verringert. Allerdings kann für alle Länder, für die Daten seit 2009 vorliegen, für diesen Zeitraum im Grunde genommen von einer relativ hohen Kontinuität in der Zahl der deutschen Promovierenden gesprochen werden. Alle Schwankungen verbleiben in bestimmten Grenzen. Damit lassen sich an den grundsätzlichen regionalen Orientierungen der deutschen Promovierenden im Ausland über die Jahre hinweg keine wesentlichen Änderungen feststellen.

※ Fußnote

1 Für die Erfassung deutscher Studierender im Ausland wurde vor allem auf die aktuelle Erhebung „Deutsche Studierende im Ausland" des Statistischen Bundesamtes zurückgegriffen. Diese wurde um Daten der OECD-Statistik sowie des „Student and Exchange Visitor Information System" des amerikanischen Department of Homeland Security ergänzt, um aktuelle Daten weiterer Gastländer (u.a. USA, Dänemark, Tschechien, Slowakei, Brasilien und Israel) berücksichtigen zu können. Die Daten zu den verschiedenen Gastländern haben dabei z. T. unterschiedliche Bezugsjahre.

E DEUTSCHE WISSENSCHAFTLER/INNEN IM AUSLAND

1 Deutsche Wissenschaftler/innen an ausländischen Hochschulen

1.3 Promovierende mit temporären promotionsbezogenen Auslandsaufenthalten

Auch bei Promovierenden gibt es wie bei Studierenden zwei Arten der Auslandsmobilität: zum einen das Absolvieren der kompletten Promotionsphase im Ausland, einschließlich des Abschlusses der Promotion, und zum anderen promotionsbezogene temporäre Auslandsaufenthalte während der Promotion in Deutschland.[1] Zur abschlussbezogenen Mobilität der deutschen Promovierenden berichten das Statistische Bundesamt und internationale Organisationen regelmäßig aktuelle Daten (vgl. S. 102/103), für Angaben zur temporären Mobilität bedarf es aber derzeit noch repräsentativer Befragungen. Nach einer Studie des DZHW haben von allen Promovierenden, die 2019 an einer deutschen Hochschule an ihrer Promotion arbeiteten, bisher 28% mindestens einen promotionsbezogenen temporären Aufenthalt im Ausland absolviert. Zwischen den verschiedenen Fächergruppen bestehen dabei deutliche Differenzen. Überdurchschnittlich hohe Anteile an Promovierenden mit promotionsbezogener Auslandserfahrung sind dabei in den Geisteswissenschaften sowie in Kunst und Kunstwissenschaft zu verzeichnen (jeweils 38%). Dies resultiert u. a. daraus, dass viele geisteswissenschaftliche Promotionsthemen, vor allem in den sprach- und literaturwissenschaftlichen Fächern, Bezüge zu anderen Kulturen aufweisen. Auch kunstwissenschaftliche Promotionen zeichnen sich oftmals durch eine solche thematische Ausrichtung aus. Ein relativ geringer Anteil an auslandserfahrenen Promovierenden findet sich dagegen in der Fächergruppe Humanmedizin und Gesundheitswissenschaften (12%). Für humanmedizinische Fächer ist kennzeichnend, dass die Promotion häufig parallel zur Facharztausbildung erarbeitet wird und dadurch nur eingeschränkte Möglichkeiten für promotionsbezogene Auslandsaufenthalte bestehen.

Mehr als jeder zweite temporäre Auslandsaufenthalt wird in Westeuropa absolviert (55%). Daneben sind noch Nordamerika (17%), der asiatisch-pazifische Raum (11%) sowie Mittel- und Südosteuropa (9%) als Gastregionen von Bedeutung. Die weiteren Weltregionen Lateinamerika (3%), Nordafrika und Nahost (3%), Subsahara-Afrika (2%) sowie Australien und Ozeanien (1%) spielen demgegenüber nur eine geringe Rolle. Das wichtigste Gastland für Promovierende sind die USA, 13% aller promotionsbezogenen temporären Aufenthalte wurden dort absolviert. Weitere wichtige Gastländer sind das Vereinigte Königreich (9%), Frankreich (8%), Italien und Österreich (jeweils 6%) sowie die Schweiz und China (jeweils 5%).

Als besonders förderlich für temporäre Auslandsaufenthalte erweist sich eine Promotion im Rahmen strukturierter Promotionsprogramme. Während der Anteil der Promovierenden mit promotionsbezogener Auslandserfahrung bei jenen, die kein Mitglied in einem solchen Promotionsprogramm sind, bei 26% liegt, steigt er bei denjenigen, die in einem strukturierten Programm promovieren, auf 31%, bei assoziierten Mitgliedern in strukturierten Programmen sogar auf 33%. Neben der Promotion in strukturierten Programmen sowie der Zugehörigkeit zu bestimmten Fachkulturen erweisen sich

> „Über die Hälfte der temporären Auslandsaufenthalte werden in Westeuropa absolviert."

Methodik

Die Daten zur temporären Auslandsmobilität von Promovierenden an deutschen Hochschulen wurden 2019 im Rahmen der National Academics Panel Study (Nacaps) des DZHW erhoben. An der deutschlandweiten Befragung beteiligten sich rund 20.000 Promovierende von 57 promotionsberechtigten deutschen Hochschulen. Die Daten erlauben keine Aussage zum Gesamtumfang der promotionsbezogenen Auslandsmobilität am Ende der Promotionsphase, sondern beziehen sich auf alle Promovierenden zum Befragungszeitpunkt 2019.

E1.7 Promovierende an deutschen Hochschulen mit temporären promotionsbezogenen Auslandsaufenthalten nach Fächergruppe 2019

Fächergruppe	Promovierende mit temporären promotionsbezogenen Auslandsaufenthalten in %
Geisteswissenschaften	38
Kunst und Kunstwissenschaft	38
Mathematik und Naturwissenschaften	31
Rechts-, Wirtschafts- und Sozialwissenschaften	29
Ingenieurwissenschaften	29
Agrar-, Forst- und Ernährungswissenschaften, Veterinärmedizin	25
Humanmedizin und Gesundheitswissenschaften	12
Insgesamt	**28**

Quelle: DZHW, National Academics Panel Study (Nacaps) 2019

Fußnoten

1 Vgl. dazu auch: Netz/Hampel (2019).

2 Abweichungen von 100% sind rundungsbedingt.

E1.8 Temporäre promotionsbezogene Auslandsaufenthalte von Promovierenden an deutschen Hochschulen nach Gastregion und wichtigsten Gastländern 2019[2]

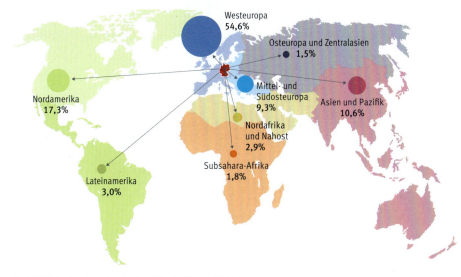

Gastländer	Anteil in %
USA	13,2
Ver. Königreich	8,5
Frankreich	7,5
Italien	6,1
Österreich	5,7
Schweiz	5,2
China	5,1
Niederlande	4,2
Spanien	4,1
Kanada	2,5
Belgien	2,3
Japan	2,2
Dänemark	2,2
Ungarn	2,2
Schweden	2,0
Polen	1,9
Portugal	1,6
Australien	1,5
Griechenland	1,5
Israel	1,4

Quelle: DZHW, National Academics Panel Study (Nacaps) 2019

ebenfalls die Internationalität des Arbeitsumfeldes und die konkrete Unterstützung von Forschungsaufenthalten, aber auch Auslandserfahrungen schon während des Studiums als mobilitätsfördernd.

> „ Nach Abschluss ihrer Promotion streben 50% der Promovierenden in ihrem weiteren Berufsweg einen oder mehrere Auslandsaufenthalte an.

Auch nach der Promotion bleibt ein zeitweiliger oder dauerhafter Auslandsaufenthalt für die Promovierenden eine wichtige Option in ihrem künftigen Berufs- und Karriereweg. Insgesamt die Hälfte der Promovierenden plant, nach ihrer Promotion für eine bestimmte Zeit im Ausland tätig zu werden. 23% der Promovierenden beabsichtigen mindestens einen temporären Lehr- oder Forschungsaufenthalt. Eine zeitweilige Erwerbstätigkeit im Ausland ohne Forschungsbezug steht bei 14% auf der Agenda. Ein ähnlicher Anteil plant eine dauerhafte forschungsbezogene Erwerbstätigkeit außerhalb Deutschlands. Ohne Forschungsbezug möchten 7% der Promovierenden im Ausland tätig sein. Damit kann sich rund ein Fünftel der Promovierenden vorstellen, nach dem erfolgreichen Abschluss ihrer Promotion dauerhaft im Ausland zu arbeiten. 14% der Promovierenden streben auch Auslandsaufenthalte zur Weiterbildung im Rahmen ihrer künftigen Berufstätigkeit an. Und schließlich planen noch 15% der Promovierenden (zusätzlich) andere oder private Aufenthalte im Ausland für die Zeit nach der Promotion.

E1.9 Geplante Auslandsaufenthalte von Promovierenden an deutschen Hochschulen 2019 nach der Promotion

Geplanter Aufenthalt	Zustimmung in %
Kein Aufenthalt geplant	49,9
Zeitweilige(r) Forschungs- oder Lehraufenthalt(e) im Ausland	22,7
Weiterbildungsaufenthalt(e) im Ausland	14,2
Zeitweilige Erwerbstätigkeit im Ausland ohne Forschungsbezug	13,7
Dauerhafte Erwerbstätigkeit im Ausland mit Forschungsbezug	12,5
Dauerhafte Erwerbstätigkeit im Ausland ohne Forschungsbezug	7,1
Andere(r) oder private(r) Aufenthalt(e) im Ausland	14,7

Mehrfachnennungen möglich

Quelle: DZHW, National Academics Panel Study (Nacaps) 2019

E DEUTSCHE WISSENSCHAFTLER/INNEN IM AUSLAND

2 Deutsche Gastwissenschaftler/innen im Ausland

2.1 Mobilitätsentwicklung, Förderorganisationen und Fördergruppen

Im Jahr 2019 wurden insgesamt rund 13.600 Aufenthalte deutscher Gastwissenschaftler/innen im Ausland von in- und ausländischen Organisationen gefördert.[1] Als deutsche Gastwissenschaftler/innen werden dabei Personen bezeichnet, die in Deutschland als Wissenschaftler/innen arbeiten, sich aber ohne Anstellung im Rahmen einer finanziellen Förderung für eine befristete Dauer im Ausland aufhalten und dort an Hochschulen oder anderen Forschungseinrichtungen in Lehre und Forschung tätig sind. Die erhobenen Daten zur Mobilitätsförderung stellen in Bezug auf deutsche Förderorganisationen zwar keine vollständige Erhebung dar, aber sie umfassen den wesentlichen Teil der geförderten Aufenthalte deutscher Gastwissenschaftler/innen im Ausland.[2] Hinsichtlich der Förderungen, die von ausländischen Organisationen getragen werden, können die Daten allerdings bislang nur einen auf wenige Länder sowie auf die Marie-Skłodowska-Curie-Maßnahmen der EU beschränkten Ausschnitt der Förderaktivitäten abbilden.

> **Die Förderung deutscher Gastwissenschaftler/innen im Ausland ist 2019 auf dem niedrigsten Stand seit acht Jahren.**

Die Zahl der geförderten Aufenthalte deutscher Gastwissenschaftler/innen im Ausland fällt deutlich geringer aus als die entsprechenden Förderzahlen ausländischer Gastwissenschaftler/innen in Deutschland (vgl. S. 92/93). Dies ergibt sich zum einen aus der unvollständigen Erfassung sowohl deutscher als auch vor allem ausländischer Fördereinrichtungen. Zum anderen können für die Deutsche Forschungsgemeinschaft (DFG) nur geförderte Auslandsaufenthalte deutscher Gastwissenschaftler/innen angegeben werden, die eine Förderung durch Forschungsstipendien erhielten. Darüber hinaus unterstützt eine Reihe von deutschen Förderorganisationen ausschließlich Aufenthalte internationaler Wissenschaftler/innen in Deutschland.

Im Vergleich zum Vorjahr reduziert sich die Zahl der Förderungen deutscher Gastwissenschaftler/innen im Ausland um 8%. Dies führt zum niedrigsten Stand an entsprechenden Förderaktivitäten seit 2012. Keine Veränderung gibt es dabei in Bezug auf die Bedeutung der einzelnen Förderorganisationen. Nach wie vor ist es der DAAD, der die überwiegende Mehrzahl der Aufenthalte von deutschen Gastwissenschaftler/innen unterstützt (77%). Der Anteil der durch die DFG geförderten Aufenthalte liegt bei rund 7%. Weitere 12% der Auslandsaufenthalte werden durch kleinere deutsche Förderorganisationen unterstützt und rund 5% durch die hier erfassten ausländischen Organisationen. Der Umfang der Aktivitäten kleinerer Organisationen bei der Förderung deutscher Gastwissenschaftler/innen fällt zwar damit anteilig größer aus als bei der Förderung ausländischer Wissenschaftler/innen, bleibt aber dennoch beschränkt. Allerdings sollte deren Beitrag nicht unterschätzt werden. Ihre Tätigkeit verdeutlicht, dass die Unterstützung der internationalen Mobilität von Wissenschaftler/innen von vielen Einrichtungen in Deutschland getragen wird. Zudem fokussieren die kleineren Förderinstitutionen ihre Unterstützungstätigkeit häufig auf spezielle Lehr- und Forschungsgebiete oder auch Gastländer bzw. -regionen, die sonst weniger bedacht werden würden.

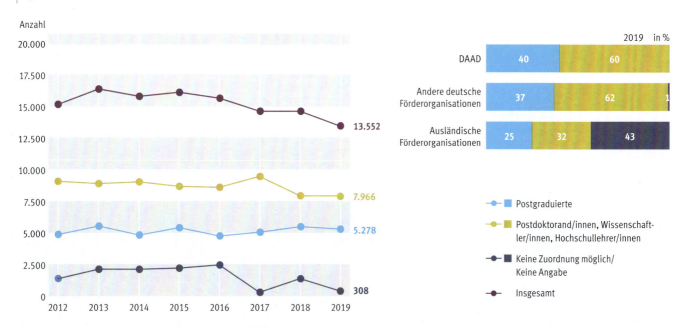

E2.1 Deutsche Gastwissenschaftler/innen im Ausland nach Gefördertengruppe seit 2012[1]

Quellen: Angaben der Förderorganisationen; DZHW-Umfrage

Eine reduzierte Förderung zeigt sich 2019 bei allen Arten von Förderorganisationen. Die Zahl der durch den DAAD und die DFG geförderten Aufenthalte deutscher Gastwissenschaftler/innen ist im Vergleich zum Vorjahr um 6% bzw. 7% zurückgegangen. Bei den anderen deutschen Einrichtungen sowie bei den ausländischen Institutionen beträgt der Rückgang sogar jeweils 16%. Allerdings finden sich auch Beispiele gegenläufiger Entwicklung. So haben sich u. a. die Förderzahlen der Hans-Böckler-Stiftung (+1.475%) sowie der Marie-Sklodowska-Curie-Maßnahmen (+26%) deutlich erhöht.

Bei 59% aller geförderten deutschen Gastwissenschaftler/innen handelt es sich um promovierte Wissenschaftler/innen, einschließlich Professor/innen und erfahrener Wissenschaftler/innen, wie z. B. Forschungsgruppenleiter/innen. Weitere 39% der geförderten Aufenthalte wurden von Promovierenden und anderen Postgraduierten durchgeführt. Eine solche Verteilung der Förderaktivitäten auf die unterschiedlichen Statusgruppen von Wissenschaftler/innen besteht im Wesentlichen schon seit mehreren Jahren. Sie verdeutlicht, dass der Fördertätigkeit der verschiedenen Organisationen längerfristige Strategien zugrunde liegen.

> **Bei drei Fünftel aller Geförderten handelt es sich um promovierte Wissenschaftler/innen.**

Der DAAD fördert dabei mehrheitlich die Aufenthalte promovierter und erfahrener deutscher Wissenschaftler/innen (60%) an ausländischen Hochschulen und Forschungseinrichtungen. Eine ähnliche Ausrichtung der Fördertätigkeiten findet sich bei den kleineren deutschen Organisationen, die ebenfalls zu einem hohen Anteil vor allem die Aufenthalte von deutschen Postdoktorand/innen unterstützen (62%).

Fußnoten

1. Ohne Erasmus-Aufenthalte deutscher Wissenschaftler/innen im Ausland.
2. Es fehlen u. a. Angaben zur Förderung der Aufenthalte deutscher Gastwissenschaftler/innen durch die Hochschulen.
3. Für die DFG können nur geförderte Auslandsaufenthalte deutscher Gastwissenschaftler/innen angegeben werden, die eine Förderung durch Forschungsstipendien erhielten.
4. Angaben zum Jahr 2018.
5. Geschätzte Zahl.
6. Ausschließlich Angaben zu den Antragsteller/innen auf eine Aufenthaltsförderung in der Schweiz.

E2.2 Deutsche Gastwissenschaftler/innen im Ausland nach Förderorganisation 2019[1, 3]

Förderorganisation	Anzahl
Wichtigste deutsche Förderorganisationen	
Deutscher Akademischer Austauschdienst	10.447
Deutsche Forschungsgemeinschaft[3]	886
Weitere deutsche Förderorganisationen	
Max Weber Stiftung – Deutsche Geisteswissenschaftliche Institute im Ausland	255
Alexander von Humboldt-Stiftung	245
Hans-Böckler-Stiftung	189
Studienstiftung des deutschen Volkes	153
Gerda Henkel Stiftung[5]	145
Friedrich-Ebert-Stiftung	104
CERN-Stipendien (Fellowships)	95
Cusanuswerk – Bischöfliche Studienförderung	92
Heinrich Böll-Stiftung	63
Friedrich-Naumann-Stiftung	52
Rosa-Luxemburg-Stiftung	43
Boehringer Ingelheim Fonds	42
Deutsche Akademie der Naturforscher Leopoldina	41
Fritz Thyssen-Stiftung	32
Avicenna-Studienwerk	10
Heinrich Hertz-Stiftung – MKW NRW	6
Deutsche Herzstiftung	5
Stiftung DECHEMA-Forschungsinstitut	1
Ausländische Förderorganisationen	
Japan Society for the Promotion of Science	276
Schweizerischer Nationalfonds zur Förderung der wissenschaftlichen Forschung[4, 6]	146
Marie-Sklodowska-Curie-Maßnahmen	191
Fulbright-Kommission	27
Fonds zur Förderung der wissenschaftlichen Forschung (Österreich)	6
Insgesamt	**13.552**

Quellen: Angaben der Förderorganisationen; DZHW-Umfrage

E DEUTSCHE WISSENSCHAFTLER/INNEN IM AUSLAND

2 Deutsche Gastwissenschaftler/innen im Ausland

2.2 Gastregionen, Gastländer und Fächergruppen

Westeuropa ist die wichtigste Gastregion für deutsche Gastwissenschaftler/innen, deren Auslandsaufenthalte von den hier erfassten in- und ausländischen Förderorganisationen unterstützt wurden. 26% dieser geförderten Aufenthalte finden in westeuropäischen Ländern statt. Weitere bedeutsame Gastregionen sind Nordamerika (18%) sowie Asien und Pazifik (15%). Damit vereinen diese drei Gastregionen allein 58% aller Aufenthalte deutscher Gastwissenschaftler/innen auf sich. Demgegenüber fallen die Anteile von Mittel- und Südosteuropa (12%), von Lateinamerika (8%), Osteuropa und Zentralasien, Nordafrika und Nahost (jeweils 7%) sowie Subsahara-Afrika (5%) deutlich geringer aus. Im Vergleich zu den Herkunftsregionen ausländischer Gastwissenschaftler/innen in Deutschland (vgl. S. 94/95) zeigen sich deutliche Unterschiede. Nur Asien und Pazifik kommt anteilsbezogen eine ähnliche Bedeutung sowohl als Gast- als auch als Herkunftsregion zu. Ansonsten bevorzugen deutsche Wissenschaftler/innen häufiger Westeuropa und vor allem Nordamerika als Gastregionen, während ausländische Wissenschaftler/innen zu höheren Anteilen aus mittel-, ost- und südosteuropäischen Ländern, aus Lateinamerika sowie aus Nordafrika und Nahost nach Deutschland kommen. Diese Fokussierung auf Westeuropa und Nordamerika dürfte eine Folge des hohen Entwicklungsstands von Wissenschaft und Forschung in diesen Ländern sowie langjähriger wissenschaftlicher Zusammenarbeit sein.

> USA, Vereinigtes Königreich und Frankreich sind die wichtigsten Länder für geförderte Aufenthalte deutscher Gastwissenschaftler/innen.

Die einzelnen Förderorganisationen zeichnen sich durch regionale Schwerpunkte aus. Bei der Deutschen Forschungsgemeinschaft (DFG) und der Alexander von Humboldt-Stiftung (AvH) sind die Anteile der geförderten Gastaufenthalte in Nordamerika (57% bzw. 51%) besonders hoch. Die kleineren deutschen Förderorganisationen unterstützen insbesondere Aufenthalte in westeuropäischen Ländern (54%). Die Förderung des DAAD erfolgt demgegenüber stärker ausgeglichen über die verschiedenen Gastregionen.

Das wichtigste Gastland für deutsche Gastwissenschaftler/innen im Ausland sind die USA, gefolgt vom Vereinigten Königreich und Frankreich. In den USA werden dabei allein 15% aller geförderten Gastaufenthalte absolviert, im Vereinigten Königreich 6% und in Frankreich 4%. Während die Zahlen für Frankreich in den letzten Jahren relativ konstant geblieben sind, gab es für die USA und das Vereinigte Königreich im Vergleich zum Vorjahr einen Rückgang um 17% bzw. 10%. Damit erreicht die Zahl geförderter Aufenthalte deutscher Wissenschaftler in den USA einen Tiefststand. Weitere wichtige Gastländer sind Russland, Italien, Australien und China. Nur in Russland hat sich dabei der Umfang der Förderzahlen nicht verringert. Ein besonders starker Rückgang ist für Japan zu konstatieren (–66%).

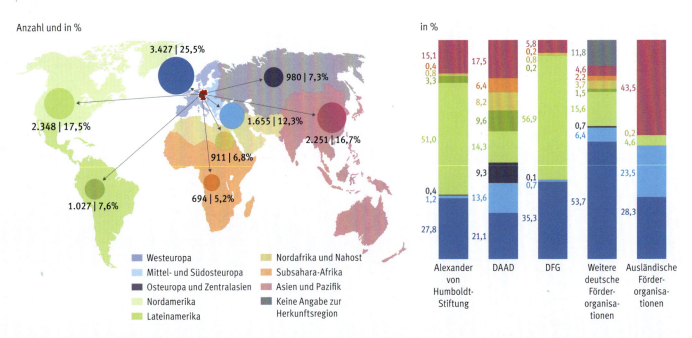

E2.3 Deutsche Gastwissenschaftler/innen im Ausland nach Gastregion und Förderorganisation 2019[1,2,3]

Quellen: Angaben der Förderorganisationen; DZHW-Umfrage

Die beiden größten Gruppen der deutschen Gastwissenschaftler/innen im Ausland sind mit Anteilen von 21% bzw. 22% den Fachgebieten Mathematik und Naturwissenschaften sowie Geisteswissenschaften zuzuordnen. Es folgen mit 19% die Rechts-, Wirtschafts- und Sozialwissenschaften. Geringere Bedeutung kommt den Ingenieurwissenschaften (12%), der Humanmedizin (5%), der Kunst und Kunstwissenschaft (4%) sowie den Agrar-, Forst- und Ernährungswissenschaften (2%) zu. Im Vergleich zu den internationalen Gastwissenschaftler/innen in Deutschland, bei denen etwa jede/r zweite mathematisch-naturwissenschaftliche Fächer vertritt (vgl. S. 94/95), verteilen sich die deutschen Gastwissenschaftler/innen somit ausgeglichener über die verschiedenen Lehr- und Forschungsbereiche.

> **43% der geförderten deutschen Gastwissenschaftler/innen sind Geisteswissenschaften oder Mathematik und Naturwissenschaften zuzuordnen.**

In Bezug auf die Fachgebiete der geförderten Wissenschaftler/innen zeigen sich zwischen den verschiedenen Förderorganisationen deutliche Unterschiede. Bei der AvH fällt der Anteil der Naturwissenschaftler/innen mit 62% besonders hoch aus. Dagegen wurden vom DAAD ähnlich große Anteile von Geisteswissenschaftler/innen (22%), Rechts-, Wirtschafts- und Sozialwissenschaftler/innen (22%) sowie Naturwissenschaftler/innen (24%) gefördert.

Fußnoten

1. Die ausländischen Förderorganisationen, mit Ausnahmen der EU-Förderung im Rahmen der Marie-Sklodowska-Curie-Maßnahmen, unterstützen in der Regel den Aufenthalt von deutschen Gastwissenschaftler/innen in ihren jeweiligen Sitzländern.
2. Deutsche Gastwissenschaftler/innen im Ausland bei Förderorganisationen insgesamt: 13.552 (einschließlich 425 Gastwissenschaftler/innen, die keiner Herkunftsregion zugeordnet werden können).
3. Abweichungen von 100% sind rundungsbedingt.

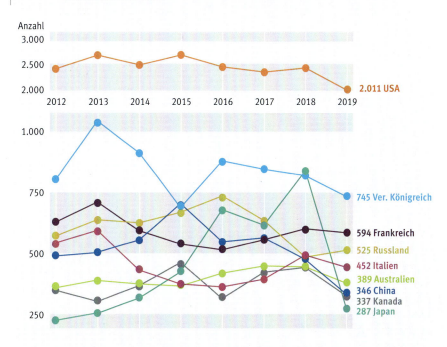

E2.4 Deutsche Gastwissenschaftler/innen im Ausland nach wichtigsten Gastländern seit 2012

Quellen: Angaben der Förderorganisationen; DZHW-Umfrage

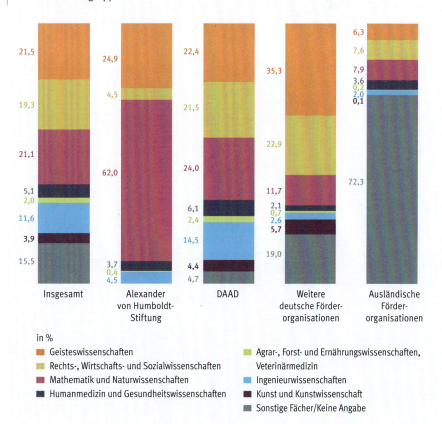

E2.5 Deutsche Gastwissenschaftler/innen im Ausland nach Förderorganisation und Fächergruppe 2019

Quellen: Angaben der Förderorganisationen; DZHW-Umfrage

E DEUTSCHE WISSENSCHAFTLER/INNEN IM AUSLAND

2 Deutsche Gastwissenschaftler/innen im Ausland

2.3 Erasmus-Gastdozent/innen

Im Rahmen des Erasmus-Programms der Europäischen Union werden auch temporäre Auslandsaufenthalte von Gastdozent/innen gefördert. Diese Gastdozenturen innerhalb Europas können zwischen zwei und sechzig Tagen dauern. Die Förderung umfasst dabei Lehraufenthalte sowohl von wissenschaftlichen Mitarbeiter/innen und Professor/innen von Universitäten und Forschungseinrichtungen als auch von Angestellten in Unternehmen. Die Teilnehmer/innen an diesem Programm müssen dabei nicht zwingend über die Staatsangehörigkeit des Entsendelandes verfügen. Auch ausländische Mitarbeiter/innen an den Hochschulen des Entsendelandes können sich daran beteiligen. Deshalb ist es nicht ausgeschlossen, dass einige der Erasmus-Gastdozent/innen aus Deutschland über eine ausländische Staatsbürgerschaft verfügen. Allerdings dürfte dieser Anteil sehr gering ausfallen.

> Die meisten Erasmus-Gastdozent/innen aus Deutschland haben Aufenthalte in Mittelost- und Südeuropa absolviert.

Im Erasmusjahr 2019[1] haben sich insgesamt rund 3.000 Erasmus-Gastdozent/innen aus Deutschland zu einem Lehraufenthalt mit Erasmus-Förderung im Ausland aufgehalten. Im Vergleich zum Vorjahr hat sich die Zahl dieser Gastdozenturen kaum verändert. Dies trifft auch für die letzten fünf Jahre zu; in diesem Zeitraum ist die Anzahl der Gastdozent/innen aus Deutschland relativ konstant geblieben, sie lag jeweils zwischen 3.000 und 3.200.

Die meisten Erasmus-Gastdozent/innen waren 2019 zum Auslandsaufenthalt in Ländern Mittelosteuropas und Südeuropas (jeweils 24%). 21% von ihnen hielten sich in westeuropäischen und 13% in nordeuropäischen Ländern auf. Der Anteil der Aufenthalte in Südosteuropa liegt bei 11% und in Mittelwesteuropa bei 7%. In Bezug auf die Größe dieser Gruppen in den unterschiedlichen europäischen Ländern und ihren jeweiligen Anteilen haben sich dabei in den letzten fünf Jahren keine wesentlichen Änderungen ergeben.

Die wichtigsten Gastländer für Erasmus-Gastdozent/innen aus Deutschland sind Italien und Spanien. Ihre Anteile betragen jeweils 11%. An dritter und vierter Stelle stehen Frankreich und Polen mit jeweils 10%. Weiterhin spielen Österreich, Finnland (jeweils 7%), das Vereinigte Königreich (5%) sowie Tschechien und Griechenland (jeweils 4%) eine wichtige Rolle. Diese Länder waren auch in den letzten Jahren die bevorzugten Gastländer der Dozent/innen aus Deutschland.

Mit einem Anteil von 34% sind die meisten deutschen Erasmus-Gastdozent/innen im Ausland der Fächergruppe Geisteswissenschaften und Künste zuzurechnen.[2] 18% von ihnen gehören zum Bereich Wirtschaft, Verwaltung und Recht, weitere 14% vertreten die Fächergruppe Ingenieurwesen, verarbeitendes Gewerbe und Baugewerbe. Dem Bereich Sozialwissenschaften, Journalismus und Informationswesen sind 8% zuzurechnen, jeweils 6% den Fächergruppen Pädagogik und Naturwissenschaften, Mathematik und Statistik sowie Gesundheit und Sozialwesen. Eine geringere Rolle spielen Informatik und Kommunikationstechnologie (4%), Dienstleistungen (2%)

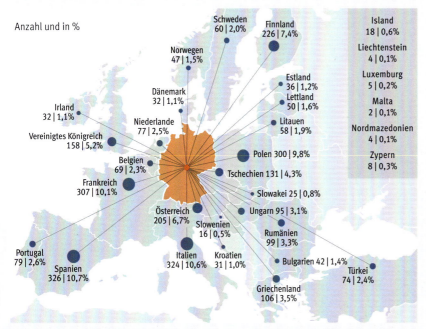

E2.6 Erasmus-Gastdozent/innen aus Deutschland nach Gastregion und Gastland 2019

Anzahl und in %

- Schweden 60 | 2,0%
- Finnland 226 | 7,4%
- Norwegen 47 | 1,5%
- Island 18 | 0,6%
- Liechtenstein 4 | 0,1%
- Estland 36 | 1,2%
- Luxemburg 5 | 0,2%
- Lettland 50 | 1,6%
- Dänemark 32 | 1,1%
- Malta 2 | 0,1%
- Irland 32 | 1,1%
- Niederlande 77 | 2,5%
- Litauen 58 | 1,9%
- Nordmazedonien 4 | 0,1%
- Vereinigtes Königreich 158 | 5,2%
- Polen 300 | 9,8%
- Zypern 8 | 0,3%
- Belgien 69 | 2,3%
- Tschechien 131 | 4,3%
- Frankreich 307 | 10,1%
- Slowakei 25 | 0,8%
- Österreich 205 | 6,7%
- Ungarn 95 | 3,1%
- Slowenien 16 | 0,5%
- Rumänien 99 | 3,3%
- Portugal 79 | 2,6%
- Italien 324 | 10,6%
- Kroatien 31 | 1,0%
- Bulgarien 42 | 1,4%
- Türkei 74 | 2,4%
- Spanien 326 | 10,7%
- Griechenland 106 | 3,5%

Gastregion	Anzahl	in %
Südeuropa	731	24,0
Mittelosteuropa	742	24,4
Westeuropa	643	21,1
Nordeuropa	383	12,6
Südosteuropa	333	10,9
Mittelwesteuropa	214	7,0
Insgesamt	**3.046**	**100,0**

Fußnoten

1 Erasmus-Statistik bis 2014: Studienjahr beginnt im Wintersemester und endet im Sommersemester des Folgejahres. 2014 = WS 2013/14 + SS 2014. Neue Erasmus-Statistik seit 2015: Studienjahr beginnt am 1. Juni des Vorjahres und endet am 31. Mai des Folgejahres. 2019 = 1.6.2018 bis 31.5.2020.

2 Die Verteilung der Erasmus-Gastdozent/innen auf die verschiedenen Fächergruppen liegt nur in der ISCED-Systematik vor.

Quelle: DAAD, Erasmus-Statistik

sowie Landwirtschaft, Forstwirtschaft, Fischerei und Tiermedizin (1%). Im Vergleich zu den ausländischen Erasmus-Gastdozent/innen, die einen temporären Aufenthalt in Deutschland absolvieren, zeigen sich in der Verteilung der Fächergruppen keine wesentlichen Unterschiede (vgl. S. 98/99). Dies ist insbesondere durch die Konstruktion von Erasmus+ als reziprokem Austauschprogramm zu erklären, mit jeweils ähnlich vielen geförderten Plätzen bei den Partnerinstitutionen auf beiden Seiten.

> Mit 34% gehört die deutliche Mehrheit der Erasmus-Gastdozent/innen aus Deutschland zur Fächergruppe Geisteswissenschaften und Künste.

Obwohl eine Erasmus-Gastdozentur bis zu zwei Monate dauern kann, halten sich die Dozent/innen aus Deutschland im Durchschnitt nur 5,3 Tage im Ausland auf. Dieser Wert entspricht dem des Vorjahres. Zwischen einzelnen Gastländern kommt es dabei teilweise zu deutlichen Unterschieden. Erasmus-Gastdozent/innen in Tschechien, Griechenland, Zypern und Rumänien verbrachten dort im Durchschnitt zwischen sieben und elf Tage. Dagegen weilten Gastdozent/innen in den Niederlanden, Malta und Slowenien durchschnittlich nur vier Tage.

E2.7 Erasmus-Gastdozent/innen aus Deutschland nach wichtigsten Gastländern seit 2014

Quelle: DAAD, Erasmus-Statistik

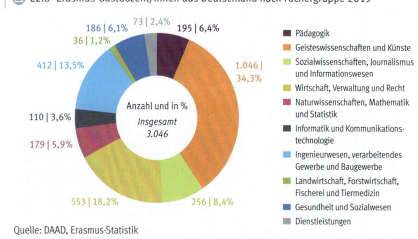

E2.8 Erasmus-Gastdozent/innen aus Deutschland nach Fächergruppe 2019[2]

Quelle: DAAD, Erasmus-Statistik

E2.9 Erasmus-Gastdozent/innen aus Deutschland nach Gastland und durchschnittlicher Aufenthaltsdauer 2019

Gastland	Dauer Ø Tage	Gastland	Dauer Ø Tage	Gastland	Dauer Ø Tage
Tschechien	10,9	Liechtenstein	5,5	Nordmazedonien	4,8
Zypern	7,2	Norwegen	5,5	Österreich	4,8
Griechenland	7,2	Italien	5,3	Estland	4,7
Rumänien	6,5	Polen	5,3	Dänemark	4,7
Luxemburg	6,2	Litauen	5,3	Bulgarien	4,6
Finnland	5,8	Frankreich	5,2	Belgien	4,5
Spanien	5,8	Kroatien	5,1	Ungarn	4,5
Irland	5,8	Portugal	5,0	Malta	4,0
Türkei	5,6	Slowakei	5,0	Niederlande	4,0
Vereinigtes Königreich	5,6	Lettland	4,9	Slowenien	3,6
Island	5,6	Schweden	4,9	**Insgesamt**	**5,3**

Quelle: DAAD, Erasmus-Statistik

SCHLAGLICHT: Die Förderung der internationalen Mobilität von Wissenschaftler/innen im Jahr 2020

Die Covid-19-Pandemie hat Organisationen, die sich der Förderung der internationalen Mobilität von Wissenschaftler/innen widmen, im Jahr 2020 vor große Herausforderungen gestellt. Auch wenn noch keine konkreten Daten zur Entwicklung der Aufenthaltszahlen internationaler Wissenschaftler/innen in Deutschland und deutscher Wissenschaftler/innen im Ausland vorgelegt werden

> **„** Ständig sich ändernde Mobilitätsbeschränkungen und mangelnde Planungssicherheit stellten die Förderorganisationen im Jahr 2020 vor große Herausforderungen.

können, so ist mit großer Sicherheit davon auszugehen, dass es in diesem Zeitraum zu wesentlichen Veränderungen der internationalen Mobilität gekommen ist. Trotz der Unterschiede in Bezug auf Größe, Programmportfolio und Förderbedingungen sahen sich die einzelnen Organisationen mit Beginn der Covid-19-Pandemie vor ähnliche neuartige Herausforderungen gestellt. So ergaben sich für alle Förderorganisationen aufgrund pandemiebedingter Mobilitätsbeschränkungen erhebliche Probleme durch mangelnde Planungssicherheit. Für die Einrichtungen galt es, die dynamische Entwicklung der Pandemielage mit ständig sich ändernden Rahmenbedingungen nicht nur in Deutschland, sondern auch in einer Vielzahl von Herkunfts- und Gastländern zu verfolgen, zu bewerten und daraus Schlussfolgerungen für die Mobilität der Wissenschaftler/innen und deren Betreuung zu ziehen. In diesem Zusammenhang stellten sich aus Sicht der Organisationen vor allem folgende Herausforderungen:

- adäquate Reaktionen auf die sich ändernden Reise- und Aufenthaltseinschränkungen – von veränderten Verfahrensweisen bei der Visaerteilung über die Organisation von Quarantänequartieren und pandemiekonformen Aufenthalten bis hin zur Ermöglichung von Kinderbetreuung trotz geschlossener Betreuungseinrichtungen und Schulen;
- Organisation von Forschungsarbeiten angesichts geschlossener oder nur eingeschränkt geöffneter wissenschaftlicher Einrichtungen und Labors;
- Entwicklung virtueller Formate der Zusammenarbeit, einschließlich der Organisation von internetgestützten Auswahlgesprächen;
- Umgang mit veränderten Projektabläufen, bedingt vor allem durch Schwierigkeiten, die Projektziele einzuhalten, aber auch durch die Verlängerung von Promotionsphasen und gefährdete Karrierepläne;
- Organisation von Aufenthaltsverschiebungen und -verkürzungen;
- Schwierigkeiten bei der Planung und Bewirtschaftung der finanziellen Mittel aufgrund von Aufenthaltsverschiebungen und zusätzlichen Bedarfen;
- deutlicher Rückgang bei der Zahl von Antragsteller/innen einer Mobilitätsförderung.

Trotz dieser Herausforderungen, die sich den relevanten Förderorganisationen in ähnlicher Weise stellten, fielen deren Reaktionen auf die veränderten Bedingungen sehr unterschiedlich aus. Ein Teil der Organisationen musste im Vergleich zum Jahr 2019 die Zahl der Wissenschaftler/innen, deren Aufenthalte im Ausland gefördert wurde, reduzieren. In Bezug auf eine Unterstützung von Gastaufenthalten internationaler Wissenschaftler/innen in Deutschland betrifft dies immerhin 54% aller befragten Förderorganisationen. Dabei reduzierte

Datenbasis

Die in *Wissenschaft weltoffen* analysierten Daten zu den geförderten Aufenthalten internationaler Wissenschaftler/innen in Deutschland und deutscher Wissenschaftler/innen im Ausland werden vom DZHW im Rahmen einer jährlichen Umfrage unter den relevanten Förderorganisationen erhoben. Der Erhebungszeitpunkt für diese Daten liegt etwa neun bis zwölf Monate nach dem Ende des Zeitraums, über den berichtet wird. So wurden beispielsweise für *Wissenschaft weltoffen 2021* zu Beginn des Jahres 2021 die Daten über die Förderaktivitäten im Jahr 2019 erhoben. Zu diesem Zeitpunkt lagen den meisten Organisationen noch keine exakten Daten zur Förderung im laufenden oder gerade zu Ende gegangenen Jahr vor. Da die Entwicklung der internationalen Mobilität von Wissenschaftler/innen unter den Pandemiebedingungen des Jahres 2020 von besonderem Interesse für die Herausgeber/innen und Leser/innen von *Wissenschaft weltoffen* ist, wurden die Förderorganisationen in Deutschland[1] im Rahmen der regulären Datenerhebung zu den Förderzahlen 2019 um erste Einschätzungen zur Entwicklung ihrer Aktivitäten im Jahr 2020 gebeten. Dabei handelte es sich nicht um eine Abfrage konkreter Daten, sondern – entsprechend den Möglichkeiten der meisten Förderorganisationen – lediglich um erste Schätzungen. Sie beziehen sich darauf, in welchem Maße es zu coronabedingten Rückgängen in der Mobilitätsförderung gekommen ist, sowie auf Kürzungen und Verschiebungen von Aufenthalten. Zusätzlich wurde auch danach gefragt, welche besonderen Herausforderungen für die Förderorganisationen mit der Covid-19-Pandemie verbunden sind.

Von den 40 angeschriebenen Fördereinrichtungen waren 29, also rund 73%, in der Lage, in unterschiedlicher Weise Auskunft über die Entwicklungen der Mobilitätsförderung 2020 zu geben. Auf Basis dieser Rücklaufquote besteht die Möglichkeit, einen ersten Ausblick auf die Entwicklungstendenzen im Jahr 2020 zu geben.[2]

WISSENSCHAFT WELTOFFEN 2021

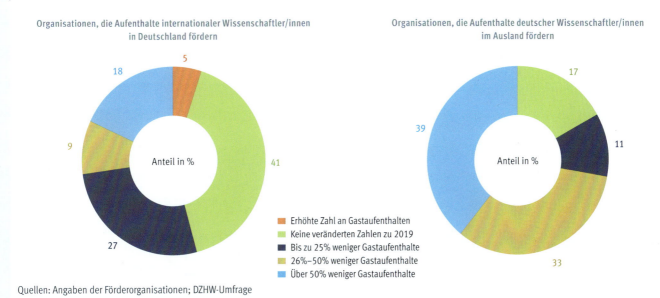

ES1 Entwicklung der Zahl geförderter Gastaufenthalte international mobiler Wissenschaftler/innen 2020 im Vergleich zu 2019 nach Förderorganisation

Organisationen, die Aufenthalte internationaler Wissenschaftler/innen in Deutschland fördern: 5 / 18 / 9 / 27 / 41 (Anteil in %)

Organisationen, die Aufenthalte deutscher Wissenschaftler/innen im Ausland fördern: 17 / 11 / 33 / 39 (Anteil in %)

- Erhöhte Zahl an Gastaufenthalten
- Keine veränderten Zahlen zu 2019
- Bis zu 25% weniger Gastaufenthalte
- 26%–50% weniger Gastaufenthalte
- Über 50% weniger Gastaufenthalte

Quellen: Angaben der Förderorganisationen; DZHW-Umfrage

sich die Zahl der geförderten Aufenthalte bei 18% der befragten Einrichtungen sogar um mehr als die Hälfte. Ein überraschend hoher Anteil von 41% der befragten Förderorganisationen musste aber im Vergleich zu 2019 keine Veränderungen bei den geplanten Förderungen vornehmen. Sie haben gleiche oder ähnliche Förderzahlen realisiert. 5% der Einrichtungen konnten die Zahl der von ihnen unterstützten Aufenthalte internationaler Wissenschaftler/innen sogar erhöhen.

Im Vergleich dazu ist es bei Förderung von Aufenthalten deutscher Wissenschaftler/innen im Ausland zu deutlich stärkeren Einbußen gekommen. 83% der befragten Organisationen verweisen coronabedingt auf reduzierte Förderzahlen, darunter 39%, die einen Rückgang der geförderten Aufenthalte von über 50% berichten. Nur 17% ist es gelungen, die geplanten Aufenthaltszahlen relativ unverändert zu realisieren.

Fußnoten

1 Auf eine Befragung der ausländischen bzw. internationalen Förderorganisationen wurde aufgrund der unterschiedlichen Datenerfassung bzw. späterer Berichtszeitpunkte verzichtet.

2 Von den Organisationen mit hohen Zahlen geförderter Wissenschaftler/innen konnten zum Befragungszeitpunkt lediglich DFG und Leibniz-Gemeinschaft noch keine Einschätzungen zu ihren Förderaktivitäten im Jahr 2020 geben.

Auf Basis dieser Angaben der Förderorganisationen zur Entwicklung der Gastaufenthalte kann eine erste grobe Schätzung der quantitativen Auswirkungen der Covid-19-Pandemie auf die internationale Mobilität von Wissenschaftler/innen im Jahr 2020 vorgenommen werden. Für die fehlenden Auskünfte jener Organisationen, die

> Die Zahl der geförderten Aufenthalte internationaler Wissenschaftler/innen in Deutschland hat sich 2020 im Vergleich zu 2019 um rund 30% reduziert.

dazu noch keine Angaben machen konnten, wurden die ermittelten durchschnittlichen Werte zugrunde gelegt. Auf Basis einer solchen Schätzung zeigt sich, dass die Zahl der durch deutsche Institutionen geförderten Aufenthalte internationaler Wissenschaftler/innen in Deutschland 2020 im Vergleich zu 2019 um rund 30% niedriger ausfällt. 2019 wurden rund 36.000 Aufenthalte gefördert (einschließlich Helmholtz-Gemeinschaft und Max-Planck-Gesellschaft); 2020 konnten voraussichtlich rund 25.000 Aufenthalte) realisiert werden. Noch

SCHLAGLICHT: Die Förderung der internationalen Mobilität von Wissenschaftler/innen im Jahr 2020

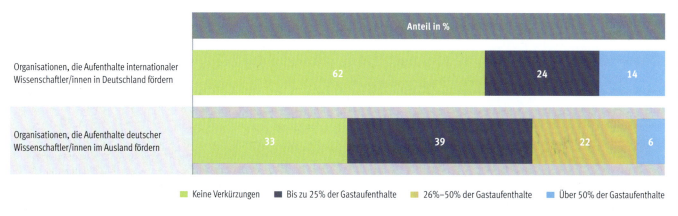

ES2 Coronabedingte Verkürzungen geförderter Gastaufenthalte international mobiler Wissenschaftler/innen 2020 nach Förderorganisation

Quellen: Angaben der Förderorganisationen; DZHW-Umfrage

stärker fällt der Rückgang der Förderzahlen bei den von deutschen Organisationen geförderten Aufenthalten deutscher Wissenschaftler/innen im Ausland aus. Die Reduktion im Vergleich zu 2019 beträgt hier rund 59%. Demnach hielten sich im Jahr 2020 anstatt rund 13.000 (wie im Jahr 2019) nur noch rund 5.000 deutsche Wissenschaftler/innen zu geförderten Forschungs- und Lehraufenthalten im Ausland auf.

Neben der Reduzierung von geförderten Aufenthalten kommt es infolge der Covid-19-Pandemie teilweise auch zu einer Verkürzung bzw. einer vorzeitigen Beendigung von Gastaufenthalten. Allerdings konnte dies in Bezug auf die Aufenthalte internationaler Wissenschaftler/innen in Deutschland von der Mehrzahl der Förderorganisationen im Jahr 2020 vermieden werden. Nur 38% der entsprechenden Förderorganisationen geben an, dass solche

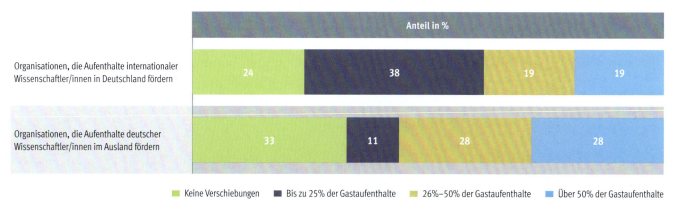

ES3 Coronabedingte Verschiebungen geförderter Gastaufenthalte international mobiler Wissenschaftler/innen 2020 nach Förderorganisation

Quellen: Angaben der Förderorganisationen; DZHW-Umfrage

Maßnahmen notwendig waren. Nur bei 14% der befragten Institutionen verkürzten sich über die Hälfte der geförderten Aufenthalte internationaler Wissenschaftler/innen.

Deutlich anders stellt sich die Situation bei der Förderung der deutschen Wissenschaftler/innen im Ausland dar: Hier verweisen 67% der entsprechenden Institutionen darauf, dass geförderte Aufenthalte verkürzt werden mussten. Dabei berichten 28% der Einrichtungen eine Verkürzung von mehr als einem Viertel der von ihnen geförderten Aufenthalte.

Eine weitere wichtige Reaktionsmöglichkeit der Förderorganisationen auf die coronabedingten Mobilitätsbeschränkungen stellt die Verschiebung von geförderten Gastaufenthalten auf einen späteren Zeitpunkt dar. Dabei kann es sich allerdings um ganz unterschiedliche Zeiträume handeln. Auf solch eine Maßnahme verzichtete jeweils nur eine Minderheit der befragten Organisationen. Von den deutschen Einrichtungen, die den Aufenthalt internationaler Wissenschaftler/innen in Deutschland fördern, betrifft dies rund ein Viertel; von den Institutionen, die Auslandsaufenthalte deutscher Wissenschaftler/innen unterstützen, ein Drittel. Während aber von den erstgenannten Organisationen nur 38% mehr als ein Viertel Aufenthalte internationaler Wissenschaftler/innen verschoben haben, trifft dies auf 56% der Einrichtungen zu, die Aufenthalte deutscher Wissenschaftler/innen im Ausland fördern.

In der Zusammenschau der Befunde zeigt sich, dass es unter den Corona-Bedingungen des Jahres 2020 besonders starke Einschnitte bei der Förderung der Aufenthalte deutscher Gastwissenschaftler/innen im Ausland gegeben hat. Bei diesen Gastaufenthalten deutscher Wissenschaftler/innen kam es zu deutlich mehr Ausfällen, Verkürzungen und Verschiebungen als bei den Aufenthalten internationaler Wissenschaftler/innen in Deutschland. Dies ist allerdings wenig überraschend. Naturgemäß fällt es den in Deutschland ansässigen Förderorganisationen leichter, Gastaufenthalte im eigenen Land zu organisieren und zu betreuen als in einer Vielzahl ausländischer Staaten mit z. T. sehr unterschiedlichen und sich ständig verändernden Pandemiebedingungen und -regelungen. Darüber hinausgehend lässt sich mit Blick auf die unterschiedlichen Förderorganisationen kein eindeutiges Muster in Bezug auf Rückgang, Verkürzung und Verschiebung von Gastaufenthalten für das Jahr 2020 erkennen. Den wichtigsten Grund hierfür dürften die teilweise großen Unterschiede in Bezug auf Bedingungen und Ziele der jeweiligen Förderaktivitäten darstellen.

> „ 56% der Organisationen, die Aufenthalte deutscher Wissenschaftler/innen im Ausland fördern, haben 2020 mehr als ein Viertel ihrer Förderungen auf einen späteren Zeitpunkt verschoben.

METHODIK

Mapping Mobility – Datengrundlagen und Analysekonzepte zur internationalen Mobilität von Studierenden und Wissenschaftler/innen

In *Wissenschaft weltoffen* wird auf unterschiedliche Datenquellen zur internationalen Mobilität von Studierenden und Wissenschaftler/innen zurückgegriffen. Bei der Interpretation dieser Daten ist zu beachten, dass es verschiedene Arten der Studierenden- und Wissenschaftlermobilität gibt, deren datentechnische Erfassung an unterschiedliche Voraussetzungen gebunden ist. So ist es beispielsweise deutlich einfacher, die Einreisemobilität von internationalen Studierenden in Deutschland zu erfassen als die Ausreisemobilität deutscher Studierender, da für studienbezogene Auslandsaufenthalte bislang keine validen amtlichen Daten in der Hochschulstatistik vorliegen. Die Erfassung der internationalen Mobilität von Wissenschaftler/innen fällt im Vergleich dazu noch schwieriger aus. In Deutschland und vielen anderen Ländern wird diese Form der Mobilität nur sehr lückenhaft bzw. überhaupt nicht amtlich erfasst. Zur Orientierung soll deshalb den Leser/innen von *Wissenschaft weltoffen* im Folgenden eine kurze Übersicht über die relevanten Arten der Studierenden- und Wissenschaftlermobilität gegeben und die hierfür zur Verfügung stehenden Datenquellen erläutert werden.

A. Studierendenmobilität

Mobilitätsarten

Im Zusammenhang mit der Auslandsmobilität von Studierenden werden die beiden Begriffe *Degree Mobility* und *Credit Mobility* verwendet. Nach der europäischen Mobilitätsstrategie („Mobilität für besseres Lernen") umfasst Degree Mobility alle Studiumsaufenthalte, bei denen ein Studienabschluss im Ausland erworben wird. Als Credit Mobility werden demgegenüber studienbezogene Auslandsaufenthalte im Rahmen eines Studiums mit Abschluss im Inland bezeichnet. Hierzu zählen neben dem temporären Auslandsstudium auch Auslandsaufenthalte, die als Praktika, Sprachkurse, Studienreisen, Projektarbeiten oder an Sommerschulen absolviert wurden.

In Anlehnung an die Unterscheidung zwischen Credit und Degree Mobility wird in *Wissenschaft weltoffen* zwischen temporären Auslandsaufenthalten im Rahmen eines Studiums mit Abschluss im Inland und Auslandsaufenthalten mit dem Ziel eines Abschlusses im Ausland (abschlussbezogene Auslandsmobilität) unterschieden.

Dabei ist zu beachten, dass aufgrund der Datenlage bei der Ausreisemobilität nur eingeschränkt eine Trennung zwischen diesen beiden Mobilitätsformen möglich ist. Bei der Einreisemobilität bereitet dagegen eine solche Differenzierung keine Schwierigkeiten (vgl. hierzu auch die Ausführungen im folgenden Abschnitt).

Verfügbare Datenquellen und Datenqualität

Zur Erfassung der **abschlussbezogenen Auslandsmobilität** (AAM) deutscher Studierender muss auf die vorliegenden Hochschulstatistiken der jeweiligen Gastländer zurückgegriffen werden, da sich diese Studierenden nur an den Hochschulen dort eingeschrieben haben. Das Statistische Bundesamt führt daher in etwa 40 wichtigen Gastländern deutscher Studierender jährlich eine Befragung jener Institutionen durch, die für die Bildungsstatistik verantwortlich sind. Bei den gemeldeten Studierenden handelt es sich überwiegend, aber nicht ausschließlich um Studierende, die mit Abschlussabsicht im Ausland studieren. Bei einigen Ländern sind auch Erasmus-Studierende und andere Studierende mit temporären Studiumsaufenthalten in den Daten enthalten. Eine hilfreiche Ergänzung sind daher die ab dem Studienjahr 2008 vom Statistischen Bundesamt erhobenen Daten zu den deutschen Studienanfänger/innen und Absolvent/innen im Ausland, die allerdings für weniger Länder verfügbar sind als die Studierendenzahlen. Neben der amtlichen Statistik kann zur Abschätzung der AAM auch auf die Statistiken zur internationalen Studierendenmobilität von UNESCO, OECD und dem Statistischen Amt der EU (Eurostat) zurückgegriffen werden. Diese basieren auf einer gemeinsamen Datenerhebung, der „UOE data collection on education systems" (sog. UOE-Datensammlung). Trotz der gemeinsamen Datenbasis sind von den drei Organisationen unterschiedliche Statistiken zur internationalen Studierendenmobilität veröffentlicht worden, da die Basisdaten auf verschiedene Weise weiterverarbeitet wurden. Zum Berichtsjahr 2013 haben sich alle drei Organisationen verständigt, die bis dahin von der UNESCO praktizierte Vorgehensweise als einheitliches Verfahren anzuwenden. Gegenüber der Umfrage des Statistischen Bundesamtes bietet die UOE-Erhebung den Vorzug, dass sie für deutlich mehr Gast- und Herkunftsländer Daten zur Verfügung stellt. Andererseits erlauben die Datendokumentationen im Rahmen der UOE-Daten-

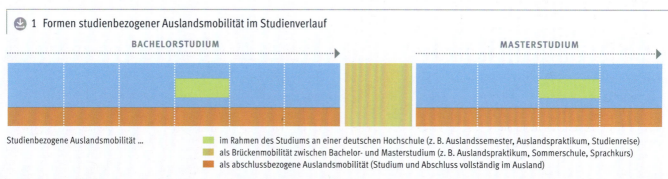

1 Formen studienbezogener Auslandsmobilität im Studienverlauf

Studienbezogene Auslandsmobilität ...
- im Rahmen des Studiums an einer deutschen Hochschule (z. B. Auslandssemester, Auslandspraktikum, Studienreise)
- als Brückenmobilität zwischen Bachelor- und Masterstudium (z. B. Auslandspraktikum, Sommerschule, Sprachkurs)
- als abschlussbezogene Auslandsmobilität (Studium und Abschluss vollständig im Ausland)

Quelle: Eigene Darstellung

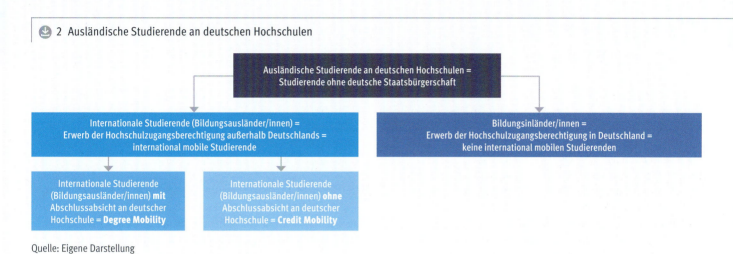

2 Ausländische Studierende an deutschen Hochschulen

Quelle: Eigene Darstellung

sammlung kaum Rückschlüsse auf die (je nach Gastland sehr unterschiedliche) Datenqualität. Dazu kommt, dass hier weniger Differenzierungsmerkmale (wie z. B. Fächergruppen) erhoben werden.

Ausländische Studierende in Deutschland werden durch die reguläre Studierendenstatistik des Statistischen Bundesamtes erfasst. Demnach werden alle Studierenden ohne deutsche Staatsbürgerschaft als ausländische Studierende bezeichnet. Zu ihnen gehören zum einen die *Bildungsausländer/innen* und zum anderen die *Bildungsinländer/innen*. Bildungsausländer/innen haben ihre Hochschulzugangsberechtigung im Ausland erworben oder ihre im Ausland erworbene schulische Qualifikation durch das erfolgreiche Absolvieren eines deutschen Studienkollegs ergänzt. Sie sind somit international mobile Studierende. In *Wissenschaft weltoffen* werden sie in Übereinstimmung mit dem in anderen Ländern und in internationalen Organisationen gebräuchlichen Begriff ausschließlich als *internationale Studierende* bezeichnet. Bildungsinländer/innen dagegen haben ihre Hochschulzugangsberechtigung an einer Schule in Deutschland erworben oder hier eine Eignungs- oder Begabtenprüfung abgelegt und sind deshalb – zumindest zu Beginn des Studiums – nicht international mobil. In *Wissenschaft weltoffen* werden die internationalen Studierenden (Bildungsausländer/innen) differenziert nach Studierenden, die den Abschluss an einer deutschen Hochschule anstreben, und jenen, die als Gaststudierende nur einen temporären studienbezogenen Aufenthalt in Deutschland absolvieren.

Zur Gesamtheit **temporärer studienbezogener Auslandsmobilität** (TSA) deutscher Studierender liegen bislang keine amtlichen Statistiken vor. Belastbare offizielle Daten stehen bisher nur zum Teilbereich der temporären Studiums- oder Praktikumsaufenthalte im Rahmen des Erasmus-Programms der EU zur Verfügung. Nach den Erkenntnissen von entsprechenden Befragungen stellen diese Erasmus-Aufenthalte etwa ein Drittel der TSA deutscher Studierender dar. Durch die Einführung des neuen Hochschulstatistikgesetzes werden allerdings in absehbarer Zukunft auch valide amtliche Daten zu den studienbezogenen Aufenthalten außerhalb des Erasmus-Programms vorliegen. Bis dahin muss die TSA deutscher Studierender mithilfe von Studierenden- und Absolventenbefragungen abgeschätzt werden.

Zu den **internationalen Studierenden (Bildungsausländer/innen) in Deutschland** sind die Zahlen zur TSA in der Studierendenstatistik des Statistischen Bundesamtes enthalten. Die amtliche Statistik ermöglicht eine Identifikation der internationalen Studierenden ohne Abschlussabsicht in Deutschland bzw. mit Abschlussabsicht im Ausland (sog. Gast- oder Austauschstudierende). Darüber hinaus steht auch die Erasmus-Statistik als Datenquelle zur Verfügung, wobei zu beachten ist, dass die hierbei erfassten (eingeschriebenen) Studierenden auch in den Studierendendaten des Statistischen Bundesamtes enthalten sind. Wichtig ist darüber hinaus, dass die Erfassung der TSA von internationalen Studierenden in Deutschland nur die Studiumsaufenthalte an Hochschulen umfasst. Sonstige studienbezogene Aufenthalte (z. B. Praktika, Sprachkurse, Exkursionen) sind kein Teil der hier aufbereiteten amtlichen Statistik. Die Erasmus-Daten wiederum umfassen – entsprechend den Möglichkeiten dieses Austauschprogramms – Studiumsaufenthalte und Praktika.

Verwendete Datenquellen

Die zentrale Datenbasis für die hier dargestellten Befunde zur **abschlussbezogenen Auslandsmobilität deutscher Studierender** stellt die Statistik „Deutsche Studierende im Ausland" des Statistischen Bundesamtes dar. Für einzelne Gastländer werden diese Daten durch Zahlen der UNESCO-Statistik ergänzt. Zur Beschreibung der **temporären studienbezogenen Auslandsmobilität** werden in *Wissenschaft weltoffen* neben der Erasmus-Statistik auch Ergebnisse aus den Sozialerhebungen des Deutschen Studentenwerks (DSW) und des Deutschen Zentrums für Hochschul- und Wissenschaftsforschung (DZHW) (insbesondere bei der Betrachtung längerfristiger Entwicklungen) herangezogen.

Zur Darstellung der Entwicklung des Studiums **internationaler Studierender (Bildungsausländer/innen) in Deutschland** wird insbesondere auf die Studierendenstatistik des Statistischen Bundesamtes zurückgegriffen. Darüber hinaus werden auch die Daten zu den Erasmus-Teilnehmer/innen aus dem Ausland analysiert, die temporäre Studiumsaufenthalte an Hochschulen sowie Praktikumsaufenthalte in Deutschland verbringen.

Zur Darstellung der **weltweiten Studierendenmobilität** wird auf die UNESCO-Studierendenstatistik zurückgegriffen.

METHODIK

B. Wissenschaftlermobilität

Mobilitätsarten

Basierend auf dem jeweiligen Anlass der Mobilität lassen sich drei grundlegende Typen der Wissenschaftlermobilität unterscheiden, zwischen denen enge Beziehungen und Überschneidungen bestehen: die projekt- und veranstaltungsbezogene Auslandsmobilität (z. B. Konferenzreisen, Forschungsprojekte im Ausland), die qualifikationsbezogene Auslandsmobilität (z. B. Promotionen im Ausland, postdoktorale Projekte im Ausland) und die arbeitsplatzbezogene Auslandsmobilität (temporäre oder dauerhafte Forschungs- und Lehrstellen im Ausland). Viele Fälle von Wissenschaftsmobilität lassen sich dabei – je nach Perspektive – mehreren dieser Typen zuordnen. Beispielsweise kann es sich bei vielen promotionsbezogenen oder postdoktoralen Projekten im Ausland sowohl um projektbezogene als auch um qualifikationsbezogene Auslandsmobilität handeln. Neben den Überschneidungen zwischen den drei Typen der Wissenschaftlermobilität sind diese auch durch Wirkungsbeziehungen miteinander verbunden. Dies gilt auch für die konkreten Mobilitätsarten innerhalb der drei Mobilitätstypen. So führt studienbezogene Auslandsmobilität von Studierenden häufig zu promotionsbezogener und diese wiederum zu postdoktoraler Mobilität. Projektbezogene Wissenschaftlermobilität zieht in vielen Fällen veranstaltungsbezogene Mobilität nach sich, umgekehrt ergeben sich auf internationalen wissenschaftlichen Konferenzen häufig Kontakte, die wiederum zu projektbezogener Wissenschaftlermobilität führen.

Verfügbare Datenquellen und Datenqualität

Die Forschung zur internationalen Wissenschaftlermobilität stützt sich bislang **v. a. auf drei Datenquellen**: amtliche oder sonstige öffentlich zugängliche Statistiken, Publikationsdatenbanken (bibliometrische Daten) und Befragungsdaten. Alle drei Quellen haben Stärken und Schwächen, die sich teilweise spiegelbildlich zueinander verhalten, d. h., die Stärke der einen Quelle erweist sich bei der anderen als Schwäche.

3 Wichtige Datenquellen zur Studierendenmobilität

Quelle/Urheber	Titel der Statistik/Studie	Erhebungsturnus	Erfasste Mobilitätsarten[1]	Besonderheiten
Deutsche Studierende im Ausland				
Statistisches Bundesamt	Deutsche Studierende im Ausland	Jedes Jahr	AAM (in erster Linie)	Daten von etwa 40 wichtigen Gastländern deutscher Studierender (mind. 125 deutsche Studierende eingeschrieben)
DAAD	Erasmus-Statistik	Jedes Jahr	TSA	Vollerhebung
DSW/DZHW	Sozialerhebung	Alle vier Jahre	TSA	Bundesweit repräsentative Stichprobe
DZHW	Absolventenpanel	Jeder vierte Jahrgang	TSA	Insgesamt drei Befragungswellen nach Abschluss, bundesweit repräsentative Stichprobe
Institut für angewandte Statistik (ISTAT)	Kooperationsprojekt Absolventenstudien	Jeder Jahrgang	TSA	Wechselnde Beteiligung von Hochschulen
Internationale Studierende in Deutschland				
Statistisches Bundesamt	Studierende an Hochschulen	Jedes Jahr	AAM und TSA	Vollerhebung
Statistisches Bundesamt	Prüfungen an Hochschulen	Jedes Jahr	AAM	Vollerhebung
DAAD	Erasmus-Statistik	Jedes Jahr	TSA	Vollerhebung
DSW/DZHW	Sozialerhebung	Alle vier Jahre	AAM und TSA	Bundesweit repräsentative Stichprobe
Internationale Mobilität von Studierenden				
UNESCO	UIS.Stat-Datenbank (online)	Jedes Jahr	AAM (in erster Linie)	Umfangreichste Länderdaten, Differenzierung nach Geschlecht, keine Differenzierung nach Abschlussart
OECD	Education at a Glance, OECD.Stat-Datenbank (online)	Jedes Jahr	AAM (in erster Linie)	Nur OECD-Länder, Differenzierung nach Geschlecht und Abschlussart bzw. ISCED-Level[2]
Eurostat	Eurostat-Datenbank (online)	Jedes Jahr	AAM (in erster Linie)	Nur europäische Länder, Differenzierung nach Geschlecht, Abschlussart bzw. ISCED-Level und ISCED-Fächergruppe[2]

1 AAM = abschlussbezogene Auslandsmobilität; TSA = temporäre studienbezogene Auslandsmobilität.
2 Grundlage für die Erhebung und Aufbereitung der Daten ist die „International Standard Classification of Education" (ISCED 2011) bzw. ISCED-F 2013 (fields of education and training), die die internationale Vergleichbarkeit der nationalen Daten sicherstellt. Bei ISCED 2011 wird zwischen acht Ebenen (Levels) unterschieden, wobei die Level 5–8 den Bereich der tertiären Bildung umfassen. Bei ISCED-F 2013 wird zwischen zehn Fächergruppen unterschieden.

Quelle: Eigene Darstellung

4 Vor- und Nachteile von amtlichen Statistiken, bibliometrischen Daten und Befragungen zur Wissenschaftlermobilität

Amtliche und sonstige öffentliche Statistiken	Bibliometrische Daten	Befragungen
Vorteile		
• Kein Erhebungsaufwand, d. h. umfassende Erhebung bzw. sogar Vollerhebung möglich • Analyse von Entwicklungen im Zeitverlauf möglich • Keine oder geringe Kosten für Zugang zu Datenbanken oder Registern	• Kein Erhebungsaufwand, d. h. umfassende Erhebung bzw. sogar Vollerhebung möglich • Analyse von Entwicklungen im Zeitverlauf möglich	• Genaue Abgrenzung der Zielpopulation möglich • Vielzahl an möglichen Untersuchungsvariablen • Stichprobe unabhängig von Publikationsverhalten oder Erfassung in öffentlichen Statistiken • Hohe internationale Vergleichbarkeit realisierbar
Nachteile		
• Vorgegebene Stichprobe • Stichprobe abhängig von Erfassung der Wissenschaftler/innen in öffentlichen Statistiken • Vorgegebene und stark eingeschränkte Zahl an Untersuchungsvariablen • Internationale Vergleichbarkeit stark eingeschränkt	• Vorgegebene, stark eingeschränkte Stichprobe • Stichprobe abhängig vom Publikationsverhalten der Wissenschaftler/innen • Vorgegebene und stark eingeschränkte Zahl an Untersuchungsvariablen • Internationale Vergleichbarkeit stark eingeschränkt • Hohe Kosten für Zugang zu Publikationsdatenbanken	• Schwieriger Zugang zu Befragten • Hoher Erhebungsaufwand für Forschende und Befragte • Erfordert häufig eine Einschränkung der Zahl der Befragten, z. T. Repräsentativitätsprobleme • Häufig nur Querschnittsbefragungen, d. h. keine Möglichkeiten, Entwicklungen im Zeitverlauf zu verfolgen

Quelle: Eigene Darstellung

Bei der **Verwendung** öffentlich **zugänglicher Statistiken** wird keine eigenständige Datenerhebung durchgeführt, sondern es wird auf vorhandene Datenbestände zurückgegriffen. Der Aufwand für eine Datenerhebung entfällt also, was als zentrale Stärke dieser Quellen bezeichnet werden kann. Bei amtlichen Daten handelt es sich zudem häufig um sehr große Stichproben oder sogar um Vollerhebungen, was ebenfalls zu deren Vorzügen zählt. Zudem haben öffentlich zugängliche Daten den Vorteil, dass die Befunde häufig mit anderen Analysen gut vergleichbar sind, die auf dieselbe Datengrundlage zurückgreifen. Die zentrale Einschränkung öffentlich zugänglicher Statistiken besteht darin, dass sie sich auf die in den jeweiligen Datenbanken verfügbaren Variablen beschränken und nicht durch zusätzlich erhobene Variablen ergänzt werden können, die eine vertiefende Analyse (z. B. von Ursachen und Wirkungen der Wissenschaftlermobilität) ermöglichen. Zudem werden durch sie zumeist nur Wissenschaftler/innen an öffentlichen Einrichtungen erfasst. Eine weitere, gegenwärtig noch bestehende Schwäche dieser Quelle ist die mangelnde Vergleichbarkeit der Daten über Ländergrenzen hinweg, da hierbei häufig unterschiedliche Definitionen von Wissenschaftler/innen bzw. Forschenden verwendet werden und sich auch die Qualität und Vollständigkeit der amtlichen Datenerhebungen von Land zu Land stark unterscheiden.

Für **bibliometrische Analysen** zur Wissenschaftlermobilität wird als Datengrundlage auf internationale Publikations- und Zitationsdatenbanken zurückgegriffen. Üblicherweise wird hierbei vor allem eine der beiden bislang weltweit dominierenden Datenbanken *Scopus* (Elsevier) oder *Web of Science* (Clarivate) verwendet. Diese Datenbanken enthalten einen bestimmten Teil der weltweit in (englischsprachigen) wissenschaftlichen Zeitschriften veröffentlichten Beiträge und deren Zitierungen in anderen Beiträgen. Zudem wird für jeden Beitrag das jeweilige Sitzland der Institution der beteiligten Autor/innen dokumentiert. Auf diese Weise können solche Datenbanken auch zur Analyse der internationalen Wissenschaftlermobilität genutzt werden, da durch den Abgleich des Sitzlandes von verschiedenen Beiträgen der Autor/innen auf deren Mobilitätsbiografie geschlossen werden kann. Die Stärken dieser Quelle entsprechen weitgehend denen der öffentlich zugänglichen Statistiken, d. h. kein Datenerhebungsaufwand, große Stichproben oder Vollerhebungen und Vergleichbarkeit mit anderen Analysen, die auf dieselbe Publikationsdatenbank als Datengrundlage zurückgreifen.

Trotz der umfassenden Datenbestände, die bibliometrischen Analysen zugrunde gelegt werden können, unterliegen diese einigen wesentlichen Einschränkungen: Erstens ist der Zugang zu den vorhandenen internationalen Publikationsdatenbanken mit hohen Kosten verbunden. Zudem werden nur Forscher erfasst, die (bereits) in wissenschaftlichen Zeitschriften publiziert haben, die wiederum von den verwendeten Publikationsdatenbanken erfasst wurden. Hierbei handelt es sich vorrangig um englischsprachige Zeitschriften aus natur- und wirtschaftswissenschaftlichen Fachdisziplinen. Wissenschaftler/innen aus Fachgebieten, in denen Monografien und Sammelbände als Publikationsmedien noch eine wichtige Rolle spielen (d. h. in erster Linie geistes- und sozialwissenschaftliche Disziplinen), sind somit stark unterrepräsentiert. Da es bezüglich dieser Publikationskulturen auch starke Länderunterschiede gibt und nicht englischsprachige Publikationen in den meisten internationalen Publikationsdatenbanken ebenfalls systematisch un-

METHODIK

5 Wichtige Datenquellen zur Wissenschaftlermobilität

Quelle/Urheber	Titel der Statistik/Studie	Erscheinungsturnus	Besonderheiten
Ausländische Wissenschaftler/innen in Deutschland			
Statistisches Bundesamt	Personal an Hochschulen	Jährlich	Vollerhebung
Statistisches Bundesamt	Finanzstatistik der öffentlichen Forschungseinrichtungen (Personal an außeruniversitären Forschungseinrichtungen)	Jährlich	Vollerhebung
Statistisches Bundesamt	Studierende an Hochschulen (Promovierende)	Jährlich	Erfasst nur eingeschriebene Promovierende
DAAD	Erasmus-Statistik (Gastdozenturen)	Jährlich	Vollerhebung
DAAD/DZHW	Geförderte Gastwissenschaftler/innen	Jährlich	Abfrage bei relevanten Förderorganisationen
Deutsche Wissenschaftler/innen im Ausland			
DAAD/DZHW	Geförderte Gastwissenschaftler/innen	Jährlich	Abfrage bei relevanten Förderorganisationen
DAAD	Erasmus-Statistik (Gastdozenturen)	Jährlich	Vollerhebung
Nationale Statistikämter in anderen wichtigen Gastländern	Hochschulpersonalstatistik	Jährlich	Unterschiedliche Definitionen der erfassten Wissenschaftler/innen und Hochschulen sowie unterschiedlicher Umfang der Erhebungen
Internationale Wissenschaftlermobilität und -kooperation			
EU-Büro des BMBF	Vertragsdatenbank zu EU-Forschungsrahmenprogrammen	Jährlich	Vollerhebung
OECD	Studierendenstatistik (internationale Promovierende)	Jährlich	Enthält keine Daten zu internationalen Promovierenden in den USA
Nationale Statistikämter in anderen wichtigen Gastländern	Hochschulpersonalstatistik	Jährlich	Unterschiedliche Definitionen der erfassten Wissenschaftler/innen und Einrichtungen sowie unterschiedlicher Umfang der Erhebungen
Elesevier bzw. Clarivate	Scopus bzw. Web of Science	Kontinuierlich	Enthält bibliometrische Daten zu Publikationen weltweit
Europäische Kommission	Mobility Patterns and Career Paths of EU Researchers (MORE)	Seit 2010 alle drei Jahre	Einzige regelmäßig durchgeführte internationale Wissenschaftlerbefragung weltweit

Quelle: Eigene Darstellung

terrepräsentiert sind, können Ländervergleiche auf der Grundlage bibliometrischer Analysen nur bedingt aussagekräftig sein. Zudem ist eine lückenlose Erhebung der Mobilitätsbiografie in bibliometrischen Studien nicht möglich, da die Mobilität nur dann erfasst wird, wenn vor und nach der Mobilität vom jeweiligen Sitzland aus auch eine (in Publikationsdatenbanken) erfasste Publikation veröffentlicht wurde. Darüber hinaus gehen Wissenschaftler/innen erst ab dem Zeitpunkt ihrer jeweils ersten erfassten Publikation in die Stichprobe ein. Die (mögliche) Mobilität vor dieser ersten Publikation bleibt demnach ausgeschlossen, was auch zu einer Fehlbestimmung des Mobilitätsstatus und des jeweiligen Herkunftslands führen kann. So werden zumeist alle Wissenschaftler/innen, die innerhalb des Betrachtungszeitraums in unterschiedlichen Ländern publiziert haben, als mobil betrachtet, wobei das jeweils erste Sitzland im Betrachtungszeitraum als Herkunftsland angesehen wird. Dabei kann nicht ausgeschlossen werden, dass frühere Mobilität ausgeklammert wird und es sich bei dem vermeintlichen Herkunftsland bereits um ein Gastland handelt. Für die Mobilitätsbestimmung sind schließlich mindestens zwei Publikationen im Untersuchungszeitraum nötig. Nachwuchswissenschaftler/innen, die im Untersuchungszeitraum noch keinen oder erst einen wissenschaftlichen Zeitschriftenbeitrag vorweisen können, sind demnach aus der Betrachtung ausgeschlossen.

Befragungen zeichnen sich – im Gegensatz zu den beiden bisher beschriebenen Verfahren – insbesondere durch die Erhebung neuer Daten zur Wissenschaftlermobilität aus. Dies hat den Vorteil, dass von den Forschenden selbst festgelegt werden kann, wer genau befragt wird und welche Fragen dabei gestellt bzw. welche Merkmale genau erhoben werden. Die zur Verfügung stehende Zahl an Variablen für die Analyse der Wissenschaftlermobilität fällt hier also im Allgemeinen deutlich höher aus als in öffentlichen Statistiken und Publikationsdatenbanken, was tiefer gehende bzw. erklärende Analysen ermöglicht (z. B. zu Mobilitätsmotiven bzw. -hürden von Wissenschaftler/innen). Zudem können auch Forschende in die Analyse mit einbezogen werden, die weder von Publikationsdatenbanken noch von öffentlichen Statistiken erfasst werden (z. B. Forschende in Unternehmen). Bei international angelegten Wissenschaftlerbefragungen kann schließlich eine hohe internationale Vergleichbarkeit der Daten aus den unterschiedlichen Ländern gewährleistet werden. Allerdings verursachen Befragungen einen beträchtlichen Erhebungsaufwand und dadurch auch hohe Kosten. Diese Einschränkungen führen dazu, dass regelmäßige Befragungen relativ selten stattfinden und deshalb auch nicht als Grundlage für fortlaufende Statistiken zur Wissenschaftlermobilität geeignet sind. Die einzige Ausnahme in dieser Hinsicht ist die EU-finanzierte Studie „Mobility Patterns and Career Paths of EU Researchers" (MORE), die seit 2010 alle drei Jahre durchgeführt wird, zuletzt 2019/2020 (MORE4).

Verwendete Datenquellen

In *Wissenschaft weltoffen* werden unterschiedliche Datenquellen genutzt, um ein möglichst umfassendes Bild der Wissenschaftlermobilität in Deutschland und anderen Ländern zu zeichnen. Für die Erfassung der **ausländischen Wissenschaftler/innen in Deutschland** wird auf die amtliche Statistik des Statistischen Bundesamts zum ausländischen Wissenschaftspersonal an staatlich anerkannten Hochschulen und außeruniversitären Forschungseinrichtungen sowie zu den eingeschriebenen internationalen Promovierenden zurückgegriffen. Ergänzend werden Daten zu kurzfristigeren Gastaufenthalten aus der Erasmus-Statistik (Erasmus-Gastdozent/innen) sowie aus einer Abfrage von DAAD und DZHW zu geförderten ausländischen Gastwissenschaftler/innen in Deutschland bei relevanten Förderorganisationen analysiert. In Bezug auf die amtliche Statistik zum Wissenschaftspersonal ist zu berücksichtigen, dass es sich bei den erfassten internationalen Forschenden nicht zwangsläufig in allen Fällen um tatsächlich mobile Wissenschaftler/innen handelt, da hier nur Informationen zur Staatsbürgerschaft erhoben werden, aber nicht zum Land des höchsten Bildungsabschlusses. Eine Differenzierung in internationale Studierende (Bildungsausländer/innen) und Bildungsinländer/innen, wie bei den ausländischen Studierenden, ist demnach an dieser Stelle nicht möglich.

Die Datenbasis zur Erfassung der **deutschen Wissenschaftler/innen im Ausland** fällt bislang sehr lückenhaft aus, insbesondere in Bezug auf längerfristige Aufenthalte (qualifikations- oder arbeitsplatzbezogene Auslandsmobilität). Kurzfristige Gastaufenthalte werden durch die Erasmus-Statistik zu den Erasmus-Gastdozent/innen sowie durch die bereits erwähnte Abfrage bei relevanten Förderorganisationen erfasst. Ergänzt werden diese Daten um eine weitere Abfrage von DAAD und DZHW bei den jeweils zuständigen statistischen Ämtern zum deutschen Hochschulpersonal in wichtigen Gastländern deutscher Wissenschaftler/innen. Die hierbei erfasste arbeitsplatzbezogene Auslandsmobilität unterliegt dabei jeweils länderspezifischen Definitionen und Einschränkungen.

Für die Darstellung der **internationalen Wissenschaftlermobilität** werden in *Wissenschaft weltoffen* schließlich OECD-Daten zu den internationalen Promovierenden weltweit, nationale amtliche Daten zu internationalen Wissenschaftler/innen an Hochschulen und öffentlichen Forschungseinrichtungen in wichtigen Gastländern, Förderdaten aus der Vertragsdatenbank zu den Forschungsrahmenprogrammen der EU sowie bibliometrische Daten aus der Scopus-Datenbank von Elsevier (aufbereitet und ausgewertet durch das DZHW) verwendet.

GLOSSAR

Abschlussbezogene Auslandsmobilität
Studium an einer ausländischen Hochschule mit der Absicht, dort auch einen Studienabschluss zu erwerben.

Ausländische Studierende
Alle Studierenden mit ausländischer Staatsangehörigkeit inkl. staatenloser Studierender und Studierender mit doppelter Staatsbürgerschaft, d. h. sowohl → Bildungsausländer/innen als auch → Bildungsinländer/innen.

Bildungsausländer/innen
Studierende mit ausländischer Staatsangehörigkeit (oder Staatenlose), die ihre Hochschulzugangsberechtigung an einer ausländischen Schule erworben haben. Im Rahmen von *Wissenschaft weltoffen* wird stattdessen – in Anlehnung an die international gängige Terminologie – seit der Ausgabe 2020 der Begriff „internationale Studierende" verwendet.

Bildungsinländer/innen
Studierende mit ausländischer Staatsangehörigkeit (oder Staatenlose), die ihre Hochschulzugangsberechtigung an einer deutschen Schule erworben haben.

Brückenmobilität
Studienbezogene Auslandsaufenthalte zwischen dem Abschluss eines inländischen Bachelorstudiums und der Aufnahme eines Masterstudiums.

Credit Mobility
→ Temporäre studienbezogene Auslandsaufenthalte

Degree Mobility
→ Abschlussbezogene Auslandsmobilität

Gefördertengruppen
Zu den Gefördertengruppen zählen hier:
- Postgraduierte | Personen mit einem Hochschulabschluss, die gefördert werden, um als Ausländer in Deutschland oder als Deutsche im Ausland an einer Dissertation zu arbeiten, sowie Personen, die nach Abschluss ihres Studiums auch ohne Promotionsabsichten ein Mobilitätsstipendium erhalten.
- Postdoktorand/innen (Postdocs) | Personen mit abgeschlossener Promotion, deren Aufenthalt in Deutschland bzw. im Ausland gefördert wird, damit sie sich durch Forschung weiterqualifizieren. Dazu gehören auch Hochschullehrende sowie erfahrenes wissenschaftliches Personal von Hochschulen und Forschungsinstituten.

Internationale Studierende/International mobile Studierende
Studierende, die für ihr Studium international mobil werden, d. h. nationale Grenzen überschreiten, um von ihrem Herkunftsland in ihr Gastland zu gelangen. Im Rahmen von *Wissenschaft weltoffen* wird dieser Begriff – in Anlehnung an die international gängige Terminologie – seit der Ausgabe 2020 statt des Begriffs → Bildungsausländer/innen verwendet.

Prüfungsjahr
Ein Prüfungsjahr umfasst die Absolvent/innen eines Wintersemesters und des nachfolgenden Sommersemesters. Die Zahl der Absolvent/innen 2019 ist die Summe der Zahl der Absolvent/innen des Wintersemesters 2018/19 und des Sommersemesters 2019.

Studienanfänger/innen
Ausländische Studienanfänger/innen in Deutschland sind Studierende an einer deutschen Hochschule im 1. Hochschulsemester. Als deutsche Studienanfänger/innen im Ausland werden in den meisten Ländern Studierende gezählt, die zum Erhebungszeitpunkt zum ersten Mal in der Studierendenstatistik erscheinen – unabhängig davon, in welchem Semester sie eingeschrieben sind. Es handelt sich dabei also teilweise auch um Studierende in höheren Semestern.

Studienarten
Zu den Studienarten zählen:
- Erststudium | Studium, das zu einem ersten Hochschulabschluss führt.
- Weiterführendes Studium | Studium nach Abschluss eines Erststudiums; zu einem weiterführenden Studium gehören Zweitstudium, Aufbaustudium, Ergänzungs-, Erweiterungs- und Zusatzstudium, Kontakt-/Weiterbildungsstudium, nicht konsekutives und konsekutives Masterstudium.
- Promotionsstudium | Studium bzw. wissenschaftliche Tätigkeit mit dem Abschlussziel Promotion.

Studienjahr
Hier verwendet als Bezugsgröße für die Bestimmung der Anzahl von Studierenden bzw. → Studienanfänger/innen. Bei Studierenden gilt die Zahl der Studierenden eines Wintersemesters zumeist als Studierendenzahl im akademischen Jahr. In *Wissenschaft weltoffen* sind die Studierenden des Wintersemesters 2019/20 als die Studierenden des Studienjahres 2020 definiert. Für die Studienanfänger/innen ist festgelegt, dass die Summe der Anzahl der Studienanfänger/innen eines Sommersemesters und des nachfolgenden Wintersemesters als die Zahl der Studienanfänger/innen eines Studienjahres gilt. Die Studienanfänger/innen des Studienjahres 2019 sind die Studienanfänger/innen des Sommersemesters 2019 und des Wintersemesters 2019/20.

Studierende in höheren Semestern
Je nach Befragungsstudie existieren unterschiedliche Definitionen. In der DSW-Sozialerhebung werden alle Uni-Studierenden im 9. bis 14. Hochschulsemester und alle FH- bzw. HAW-Studierenden im 7. bis 11. Hochschulsemester als Studierende in höheren Semestern betrachtet.

Temporäre studienbezogene Auslandsaufenthalte
Studienbezogene Auslandsaufenthalte im Rahmen eines Inlandsstudiums, bei denen Leistungspunkte erworben werden, mit dem Ziel der Anrechnung an der Heimathochschule (z. B. Auslandssemester, Auslandspraktikum, Summer School, Sprachkurs).

Transnationale Bildungsprojekte (TNB)
Transnationale Bildungsprojekte sind Studienangebote, für die eine Hochschule aus dem Ausland die wesentliche akademische Verantwortung trägt. Darunter werden hier nur TNB-Studiengänge, TNB-Fakultäten, Branch Campuses – d. h. Ausgründungen bzw. Filialen von Universitäten im Ausland – und binationale Hochschulen verstanden, d. h. keine Doppelabschlussprogramme oder Fernlehrangebote.

Wissenschaftler/innen bzw. Forschende
Unter Wissenschaftler/innen bzw. Forschenden werden im Rahmen von *Wissenschaft weltoffen* Personen verstanden, die sich beruflich mit der Konzipierung und Veröffentlichung neuer Erkenntnisse befassen und im Rahmen ihrer Konzepte, Theorien, Modelle, Instrumente, EDV-Programme oder Methoden entwickeln oder verbessern.

Wissenschaftliches und künstlerisches Hochschulpersonal
Das wissenschaftliche und künstlerische Hochschulpersonal umfasst laut Hochschulstatistik Professorinnen und Professoren (einschließlich Gast-, Honorar- und außerplanmäßiger Professuren), Dozent/innen und Assistent/innen, wissenschaftliches und künstlerisches Personal, Lehrkräfte für besondere Aufgaben, Emeriti, Lehrbeauftragte, Privatdozent/innen, wissenschaftliche Hilfskräfte (mit Studienabschluss) sowie Tutor/innen.

QUELLENANGABEN

Aman, V. (2018): Does the Scopus Author ID suffice to track scientific international mobility? A case study based on Leibniz laureates. In: Scientometrics, 117(2): 705–720.

Barnett, G. A. u. a. (2016): The flow of international students from a macro perspective: a network analysis. In: Compare 46(4): 533–559.

Campbell, D./Struck, B. (2019): Reliability of Scopus author identifiers (AUIDs) for research evaluation purposes at different scales. In: G. Catalano, C. Daraio, M. Gregori, H. F. Moed, & G. Ruocco (Hg.): Proceedings of the 17th International Conference on Scientometrics and Informetrics (S. 1276–1287).

Deutscher Akademischer Austauschdienst – DAAD (2020a): Auswertung der DAAD-Schnellumfrage zu Einschreibezahlen der Internationalen Studierenden im Wintersemester 2020/21 (Stand: 17.12.2020). Bonn.

Deutscher Akademischer Austauschdienst – DAAD (2020b): Corona und die Folgen für die internationale Studierendenmobilität in Deutschland: Ergebnisse einer DAAD-Befragung von International Offices und Akademischen Auslandsämtern (DAAD-Arbeitspapier). Bonn.

Deutscher Akademischer Austauschdienst – DAAD (2021): Corona und die Folgen für die internationale Studierendenmobilität in Deutschland: Ergebnisse der zweiten DAAD-Befragung von International Offices und Akademischen Auslandsämtern im Wintersemester 2020/21 (DAAD-Arbeitspapier). Bonn.

Deutscher Akademischer Austauschdienst – DAAD /Deutsches Zentrum für Hochschul- und Wissenschaftsforschung – DZHW (2016) (Hg.): Wissenschaft weltoffen 2016: Daten und Fakten zur Internationalität von Studium und Forschung in Deutschland. Bielefeld.

Didelon, C./Richard, Y. (2012): The European Union in the flows of international students: attractiveness and inconsistency. In: International Review of Sociology 22(2): 229–244.

Gaul, J.-P./David, U. (2009): Forschungsförderung in Europa – eine Erfolgsgeschichte. Entwicklung und Funktion der Forschungsrahmenprogramme der Europäischen Union. In: Wissenschaftsmanagement, Heft 6/2009, S. 20–25.

Gemeinsame Wissenschaftskonferenz – GWK (2013): Strategie der Wissenschaftsminister/innen von Bund und Ländern für die Internationalisierung der Hochschulen in Deutschland.

Ibnouf, A. u. a. (2014): The Evolution of Qatar as an Education Hub: Moving to a Knowledge-Based Economy. In: J. Knight (Hg.): International Education Hubs. Student, Talent, Knowledge-Innovation Models (S. 43–61).

Kawashima, H./Tomizawa, H. (2015): Accuracy evaluation of Scopus Author ID based on the largest funding database in Japan. In: Scientometrics, 103(3): 1061–1071.

Knight, J./McNamara, J. (2017): Transnational education: a classification framework and data collection guidelines. London.

Lörz, M. u. a. (2020): Studieren unter Corona-Bedingungen: Studierende bewerten das erste Digitalsemester. DZHW Brief 5/2020. Hannover.

Middendorff, E. u. a. (2017): Die wirtschaftliche und soziale Lage der Studierenden in Deutschland 2016: 21. Sozialerhebung des Deutschen Studentenwerks, durchgeführt vom Deutschen Zentrum für Hochschul- und Wissenschaftsforschung. Berlin.

Moed, H. F./Halevi, G. (2014): A bibliometric approach to tracking international scientific migration. Scientometrics, 101(3): 1987–2002.

Netz, N. (2015): What Deters Students from Studying Abroad? Evidence from Four European Countries and Its Implications for Higher Education Policy. In: Higher Education Policy, 28(2): 151–174.

Netz, N./Hampel, S. (2019): Welche Rolle spielt der Promotionskontext für die Auslandsmobilität von Promovierenden? In: Beiträge zur Hochschulforschung 41(4): 136–153.

OECD (2020): Bildung auf einen Blick: OECD-Indikatoren. Paris.

Preiss, B. (2012): Indian student numbers falling. The Sidney Morning Herald. In: https://www.smh.com.au/national/indian-student-numbers-falling-20121213-2bcnq.html (abgerufen am 24.06.2021).

Scientists for EU (2021): Brexit disruption and uncertainty cost UK science £1.5B in grants under Horizon 2020. In: https://sciencebusiness.net/viewpoint/viewpoint-brexit-disruption-and-uncertainty-cost-uk-science-ps15b-grants-under-horizon (abgerufen am 29.06.2021).

Shields, R. (2013): Globalization and international Student Mobility: A Network Analysis. In: Comparative Education Review 57(4): 609–936.

Shields, R. (2016): Reconsidering regionalisation in global higher education. Student mobility spaces of the European Higher Education Area. In: Compare 46(1): 5–23.

Statistisches Bundesamt (2021a): Bildung und Kultur, Studierende an Hochschulen, Sommersemester 2020. Fachserie 11, Reihe 4.1. Wiesbaden.

Statistisches Bundesamt (2021b): Bildung und Kultur, Studierende an Hochschulen, Wintersemester 2020/2021. Fachserie 11, Reihe 4.1. Wiesbaden.

Statistisches Bundesamt (2020a): Bildung und Kultur, Personal an Hochschulen, 2019. Fachserie 11, Reihe 4.4. Wiesbaden.

Statistisches Bundesamt (2020b): Bildung und Kultur, Studierende an Hochschulen, Wintersemester 2019/2020. Fachserie 11, Reihe 4.1. Wiesbaden.

Statistisches Bundesamt (2020c): Bildung und Kultur, Prüfungen an Hochschulen, 2019. Fachserie 11, Reihe 4.2. Wiesbaden.

Statistisches Bundesamt (2019d): Deutsche Studierende im Ausland, Ergebnisse des Berichtsjahres 2017. Ausgabe 2019. Wiesbaden.

Woisch, A./Willige, J. (2015): Internationale Mobilität im Studium 2015: Ergebnisse der fünften Befragung deutscher Studierender zur studienbezogenen Auslandsmobilität (DZHW-Projektbericht). Hannover.

Zhao, R./Wei, X. (2018): Measurement and analysis of collaboration ability: The collaborative rate, collaborative breadth and collaborative depth. In: The Electronic Library 36(2): 270–285.

GLIEDERUNG DER WELTREGIONEN

Die Regionalsystematik von *Wissenschaft weltoffen* entspricht seit der Ausgabe 2017 der Regionalsystematik des DAAD:

Westeuropa
Andorra, Belgien, Dänemark, Deutschland, Finnland, Frankreich, Griechenland, Irland, Island, Italien, Liechtenstein, Luxemburg, Malta, Monaco, Niederlande, Norwegen, Österreich, Portugal, San Marino, Schweden, Schweiz, Spanien, Vatikanstadt, Vereinigtes Königreich

Mittel- und Südosteuropa
Albanien, Bosnien und Herzegowina, Bulgarien, Estland, Kosovo, Kroatien, Lettland, Litauen, Nordmazedonien, Montenegro, Polen, Rumänien, Serbien, Slowakei, Slowenien, Tschechien, Türkei, Ungarn, Zypern

Osteuropa und Zentralasien
Armenien, Aserbaidschan, Belarus, Georgien, Kasachstan, Kirgisistan, Moldawien, Russland, Tadschikistan, Turkmenistan, Ukraine, Usbekistan

Nordamerika
Kanada, USA

Lateinamerika
Antigua und Barbuda, Argentinien, Bahamas, Barbados, Belize, Bolivien, Brasilien, Chile, Costa Rica, Dominica, Dominikanische Republik, Ecuador, El Salvador, Grenada, Guatemala, Guyana, Haiti, Honduras, Jamaika, Kolumbien, Kuba, Mexiko, Nicaragua, Panama, Paraguay, Peru, St. Kitts und Nevis, St. Lucia, St. Vincent und die Grenadinen, Suriname, Trinidad und Tobago, Uruguay, Venezuela

Nordafrika und Nahost
Afghanistan, Ägypten, Algerien, Bahrain, Irak, Iran, Israel, Jemen, Jordanien, Katar, Kuwait, Libanon, Libyen, Marokko, Oman, Pakistan, Palästinensische Gebiete, Saudi-Arabien, Syrien, Tunesien, Vereinigte Arabische Emirate

Subsahara-Afrika
Angola, Äquatorialguinea, Äthiopien, Benin, Botsuana, Burkina Faso, Burundi, Côte d'Ivoire, Dschibuti, Eritrea, Eswatini, Gabun, Gambia, Ghana, Guinea, Guinea-Bissau, Kamerun, Kap Verde, Kenia, Komoren, Kongo, Kongo/Demokratische Republik, Lesotho, Liberia, Madagaskar, Malawi, Mali, Mauretanien, Mauritius, Mosambik, Namibia, Niger, Nigeria, Ruanda, Sambia, São Tomé und Príncipe, Senegal, Seychellen, Sierra Leone, Simbabwe, Somalia, Südafrika, Sudan, Südsudan, Tansania, Togo, Tschad, Uganda, Zentralafrikanische Republik

Asien und Pazifik
Australien, Bangladesch, Bhutan, Brunei Darussalam, China, Hongkong (CN), Macau (CN), Cookinseln, Fidschi, Indien, Indonesien, Japan, Kambodscha, Kiribati, Nordkorea, Südkorea, Laos, Malaysia, Malediven, Marshallinseln, Mikronesien, Mongolei, Myanmar, Nauru, Nepal, Neuseeland, Niue, Palau, Papua-Neuguinea, Philippinen, Salomonen, Samoa, Singapur, Sri Lanka, Taiwan, Thailand, Timor-Leste, Tonga, Tuvalu, Vanuatu, Vietnam

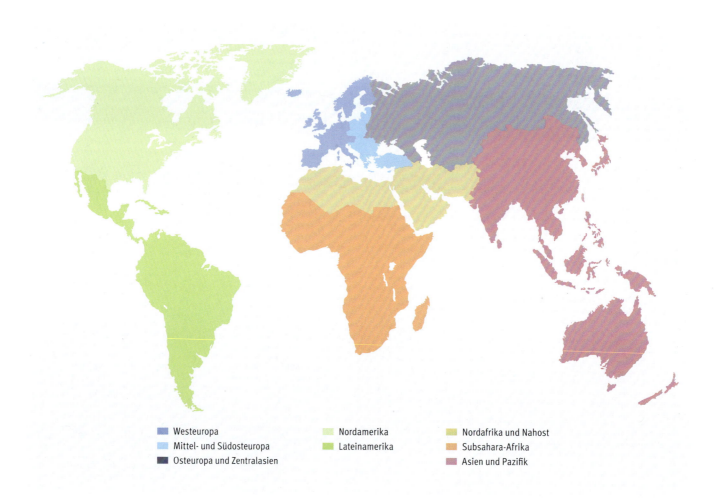